心智建築師

21世紀最佳自我精進手冊，
重新架構自己的心智，升級能力並獲得幸福與成功

萊恩 A. 布希 Ryan A. Bush

吳映萱、林芷安 譯

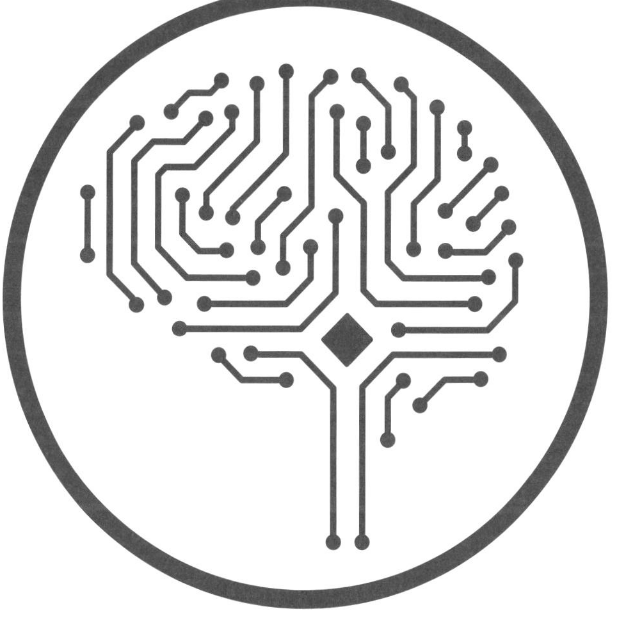

DESIGNING THE MIND

THE PRINCIPLES OF PSYCHTECTURE

目錄

前言——005
心智建築師工具包——015
第1章 心智建築的理論與修習之道——017
第2章 認知偏誤與重塑的方法——053
第3章 自省的價值與方法——93
第4章 認知的自我精進和智慧——117
第5章 關於情緒：情緒演算法與建構情緒的技巧——147

第6章 關於情緒：欲望與調控的關鍵——177
第7章 關於情緒：情緒的自我精進與平靜——211
第8章 關於行為：自我引導與阻礙——249
第9章 行為演算法與自我控制——285
第10章 自我精進——315
免費索取心智建築工具組＋自我精進手冊——336
註釋——338

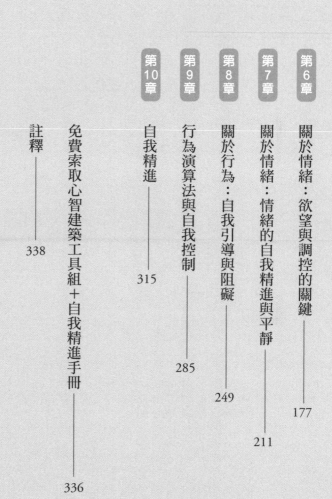

前言

時間是西元二〇八四年。你正在打一場四維空間的虛擬籃球，有位隊友針對你的罰球技術說了一句嘲諷。這時你的心裡發生了以下幾件事情。

一、你覺得很受傷。

二、你有股衝動想要走進腦中的虛擬實境植入物，衝過去教訓他一頓，讓他後悔嘴巴太狂。

三、接下來幾天，你的自尊崩潰了，反覆想著自己受到的侮辱，一遍一遍想著「如果當時我這樣回應就好了……」

在這過程中你突然想到：「等等，現在是西元二〇八四年，我們已經有科技可以處理了啊。」

於是你從自己的神經網絡介面開啟了一套叫做「快速修改大腦」的應用程式，點開後你先忍耐著等腦中跑過幾則廣告，同時盡量避免腦中浮現黨不喜歡的思想。接著順利進入應用程式。

進入後，只要在腦中點擊幾下，就可以告訴軟體：移除哪些「當我受辱時會產生耿耿於懷、想報復、腦子裡反覆回播事件過程」的性格取向。你甚至還能寫入一個新的特色功能，讓你在受辱時會感到很欣喜，並且能夠很機靈地用幽默又不傷人的話語反駁。這個新的自動反應功能會幫助你化解不愉快的情境，立刻輕描淡寫帶過去受辱造成的刺痛，讓你看起來像個風度翩翩的大明星。

很可能到了西元二〇八四年，我們已經可以直接修改我們的大腦，移除讓我們不舒服、會阻礙我們進步的個性取向。但對今天的你來說，以上的描述只屬於科幻小說，我們不可能光靠幾次點擊，就幫自己的心理除錯。我們深根蒂固的心理限制是無法改變的。

真的嗎？

其實我們不如想像的那般無力。**只要用對認知工具，任何人都有可能修正自身的心理軟體，亦即我們的心智。**其實，我們真的能夠把那些我們不喜歡的心理傾向加以拆解，重新「編碼」規劃，就像軟體演算法似的。

回到上述的情境，你聽見的那句侮辱可說是一個「輸入」，觸發了一個心理程式，這個程式會啟動一個不好的思想循環，導致你因為隊友嘲笑你，開始懷疑自己的價值。接著這個思想循環會「輸出」情緒和行為反應，讓你感到不爽，讓你衝動回應。

這些反應在億萬年前就已經寫入我們的大腦，自古以來人類一直在研究這些反應。雖然遠古的思想家沒有現代科技來與大腦類比，但他們早已經開始檢驗內心很多不良的心理模組，開發出能與其對抗的「演算法」。這些有先見之明的思想家將他們的睿智洞見記錄下來給後代，而他們的智慧，雖然零碎又各不相同，就是我們在編寫心智軟體的時候可以使用的開源碼。

我的目標是將這些「讓我們可以自我優化」的工具有系統地整理出來，傳授給越多人越好。我想要給你一個可以植入大腦的的東西（可比擬為未來的大腦即時修正軟體），它是一本教學手冊，關於如何設計、優化你的心理軟體。

大部分想要透過閱讀書籍來精進自己的人，追求的是職涯發展、減重或賺錢。你或許會問，為什麼要設計自己的心智？這對我有什麼好處？那我要告訴你：本書無法直接幫你在世界上完成任何事，不會讓你成為萬人迷，不會讓你在職場上打敗眾人，也不會幫你練出六塊肌。

本書是寫給那些想要打造出一個更出色心智的人；是寫給那些熱衷於培養更偉大的智慧、更偉大的自我控制能力，以及追求內心安寧的人——他們是喜愛斯多葛哲學或佛學的人，是喜愛人本心理學及心理治療的人。我們都想要成為更快樂、更健康、更好的人，但只有少數人能夠參悟這個道理：只要把重點全部放在心智上，便能夠幫我們完成人生的終極目標。

如果你符合以上描述，你就是本書稱之為「心智建築師」的人。世界上有一群極少數的人，熱切希望能克服自己僵化的面向，而你就是屬於這個群體。

你相信，你可以介入心智的預設狀態，讓它產生改變。你想要面對現實，毫無畏懼，然後找個方法改變現實。你要的是一個美好的人生，不是普通的人生。如果這是你，請繼續讀下去。

你的心智，有哪些地方是你不喜歡的呢？在你回想過去人生的時候，是否有哪些模式阻礙了你變強？恐懼是否阻擋了你施展抱負？忌妒是否毀了你的人際關係？你是否允許無關緊要的事掌控你的人生？你內心是否住著一位批評者，而你總是無法達到他的期望？

本書在此大膽宣告：你所熟知的一切人類條件，都不是絕對的。其實你能夠暫時跳脫自己的心智，站在高處檢視它，然後修改這一套心理程式碼，永久改變那些以往限制你的模式。

你將學會如何建立穩固而不可撼動的平靜與愜意，不論人生遭遇任何處境，都能泰然面對，然後以有效的行動回應。你將發展出清晰的思考，可以克服自己不佳的判斷，而且擁有智慧，在人生中做出正確的抉擇。你將學會如何養成好習慣，如何培養自己的生命風格，如何塑造品格，使你漸漸變成理想中的自己。

要展開這個過程，不必靠著未來科技。那些現在阻礙著你的預設行為、情緒反應和偏誤，都可以加以重新塑造。在本書中，你將學到重要的原則與修習方式，一次一個，讓你打造出超乎預期的心智。更重要的是，你可以內化這套思維方式，超越書中的內容。自我精進的能力越高，你會越接近那些已經達到超然心理境界的歷史傳奇人物。

本書和市面上常見的書籍不同，不會傳授保證能獲得幸福的伎倆（像是寫感恩日記、洗冷水澡），也不會讚頌正向思考、神經語言規劃或正念冥想（雖然正念冥想有它的必要性）。內容雖會提到一些透過靈性觀點探討過的想法與技巧，但是書中所有的觀念和方法都是理性的，且符合心理學與經驗主義。

這本書的依據，來自歷代思想家恆久不衰的洞見、神經可塑性的科學，還有認知、情感和行為科學等領域的發現。它探討的是普通人（和超凡的人）可以用什麼方法改造自己心智的「軟體」，以大幅提升現在的生活。透過這些方法，我們可以建構心智，獲取智慧、幸福和品格，邁向我們為自己設下的最高願景。

催化這本書誕生的第一個契機大概發生在十年前，我人生發生了一個不大不小的挫折。正如一般人一樣，我曾多次經歷類似的事情，但那次的情況卻不太一樣：碰到倒楣的事，原本應該會出現的負面情緒，並沒有襲上心來——我沒有感受到悲傷、焦慮或是沮喪。原因在於，我在心裡做了一件事，因此擋掉了以前「應該」產生的情緒。我繼續過我的生活，只用行動去回應發生的事件。

我所做的不是壓抑，不是潛抑，也不是否認，而是一種有效的情緒自我調節，兩千多年前的古希臘人早就這麼做了，我不是唯一有這經驗的人，我只是不斷反覆思想著這次經歷到底意味著什麼。我終於了解到，這次很像是體驗到一種魔法，只要熟練它，就可以克服人生的一些問題（而其他人卻是一輩子都在煩惱著這些問題）——這是一條能夠讓心智的基本元素不斷升級的道路。

在我研究人類心智的侷限與潛力的時候，我發現一個驚人的連貫性。所有困擾我的心理問題，歸根究柢都來自於一些自動的、系統性的心理現象；都來自一連串的觸發和回應、輸入和輸出。更有趣的是，這些問題的有效解方都同屬一個框架——我將這些模式稱為**演算法**（**algorithms**）。而演算法的總和，則形成一套**心理軟體**（**psychological software**）。在這套軟體框架之下，我遇到的一切心理挑戰，都可以解釋了。

於是我開始運用一套全新的方法來解決我的問題——這個方法的重點不在於改變我周遭的情境，而是在於**改變源頭的心理模式**。結果我發現，以往反覆出現的問題，現在可以永久根除了。過去我以為「心智」是遙不可及的，但現在可以一再親近它，更新它，用更好的版本取代舊的心智。

因此我創造了一個新詞：**心智建築**（**psychitecture**），來指稱這種設計和優化我們心智軟體的作法。隨著我自己持續修練，我發掘出越來越多在認知、情感和行為科學裡的證據，能夠證明這個框架真的就是我們心智運作的方式，不單單是個比喻而已。

這個能力已發展到超出我原先的預期了。許多研究都陸續證實，這些情緒管控和重建的技巧，非常真實且有效。而在自我精進方面，則發展出三個主要的組成要素：**認知、情緒和行為**。我越是反思，越是了解到，人生要過得幸福與成功，就必須掌握這三個領域所涵括的核心能力。

此外，這三個領域只要任一個能力不足，不只代表愚蠢與軟弱，也代表著所謂的邪惡。社會上所有的「壞蛋」都在這三項領域上有所欠缺。這也是為何我人生最重要的目的，在於幫助他人培養全面的自我精進。本書重要的骨幹就是**自我精進鐵三角：認知、情緒、行為**，每個篇章都會傳授你關於掌握這三個領域所需要的原則與修習方式。

我不是心靈大師或德高望重的學者。我的專業背景是系統設計，包括實體、數位和理論系統。不過我最相關的資歷是終身熱衷於自我省思、不斷閱讀，並且執著於自我優化。本書的主角不是我，而是啟發我寫這本書的古代先聖先賢、智慧良師、實踐哲學家以及認知科學家。

我的哲學導師包括老子、釋迦牟尼、亞里斯多德、伊比鳩魯、狄奧根尼（Diogenes）、羅馬皇帝奧理略（Marcus Aurelius）、愛比克泰德（Epictetus）、塞內卡（Seneca）、蒙田（Michel de Montaigne）、笛卡兒（Rene Descartes）、尼采（Friedrich Nietzsche）、馬斯洛（Abraham Maslow）、維克多・弗蘭克（Viktor Frankl）、艾倫・貝克（Aaron Beck）等等，書中將會持續介紹。我將這些人物稱為「心理建築思想家」或「先知」。我像是一名學生，將他們的真知灼見加以研讀、篩選和彙整，轉變成一個現代框架，並在本書中呈現這個框架。

歡迎到網站 designingthemind.org 加入社群，獲得更多心理建築的見解並且參與討論。「心智設計」（Designing The Mind）這個社群裡人數不斷增長的心智建築師，意味著有大量活躍、激盪的想法，並且會隨著時間漸漸成形。我誠摯邀請你參與這些思想的進化。

心智建築師工具包

除了本書的內容之外，讀者還可以下載一份五十頁、免費的《心智建築工具組》，內容包括：

- 心智建築的基本概念。
- 八個心理技術的解析，讓你可以開始重新規畫自己的心智
- 六十四本關於自我精進以及心理建築相關的好書
- 十六個有助於自我優化的網站、部落格和 podcasts
- 偉大的心理建築先知語錄

只要前往網站：designingthemind.org/psychitecture，就可以領取你的心智建築師工具組。

第1章

心智建築的理論與修習之道

心智之為機器

人類在過去學會了掌控身外的世界，卻幾乎無法掌控身內的世界。

——**哈拉瑞**《21世紀的21堂課》

（Yuval Noah Harari, *21 Lessons for the 21st Century*）

每個時代的人都曾用當時的主流科技術語來解釋人類的心智。對柏拉圖來說，心智好比馬車；笛卡兒認為是機械時鐘；佛洛伊德把心智比喻為蒸汽引擎。現今我們最常將心智喻為電腦。雖然我們的大腦並不是真的由矽晶片和二元邏輯所組成的電腦，但是現代將心智喻為電腦，卻是自古以來最周延的譬喻。

大腦就是我們的硬體，它的物理基質是神經元、化學物質和電脈衝。心智則是軟體，承載著我們一生累積至今的所有經驗。我們的感覺、情緒和思想都是在內部由心智去感受，不過背後都帶著物理現象，而且會受到外在事件、化學物質以及科技影響。

我們的心智不會隨意產生情緒或認知，而是有許多的模式被編寫進入了心智的軟體，深深鐫刻在內心；心智這個軟體又經過了幾百萬、甚至幾十億年的天擇。[1]我們所說的任何一句話，做的任何一個動作，就算僅僅是在心裡飛掠過的思想與感受，有時看起來是自發的，卻絕非獨立的事件。它們都來自一個已經預設好的系統，正如電腦的輸出，是來自工程師導入的演算法。我們無法完美預測人類的行為，因為心智是人類所知最複雜的機器。心智不光跑一個簡單的迴路，更是一個極其錯綜複雜的系統，有無限多個輸入和無限多個計算，都會影響它的行動。

大腦就是一台機器。科學家得出這個結論，並非因爲他們是掃興的機械論者，而是因爲他們集結了證據，證實意識的每個層面都可以和大腦連結。

——平克，〈意識的神祕〉

（Steven Pinker, The Mystery of Consciousness）

我們的心智是機器，但它卻又可以感受到豐富、多樣的經歷。「心智是機器」這個事實只是說明了，人類存在的複雜性雖然不可言喻，但心智是一個我們可以研究、可以越來越了解的作業系統。此外，將我們的心智比擬為機器，並不表示心智無法持續演化，只會一直不斷反覆同一個過程，直到我們老死。不是這樣的。我們的基因並不能決定我們將成為什麼樣的人，但是基因確實決定幼兒期、青少年期和成年期的經歷有多大程度能夠塑造我們——其實影響滿大的。[2]

大腦有可能因為你採取某些作為，而產生功能上的改變。現代醫療已經可以透過藥物和手術，治療腦部疾病、腦部失調和傷害。從注意力不足到過動症，從強迫症到重度焦慮症，各種病症都可以服用處方藥來治療。我們甚至可以在腦中植入物體，以幫助中風病人康復，或是刺激神經以治療帕金森氏症及憂鬱症。[3]

健康的人也可以運用科技和訓練，進一步強化大腦。睡眠、飲食和運動等生活作息對腦部的健康和功能有著巨大的影響。[4]有越來越多證據顯示，正念冥想能夠加強專注力、提升自我覺察以及整體的福祉。[5]有些證據甚至指出，消費者可以購買經顱直流電刺激術（tDCS），來改善自己的學習效率、睡眠品質以及精神狀態。[6]

益智藥（nootropic）是現成可以服用的化學物質，它的功效包括加強認知、強化專注力或記憶力、補充體力、提升創造力。[7]你也可以服用像是西洛西賓（psilocybin）和麥角二乙胺（LSD）等的迷幻藥，現代神經科學指出這類藥物能夠刺激新的神經連結，舒緩對死亡的焦慮，以及治療成癮和憂鬱症。[8]

有一種頗具規模的運動，稱為**超人類主義（transhumanism）**，追求的是改造人類的身體、大腦和心智，改由我們自己掌控人性的進化。Humanity+這個組織將超人類主義定義為：

> 一種思想文化運動，認爲人類有可能，也值得去做，從根本改造自身的條件。方法是透過理性的方式，特別是透過開發和製造出廣泛可用的技術，以求消除衰老，且大幅提高人類的智力、身體和心理能力。[9]

超人類主義的思想家認為在近期的未來，我們將可使用現在還無法想像的方法，使我們的腦與心智更強大。未來的藥物和微型腦植入物能夠迅速修復、再生和改進腦細胞。基因工程能夠從生理上改變心智，大幅提升智能，增進創意或任何其他良好的特質。虛擬或擴增實境可能會進步到虛實難分的地步，我們的神經系統可以直接與虛擬或擴增實境連接，讓我們活在此刻難以想像的世界。

此外，等到我們對人類心智有了更高深的理解，將可使我們在電腦上完美模擬人類大腦，上傳意識到雲端。美國國防高等研究計劃署（DARPA）[10]和馬斯克的公司Neuralink[11]都已經嘗試打造大腦與機器的介面，這些裝置能夠讓大腦直接和電腦連線，將我們的思想轉化成位元，再反向傳輸；這些裝置也可以擴增我們的智力和溝通能力等。理論上，這個科技能讓我們有效地和人工智慧結合，或是和其他人的大腦組合，變成一個具有超然智力和能力的心智。

超人類主義者將「科技」視爲影響人類先天條件改變的主要手段，但從更廣泛的角度來看，這些手段應該也包含組織、經濟、政治結構的設計，以及心理學的方法和工具。

——**馬克思．摩爾**〈超人類主義的哲學〉（Max More, The Philosophy of Transhumanism）

「未來改造人類心智」的潛力無窮，相當吸引人，但畢竟現在也無法實現，我們只能乾等和空想。可是，**眼前已經有另外一種改造方式，一種軟體上的超人類主義，早已隨時可取用了**。這些工具可以任人取用，無須外部的科技輔助，我們將這些工具稱之為**心理技術（psychotechnologies）**。此時此刻，提升頭腦最強大的途徑，便是透過大腦的軟體：你的思想和行動。

我們多數人都希望可以依照自己的喜好去編寫我們的心智，正如我們編寫電腦軟體一樣。然而，大腦天生和電腦的運作方式不同，大腦不會直接聽從指令。如果我們想要改變大腦的程式，必須要了解大腦的天性，想出變通的方式。我們雖沒有鍵盤和指令行，但是我們有認知——如果使用恰當，會是一個很好用的工具。

「大腦可以改變」的觀念，最近相當流行，雖然任何學習過新事物或新技能的人，早就知道這個常識了。神經可塑性是指大腦能夠在人的一生當中不斷改變和重組的能力。適應變化無常的環境，一直是攸關生存的重要能力，所以所有高等生物的心智中都具有這項能力。透過學習、制約和訓練，你可以打造新的神經迴路，也可以強化或抑制舊的迴路。事實上，心智是「不可能不改變」的。[12]

你做的任何事情，經歷的任何際遇，都會改變你的心智。就連分享食物的照片都是一種訓練，它會強化某些神經元之間的連結，也會因此弱化其他連結。會數種語言的專家、專業的音樂家以及擁有百科全書般大量知識的學術研究者，都證實了人類擁有難以置信的神經可塑性。更驚人的例子是那些腦部受過傷的人，他們的大腦神奇地找到重新連結的方式，讓大腦別的區塊接管受傷區域的功能。[13]

所有的動物都有「軟體」，會每日進行修正。動物雖然有學習能力，但大部分的動物並不會主動去學習。除了人類之外，沒有生物會進行任何一種刻意練習。應該沒有任何一隻黑猩猩或海豚曾經覺得自己的心智不對勁，然後試著修正。只有人類會這麼做。我們之所以想要改變自己的心智，是因為我們的軟體缺少一些我們想要的功能（我想要學會說義大利文），或是有著我們不想要的功能（我有口吃）。這個修改的能力似乎沒有極限，但是很少有人充分發揮它的潛力。

當代對神經可塑性的著迷，吸引了許多人嘗試去優化智力、記憶力和專注力。人們瘋狂地追蹤和改善自己的睡眠、營養和健身計畫；而相較之下，比較少人癡迷於直接優化心智結構，讓它成長茁壯。本書的重點並非放在智能學習或整體能力的提升，而是注重心智的適應能力與人類整體的幸福。

人類心智的預設情境，就是個雜亂無章的地方。我們天生的預設裡面，對這個世界可說是完全不適應。大人不常哭鬧，而孩童常哭鬧，並非是因為孩子的大腦還沒發展好，而是因為大人在現實世界的經歷，不斷逼迫著你發展出應對策略，以便增加對心理狀態的控制。幼兒期的鬧脾氣、痛苦無助、不理性和衝動都是被自己預設的軟體奴役的結果。[14][15]

社會壓力逼著你達到心理狀態的適足，而如果社會壓力不夠，還有心理治療可以幫助。但這樣還不夠。光是符合當代「心理健康」的標準，這樣還不夠好，我們想要的是遠超過這條線——我們想要達到極致的心理狀態，想要以能夠帶給我們最深刻的滿足的方式，來建構我們的心智。只不過沒有任何一股力量會自然地幫助你達成這個目標，所以我們要自己開闢前往心理幸福頂峰的道路。

開悟的全新視界

只要願意，任何人都可以成爲自己大腦的雕塑家。

——**桑地牙哥．拉蒙卡哈**《研究科學的第一步》（Santiago Ramón y Cajal, *Advice for a Young Investigator*）

你可能屬於以下兩種立場之一。第一，有些人相信一種或許可稱之為「靈性開悟」的經驗狀態。這個狀態包含完整的超脫自我、超脫幻想、不再有執著、不再有依戀及苦難。到達這個狀態時，人終於理解了「存在的真實本質」，掙脫了心智受限的生存模式，從而吹熄苦難的蠟燭。一般認為，經過長年專注的冥想，最終你會突然醒悟，切換到一個全新的境界。

另一個立場的人覺得以上都是胡說八道，這種全然解脫的境界並不存在，相信這套說法的人，就像是喝下了心靈導師及江湖騙子賣的雜牌果汁。我們或許能變得稍微比較擅長應對人生瑣事，但不會有極端的轉變。現實中持續不斷的苦難和不滿足無可避免，開悟這個古老說法只是一個神話。

我認為，或許這兩種看法都是錯的……也可能都是對的，只是我們思考開悟境界的方式錯了。不妨這樣假想：我們住在一個平行世界，那裡只有一種樂器，叫做鋼琴艙，每個人家都有一座。這座鋼琴艙和鋼琴一模一樣，要彈奏的時候就打開艙門，坐進只能容納一人的鋼琴艙內部，鋼琴艙是隔音的，四面牆壁完全不透明，只有在裡面的人可以看到或聽到自己的彈奏。

進入鋼琴艙裡面的人所彈奏出來的東西，都是五音不全的，會讓人恨不得自己聾了比較好。就算你堅持苦練，琴藝依然苦無進展。

更慘的是，在這個平行世界裡到處是騙子，宣稱能夠讓你一夕之間彈出美妙的音樂，只要你肯掏出一點辛苦賺來的錢。或許有些騙子看起來很厲害，但事實上任何宣稱自己琴藝精湛的人都是在撒謊，或是想要獲得他人欽佩，又或是有妄想症。

與我們這個世界不同的是，在鋼琴艙的平行世界裡，大家都相信世界上所有的人琴藝都很差勁。既然那裡沒有會彈琴的人，因此大家都相信世界上並不存在琴藝嫻熟的人。

鋼琴艙的世界就代表著我們目前的現實，我們的心智就像是鋼琴艙這個樂器。我們無從得知其他人腦中有什麼，也永遠無法確定其他人主觀的經驗和我們有什麼差異。我們頂多可以觀察他們的行為，並接受他們的片面之言。但不論是我們差勁的琴藝，或是邪門大師所保證的速解，都無法證明心理優化（亦即把琴彈好）這個未知的狀態不存在。而回到我們現在的真實世界，鋼琴這個偉大的發明大家都聽過，沒有艙室包圍著，正好說明了琴藝精湛的人是可能存在的。我們都曾經聽過出色的音樂家演奏，讓我們著迷到難以自拔。

不過你可能還是會說，這些大師是天賦過人才彈得這麼好，而你再怎麼練習就是沒辦法把琴彈得這麼動聽。雖然基因確實和一個人的音樂能力有些關係，但我們也未曾見過「苦練數千小時卻沒有進步」的例子。我們知道，只要勤奮不懈，使用正確的方法練習，確實有可能駕馭那些琴鍵。而且精通一門技藝的道路無窮無盡，幾乎沒有所謂的極限，除了物理上的限制。

「一萬小時定律」是由學者安德斯．艾瑞克森（Anders Ericsson）提出，經由作者麥爾坎．葛拉威爾（Malcolm Gladwell）介紹而普及。這個定律認為，愛因斯坦、比爾．蓋茲和披頭四這類才華出眾的人，並非如一般人所以為，完全依賴天賦而有超凡成就。他們的才華更仰賴長時期的培育，通常大約是一萬個小時。[16]這雖然不是數學定理，不能百分之百決定如何在任何領域取得成功，但這條定律能夠解釋練習和勤勉的重要性，也適用於看似超自然的能力。甚至只要相信神經可塑性，相信我們的能力並非無法改變，就可能是成功的關鍵因素。認定自身的能力具可塑性的人，他們的付出較能獲得正向成果，過著更充實的生活。[17]

我覺得神經可塑性的原則，也適用於提升我們的主體性這件事情上。我們的神經元，對於任何可以精進的工作項目都一視同仁。如果我們致力於重新建構我們的思維、情緒反應和行為，那麼又是什麼在阻擋我們規劃通往幸福的神經通路呢？

神經可塑性並不意味著我們能夠短時間立即頓悟，進入一個不受干擾的幸福狀態。自我超脫的故事太過美好，所以我們必須仔細想想到底是真是假。我們喜歡用單一原因來解釋自己碰到的問題與解決方式，但是這種「突然轉變，超越原先極限」的劇情，並不符合當代我們對人類心理的理解。我覺得有些古老的神秘主義者，宣稱自己有極端優越的主觀經驗可能是對的，他們只是錯在宣稱這種體驗是如何獲取的。

其實我們可以使用非常理性、非常有系統的方式，來精進我們的心智，且不必涉及任何艱澀難懂的概念。依據我們現在對人類心理的理解，我們知道不太可能在多年練習後有一天突然覺醒，然後就擁有音樂神技。同理，我們的心智也不可能經歷「頓悟」這種情況。佛陀的心理境界，或許可比擬為貝多芬之於音樂的掌握，但貝多芬是循序漸進才到了那個位置，而且直到生命的盡頭，還沒有走到精通音樂這條路的終點，因為這條路無窮無盡，不斷延續。

我們的心智是為了執行特定的任務：我們感到嫉妒，因為嫉妒能幫我們的祖先保有配偶。[18]我們盲目接受有缺陷的想法，因為它讓先人能夠和部落群體建立關係。[19]我們對毒品上癮，因為裡面的化合物提供更高的存活機率。[20]我們有這麼多的問題，問題背後並沒有一個共同的、核心的缺點，我們也不可能依靠一個單獨的解決方法，就化解這些問題。但我們可以選擇出特定的心智功能、特色和缺點，展開修改和優化，只要持續修改和優化，就可獲得我們大腦演算法上面的開悟。

正是因為神經可塑性，因此我們可以持之以恆的努力，逐漸獲得成長；而「精通」也只是一個相對概念，並不代表到達某一個境界後，便再也無法做任何提升。如果我們能夠清楚知道想要排除的缺陷是什麼——挑出不好的習慣，然後建立有益的習慣，我們便能夠擁有「讓自己越來越擅長決定自身主觀經驗」的能力。

人類彈奏樂器的能力和演化無關，只需要足夠的刻意練習，就可以提升演奏能力，越來越接近精通。技術純熟的音樂家可以自然又流暢地演奏，甚至使聽眾以為音樂家的技藝渾然天成。而驅動我們心智發展的生物力量（即便這些力量並不關心我們的價值觀和幸福為何），也並沒有阻礙我們替心理作業系統重新灌一套軟體，以便建立新的功能。在通往自我精進的道路上，只要有足夠的練習，便可以抵達偉大的境界。唯一的問題是，到目前為止，我們並不知道自己在練習什麼。

心理建築的序曲

塑造自己，使用五花八門的要素塑造出一個形體——這是至關重要的任務！這是雕刻家的任務！是一個有生產力的人的任務！

——尼采（Friedrich Nietzsche）未出版的筆記

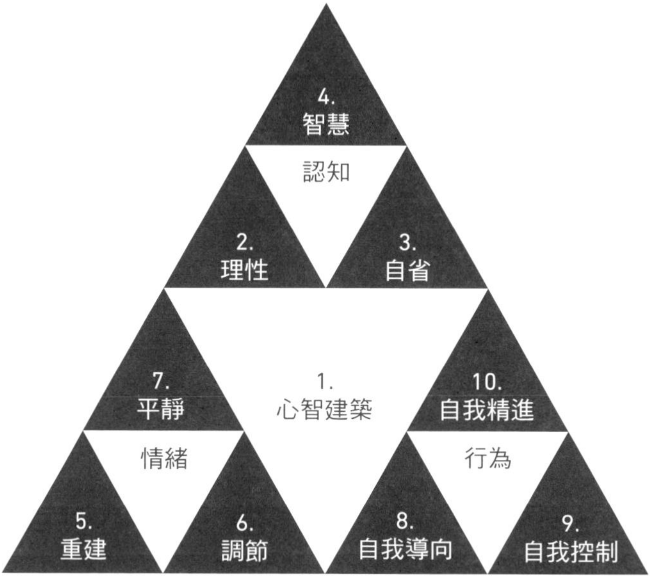

心智建築是本書的核心架構。它是一種我們自我主導的心理演化過程——是刻意重新安裝自己心理作業系統的行為。我們會發現，心智建築的應用範圍很廣，從戒掉壞習慣到重建整個世界觀都包含在內。

雖然心智建築是個新的詞彙，卻不是一種新的修煉。幾千年以來，亞里斯多德、喬達摩．悉達多（Siddhārtha Gautama，即佛陀）與斯多葛學派等思想家都曾引導過弟子，專注於優化自己的心智，有意識地塑造品格。

不過本書則是以現代的詞彙和架構，來幫助了解如何優化我們的心智，品格等內在挑戰。

心智的軟體是一個系統，內有好多種彼此連結、彼此影響的行為和傾向。這個系統決定了你是誰和你生活的方式。若這個系統的某部份遭受竄改或被扭曲，或被幻想所影響，衍生出的問題甚至會癱瘓整個作業系統。不過我們在這個系統內做出的改善也會產生連鎖反應。至於哪些機制能讓我們有意識地嵌入正向的功能，並且排除不想要的功能，本書稍後將一一介紹。

心智建築的過程，以及本書接續章節的結構，都是按照「認知、情緒、行為」這個三角做編排。認知的領域會探討信念、偏誤、自省和智慧；情緒的領域會探究應對機制、感受和欲望；而行為領域則會細探行動、誘惑和習慣。笛卡爾談論理想人生目標的著作中，也使用了相同的分類。

1. 認知：將理性使用在人生最高目標上——評估和判斷最佳的行動方案，盡可能擺脫激情和偏誤。

2. 行爲：懷著堅定的意志去執行最好的行動。

3. 情緒：要理解，在清晰的推理和堅定的意志之外，所有的事物都不在我們掌控之中，因此不應該造成壓力和懊悔。

——**笛卡爾**（Rene Descartes），致伊莉莎白公主的信

本書中我們將使用演算法的概念，來模擬我們自動產生的想法、情緒和行動。如果你完全不懂演算法，可以這樣理解：演算法是「一套為了解決問題或達成目標，帶有步驟的程序」。[21]心智依賴演算法解決的問題是生物面的問題。如果有一個人的某一條演算法使他不敢在群眾面前表演，那麼這個人便比較不會在公開場合讓自己出糗，也不太敢遠離自己的社交圈，免得自己傳宗接代的機率變低。[22]這個演算法雖然在基因傳承上有用處，卻可能會阻礙我們實現最高超的人生目標，使得有些具有潛力的人，最終沒有成為啟發他人的 TEDx 講者。

完美清晰的推理以及完全平穩的情緒，很有可能會妨礙我們的生存和繁衍。腦中預設的演算法所提供的「解法」，反而是我們今天大多數心理問題的來源。

我們可以把想法、情緒和行為都從演算法的角度來理解，這個模型能幫助你成功地優化心智。

我們的目標不是要擺脫組成我們心智的這些演算法，而是要獲得自主權，能夠將原先對我們不利的演算法，轉變成對我們有益的。為了做出這些轉變，我們必須用演算法的角度去仔細了解我們的心理問題。哪一個習慣或情緒或錯誤判斷是元兇？整條演算法長什麼樣子？要如何將它排除在我們的程式之外？

這個演算法模型不是膚淺的比喻。我們的壞習慣和有害的行為，事實上都是「若—則」（if-then）的條件判斷式，由真實世界的輸入所觸發，後面接著是不佳的輸出。[23]我們的認知偏誤和謬誤都是反射性的推論，是依循系統流程預先設計好的規則，不會經過我們一般層級的意識。[24]現代心理學告訴我們，情緒是由一些自動生成的想法，機械式地產生，而這些無意識生成的想法是可以被重建的。[25]

有人批評這種「將大腦譬喻為電腦」的看法，因為神經科學已指出這個譬喻將大腦過於簡化。但隨著演化心理學的興起，有一個新的解釋認為人類的心智就是一套軟體，其最基本的型態便是由功能性的模組組成。演化心理學的先驅勒達・科斯米德斯（Leda Cosmides）說：「大腦不只像一台電腦。它就是一台電腦——換句話說，它是一個身體的系統，專門設計來處理資料。」正如同海豚和潛水艇雖然都同樣使用聲納（但兩者的身體系統卻是迥異），人造的電腦和生物的心智也都會執行演算法。

這些反射全都連結在一起，形成我們慣常的存在狀態。雖然有些傾向可能依個人或文化的不同而有所差異，但普遍來說，全人類都能找到共通的、折磨我們的不良演算法——常見的有確認偏誤、拖延症和死亡恐懼症（即死亡焦慮），而我們恰可透過研究這些普遍存在的人類傾向，來了解我們的心智。[26]而且好消息是，有力的證據顯示我們能夠刻意地重寫這些不良演算法。[27][28][29]

上圖用視覺的方式呈現演算法的模樣。演算法是由代表輸入和輸出的點，以及連結這些點的線所組成。很簡單，對吧？不過真正的演算法長得比較像下頁圖。

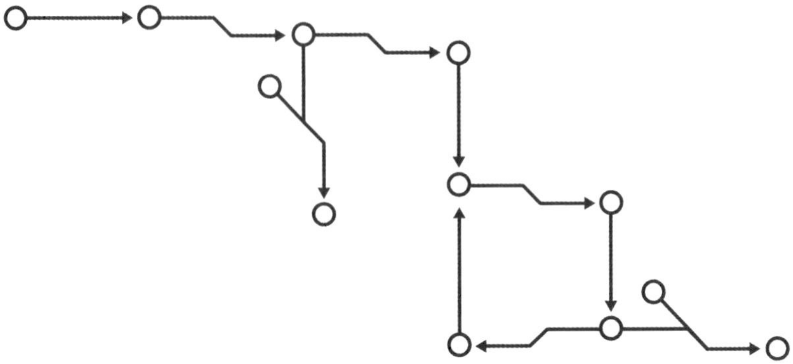

當代的心靈勵志類書籍主題常圍繞在如何消除幾個主要的演算法——例如出錯時責怪自己、沒有證據的情況下做出假設、只要感到恐懼就退縮。但心智建築則是採取更進一步的觀點，不僅提供幾個優化心智的關鍵演算法，還提供你一個架構，讓你將其他書籍中的內容，或是你自己偶然發現的智慧，可以編寫進入這個架構。這個架構給你一個全新的觀點及方法，讓你的演算法能持續更新，成為這些演算法的蒐集者、整理者和工程師。而且，這個理解心智的方式，在你看完本書後，還會持續陪伴你很長的時間。

我們的「心智作業系統」之中的「系統」這兩個字尤為重要。亞里斯多德認為，每個人是自己習慣的總和。而習慣不只是早晨固定的慣例或深根蒂固的強迫行為等狹隘的定義。一個人的習慣可以代表他整個人的存在，他的性情並非是由每個當下和每個獨立的行為所決定；他的言行舉止源自於習慣，再透過行為而加強（或戒除）某個習慣。漸漸地，他的性情就能被陶冶，臻於完美。[30]一個人所有習慣的積累就是他的品格。[31]

其實不難想像，如果亞里斯多德當時便擁有軟體架構的概念，他會覺得軟體架構遠比他提出的習慣模型還要適用。習慣，難道不是「若－則」這個決定行為的條件式的集合嗎？這些習慣的總和，亞里斯多德稱為品格，我們稱為軟體。你的心智建構的方式會決定你變成怎麼樣的人、決定你過的生活以及實現的成就。當你修改自身心智，你便是在編輯這個核心的作業系統，並且改變你的人生軌道。而如果你持續不懈地做這件事，你便會成為自己品格的建築師。

如果你想要修改心智，你的目標必須是漸進式的優化。心智建築通常是一個緩慢的過程，期間需要承認觀念和行為上的錯誤，以及不斷彌補這些錯誤。可是當你感受到自己做出了一個極微小的優化，朝自己的目標挪動了一小步，

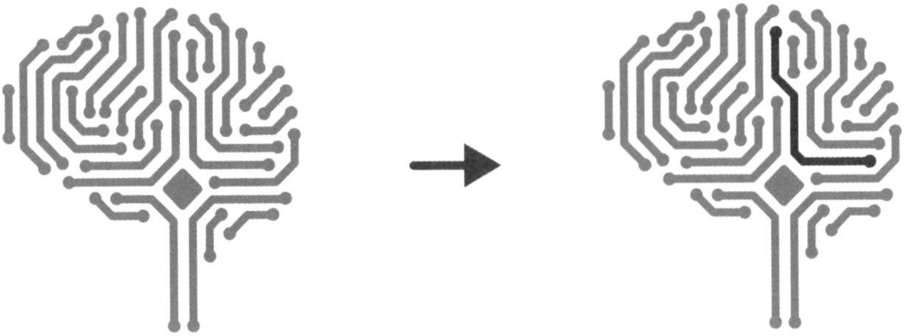

就會得到強烈的滿足感。這個做法，和目前流行的最佳節食方式很類似：想要立即逼出意志力以求強取結果，不如採用漸進的、習慣性的優化，效果更佳。

改善（Kaizen，日文：改善）這個日文詞彙經常用於商務，意指不斷改變以求更好——為了漸進式的優化而持續的努力。這個概念也很適用於心智作業系統。個人的想法、情緒和行動從來都不是問題，我們關心的是源頭——結構型模式。

心智建築是一種自我提升，但不是像有些人上瑜珈課或練溜溜球想要追求的那種意義模糊的自我提升。當我們展開心智建築工程，第一步是先認清自己心智的當前狀態，接著設想一個未來的理想狀態。有了這個願景，再往後推，從大方向

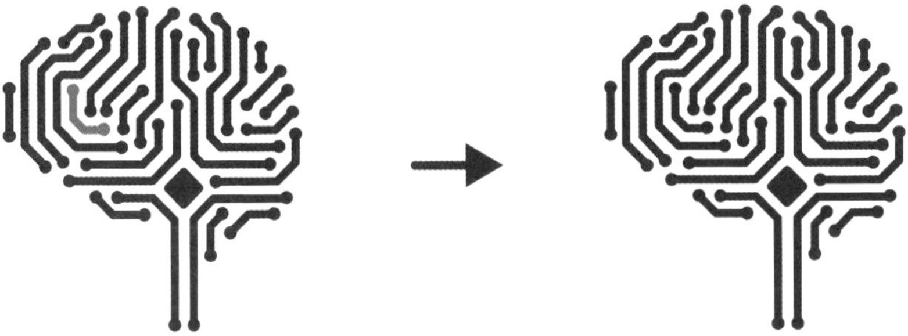

的策略，一路到個別的演算法優化，每一個都是朝願景前進的一小步。當你開始實踐心智建築的時候，你會設計出心智的結構，而你的目標也會自然地浮現。然後把終極的目標當成燈塔，開始朝著它逐步前進。

心智建築的目的是要改寫一些深植於我們內心的習慣及各種傾向，目標是重新編寫我們的心理偏誤和心內的扭曲，脫離那些使我們犯錯的假設，擺脫那些無端的苦難、阻礙我們發展的心態，以及讓我們偏離理想的衝動。這是一個高層級的設計和實作過程——是針對主觀經驗所做的、一個有創意的問題解決過程。如果持續實踐的話，它能夠讓原本如同監獄的心智，漸漸轉變成一座華麗的宮殿。

暫時移除你的軟體

當你培養了正念的專注能力，人生會變得更豐富、更精彩、更滿足，而且你不再會以爲每件事情都是針對你而來。在一個擁有更全面且強大覺知的情境下，注意力扮演著更適當的角色。你將能夠完全活在當下，可以更開心、更輕鬆愜意，因爲你不會輕易被心智喜歡編造的故事和誇張劇情所干擾。你的注意力將可以用得更適當，觀看這個世界時也會更有效率。你變得更客觀，頭腦更清晰，並且提高了對周遭整體的覺知。

——**庫拉達薩**《領悟的心智》（Culadasa, *The Mind Illuminated*）

在我們深入探討修改心智的方法之前，我們需要先取得一種工具，它對於我們的進度非常重要。為了修改心智結構，我們需要先觀察、分析它的規則與模式，接著我們要仔細檢查自身的想法、情緒、價值和驅動力，以及它們的相互關係，然後再來修正深植於我們內心的錯誤觀念。

這就好比你剛接任一個工程師職位，工作內容是要重新設計一個寫得很糟糕的程式。原先的工程師沒有替軟體的各個功能下註解，現在也無法詢問他本人了，所以你需要自己去研究程式的結構，細看一個個演算法的運作原則，才能決定要如何改寫。

為了有效地分析我們的軟體，我們必須要跳脫眼前的現況，而讓我們做到這點的工具叫做**「後設認知」（metacognition）**。後設認知的定義是「關於認知現象的知識和認知（按，思考自己的思考）」。[32]換句話說，可將它理解為思考自己的思考，或對你的覺知領域的覺知。後設認知的角度，就是心智建築的基礎觀點。

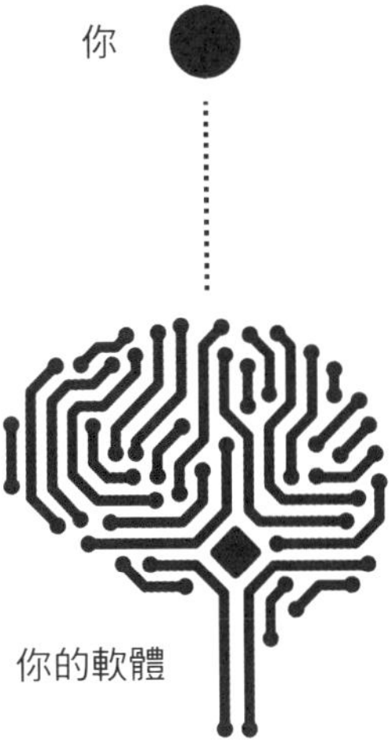

若你想要重新設計心智，卻不肯跳脫現有的心智，就好像是想要修理眼鏡，但不肯把眼鏡從鼻樑上取下來。當然你永遠也無法真的脫離心智，但是當你在做後設認知的時候，你等於

是在讓自己抽離平常運轉的系統，由上往下觀察一大堆蜷曲纏繞的線路，之後再重新開始佈線。

與後設認知密切相關的是時下非常流行的概念：「正念」（mindfulness）。正念是一個後設認知的策略，它的定義是「對於當下每一刻所發生的經歷，都刻意加以密切專注，而且不要批判。此時所浮現的覺察就是正念」。[33]雖然這個詞彙常常遭受誤解，並且因為已成為流行文化而失去了一點原本的含意，卻是心智建築的重要方法。正念讓我們能夠暫停大腦內的軟體，展開進一步的重新規劃。

稍後我們會討論一些加強正念能力的方法，但我發現，只要能夠重視養成客觀自省和後設的覺知，便足以培養正念。光是決定開始以不帶批判或干涉的方式，去察覺自身的思維，便能培養出正念的習慣，就像你決定買賣房地產之後，就會開始注意到物件上面的「售」字標示。

如果你覺得正念很難，你也不習慣去密切關注每一時、每一刻出現的思維或感受到的情緒，那麼你可能需要練習一下。內觀（vipassana）冥想是一般人最常用的練習方法之一，且有些初步研究已證實它的益處。[34]

以下這個練習會逐步引導你進入一種對於自己內心過程的客觀覺知，通常是先從身體的感知（如呼吸）為起點，再及於思維和情緒。它能訓練你察覺到「我的注意力是否已經又被拉回到現實世界五花八門的想法了」。不少專書都介紹過冥想，在此我只附上山姆．哈里斯（Sam Harris）所著《覺醒》（*Waking Up*）一書提供的簡要引導：

1. 輕鬆坐在椅子上或盤腿坐在墊子上，脊椎挺直。
2. 閉上雙眼，深呼吸幾次，感受身體和椅子或是地板的接觸點。去感受因為坐著所產生的知覺——體重向下的壓力、溫暖、刺痛、震動等等。
3. 緩緩察覺呼吸的過程。將注意力放在最明顯感受到呼吸的地方——可能是你的鼻孔或是上下起伏的腹部。
4. 讓你的注意力只停留在呼吸的感覺（不必控制氣息，自然吸氣吐氣就好）。
5. 當你的思緒飄回到其他的想法上，就緩緩將它回歸到呼吸上。
6. 專注在呼吸的過程時，你也會感覺到聲音、身體的知覺或情緒。單純地觀察這些出現在意識中的現象，然後再將心神回歸到呼吸上。

7. 發現自己又分心飄去其他思緒的時候，就將當下浮現的那個思緒，視為意識內的一個物體，然後觀察它。接著，將你的注意力回歸到呼吸上——或是下一刻出現的任何聲音或知覺。

8. 持續上述步驟，直到你可以單純地看著所自己意識到的物體，例如景象、聲音、知覺、情緒甚至是思緒，看著它們出現，看著它們改變和消失。[35]

正念最大的益處可能是，當我們培養正念的時候，能使你直接觀看到內心的運作。正念可以訓練你，暫時不要評價你的思緒和情緒，而是單純地將它們視為是你自己的反射本能，而非不容質疑的事實。[36][37]

冥想能訓練你別去自動認同你腦海中出現的所有想法，例如腦中浮現「約翰是個混蛋」的想法時，你不會認爲約翰眞的就是個混蛋。你只是將這個想法當作腦子所產生出來的東西，可能是眞，也可能不是眞的，可能有用處，也可能沒用。

——茱莉亞．蓋瑞夫（Julia Galef）[38]

大腦輸出的想法，是一種無意識的產出，通常未經你的允許，目的是為了回應真實世界的事件。這點稍後會再探討。這些思緒串聯在一起所形成的故事，通常近似於八點檔的陳腔濫調或是誇張的情緒。依照我們心智的預設，我們會去接受這些重複的套路，認為它是合理的，甚至常常隨著它起舞。[39]

在演算法中，「專注」代表著點和點之間的間距。不管碰到什麼情境，你越不去留意自身的心智，代表著兩點之間的連結越強；你越專注去留意自己在想什麼，則連結越弱。這意味著，正念可以拿來當成一種心智建築的工具，因為只要我們知道自己的演算法正在運作，這就是修改演算法的第一步。[40][41]艾克哈特．托勒（Eckhart Tolle）的著作裡雖然有不少New Age

運動的假科學，他依然提出了一些古老東方智者傳授的智慧：

> 如果使用正確，心智是一個出眾的工具。但若用錯方法，會變得極具破壞力。更準確地說，其實不是你使用心智的方法錯了——是你根本沒有使用它，是它在使用你，這就是問題。你以爲你就是你的心智，就是個錯覺。這個工具已經征服了你。
>
> ——**艾克哈特．托勒**《當下的力量》（Eckhart Tolle, *The Power of Now*）

釋迦牟尼佛和其他人皆主張，我們對自我的認知是虛假的——你不是你以為的那個自我，或甚至那個自我根本不存在，[42] 自我是一個多變、人為的構成，別將它當成一個不變的事實。但本書會力勸你：**不要消除你的自我感，而是要將自己視為心智的設計師，不是心智本身**。不妨這樣想像：你從高處俯瞰自己的心智，加以觀察、分析，最後形塑和重新塑造心智。

若能跳脫如雲霄飛車般狂亂起伏的心境，就可帶來片刻的解脫，也就是一般人所說的「活在當下」。但更重要的是，這樣可以為我們帶來距離，帶來心境的澄澈，能夠去觀察這輛雲霄飛車有什麼功能。這樣也使我們逐漸停止認同自己的心智，轉而看清內在的經驗。[43]

你還沒有拔除你自己和軟體的連結之前，你的信念便是真理，價值有好壞之分，所有的目標都得去追求而無須懷疑；此時情緒無意識地左右我們的經歷，掌控我們的是欲望。但當你斷開這個連結之後，你便能後退一步，觀察到底發生了什麼事。一旦拔掉你與軟體的連結，不妨留意看一下：前方的風景是什麼。此時你會發現，想法就單純是想法，信念就單純是信念，情緒就是情緒。它們都只是存在於機械式心智裡的反射性演算法——而非現實。

不過我認為，正念／冥想運動走到了「心理優化的前置步驟」這邊就停止了。正念只告訴你要針對自己的內心思維，用客觀、毫無執著的方式去覺察，然後把這個步驟反覆再反覆。**但是在冥想時觀察到的內在自動反應，該如何去分析和修正呢？這點卻沒有人教。我猜測很多人覺得冥想沒用，原因就在此。**

而這，正是我們在本書中要做的事情。

本書接下來的九個章節裡，將審視我們在認知、情緒、行為領域中，最常見的錯誤演算法。這些章節會傳授給你重新規劃演算法，力求接近理想軟體的方法。你會成為一名厲害的心智建築師，透過將有建設性的努力，打造心智的結構；你將學會把心智轉變為一個真正適宜居住、一個充滿喜樂的地方。而這個地方唯一的居民，就是你。

本章重點

- 我們的思想、情感和行動都不是一次性的經歷，而是源自一個複雜、已經預先設定好的、依照可靠原則運轉的系統。我們稱這個系統為**心理軟體**。
- 想要優化心智，最強效也是最可靠的方法，便是透過心智的軟體：你的思想和行動。所有深根蒂固的傾向、反應和偏誤，都是心理**演算法**。

✦ **心智建築**是一個自我主導的心理演化。它是一個「刻意重新規劃你的心理作業系統」的行為。心智建築的過程可以歸納成一個**自我精進鐵三角：認知、情緒和行為**。

✦ 心智的建構方式會決定你成為什麼樣的人、你過的生活、你的成就。當你修改自己的心智，便是在編輯核心的作業系統，改變你的人生軌道。而當你持續不斷地這樣做，你就會成為自己品格的建築師。

✦ 正念可以讓你暫停一下，檢查演算法的核心內容，而非單純受到它們的宰制。你可以任命自己成為自己內心的設計師，培養後設認知的能力，展開心智設計的工作。

第2章

認知偏誤與重塑的方法

理解認知偏誤

獨斷是阻礙人類實現幸福的最大心理障礙。

——羅素《幸福的征途》（Bertrand Russell, *The Conquest of Happiness*）

心智建築旅程的起點是認知領域。如果無法掌握這個領域，我們的心智會充斥著錯誤的信念、反覆出現的偏誤以及不合現實的現實模型。不過認知領域的重要性遠不止如此——認知可說是我們軟體所有功能的守門人。

我們的決策、情緒和行動都源自於我們的信念，所以如果我們不先發展一個清晰和客觀的思維，那麼我們為心智建築所付出的努力，就會被扭曲的思想和信念破壞。[123] 在本章中我們將學到，為何缺乏自我覺察和理性會導致我們做出糟糕的決定，導致我們使用不準確的指南針來導航人生。我們也會學到，若無法察覺、無法修正錯誤的信念和扭曲的認知，將會損害情緒的幸福感。另外，我們將了解為何價值觀不明確的時候，會阻擋你實現本來應該享有的最深層福祉。

我們的認知最重要的任務，就是盡可能準確、清晰地去感知外在的現實，就如同繪製地圖，地圖要和它描繪的區域盡可能越相似越好。本章將介紹許多在我們信念和認知傾向背後的機制，以及如何去優化、重寫（重新編程）它們。本章介紹的許多概念和方法，將是之後章節內容的基礎。

有些事情你確定它們是真的。若有人問你「到底有多確定」，你或許會回答「百分之百確定」。但事實上，我們對於某些事情「非常確定」的感覺，與「真理」本身完全無關——大腦處理這些感覺的區域，和我們的理性能力完全不同。我們乃是先靠著直覺來決定「這件事我確定」，然後再找理由加以合理化。[4]

無論確信的感覺多麼堅定，都不是一個有意識的選擇，甚至不是一個思想過程。確信和「我們知道自己知道」的狀態，跟愛、憤怒有點類似，都是來自於不自主的大腦機制，它的運作完全和理性無關。

——羅伯特．波頓《人，爲什麼會自我感覺良好？》（Robert A. Burton, *On Being Certain*）

雖然人類心智可能是全宇宙最絕妙、複雜的東西，它卻充斥著錯誤的假設、見解和信念；這點所有人都知道，卻很少有人能夠辨識出自己的思想有多麼扭曲。如果你和一般人一樣，那麼你左看右看，常會覺得其他人都很笨、很自以為是、很不理性。而你自己呢，基本上信念正確，思考清晰，如果所有人都聽你的，那麼這個世界就會更美好了。問題在於，我們常常只看到其他人扭曲的思想，卻看不到自己的問題。就連我們真心想要清晰思考、想要看透情勢的時候，我們的欲望和情緒依舊躲在意識底下操控著我們。

我們堅持有些事情是真的，有些是假的，但問題是真理很難辨別。每個人都曾經有過這種讓人感到混亂的經驗：很肯定某件事情是對的，結果最後發現原來自己錯了。許多人也都碰過一個難纏的問題，那就是經過更全面、更詳盡的詮釋之後，可以使每一個「看起來是真理」的陳述，變得「更真實了」。為

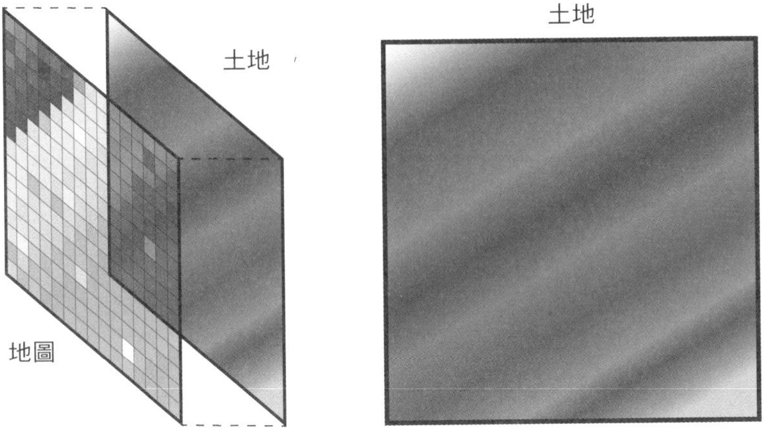

了追根究柢，不妨用「地圖」和「地圖所描繪的區域」來理解：地圖描繪的區域，就是不受我們信念和詮釋影響的真實事物。[5]

一張地圖描繪的那個區域相當複雜，很難全面掌握。為了要盡力去了解，我們只好把它轉換成一個壓縮又失真的形式，稱之為「概念」，然後再把這些概念組成我們的信念系統，又稱為「地圖」。

如果一張地圖，包含了土地上面所有的地理資訊，那這張地圖就沒辦法使用了。我們的信念系統也一樣，關於土地的資訊必須經過簡化，我們才能看懂地圖，

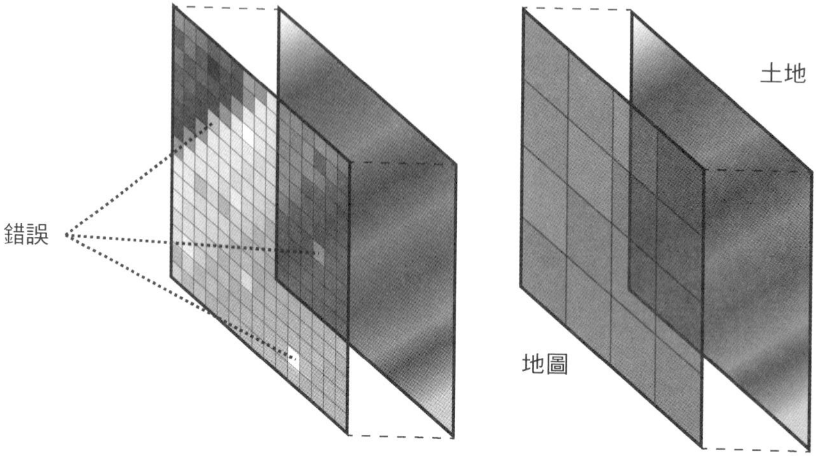

地圖才會有用（即便過程中地圖的準確度降低了）。孩子的信念系統和成人相比，顯得比較簡陋，像素較低。

隨著我們的認知不斷發展，我們會不斷重新評估自己的信念，突顯出自己的差異，累積出更精細、像素較高的概念。不過即便是最複雜的概念和模型，其本質都仍由像素組成，而我們的信念也總是不完整。所以我們有可能可以發展出越來越接近真理的模型，但永遠都無法抵達「完美的真理」。

不過信念也有可能是錯的，通常它們出錯的時候，都是由系統性的心理因素所造成。認知演算法有時候又稱為**推論**

（inferences）。下圖表示認知演算法的最基礎型態。

這個圖可以解讀成「若x則y」，或「因為x，所以y」。此時的輸入是「對這個世界的一個起始前提」或「原始的感知」；輸出則是一個認知——一個想法或信念。這些演算法啟動後會自動執行，而且它們遵守的規則都很一致。有時候這樣的流程完全沒有問題，甚至相當有用。但是許多演算法根本上存在著錯誤和扭曲，可能會造成悲劇或滑稽的結果。下圖中，用一條有角度的線段來代表演算法的扭曲：

這種不良的演算法一般稱作偏誤，它是我們思維的系統性瑕疵。偏誤是在我們沒有意識的情況下，從無效的前提而產出的反射性推論——它們是隱藏的模式，會導致錯誤的信念和錯誤的決策，並且會持續製造出同樣的錯誤，直到被發現且排除。

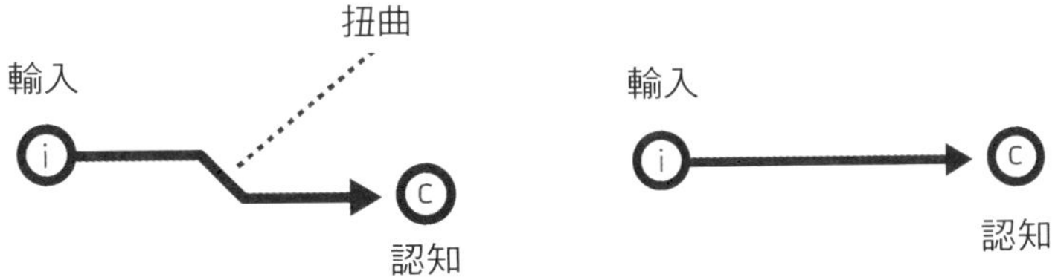

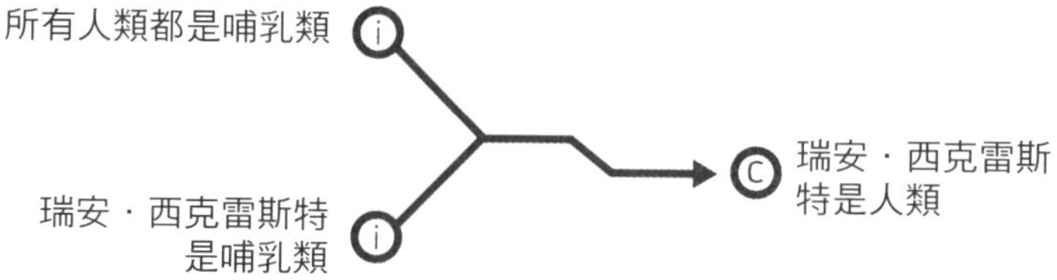
所有人類都是哺乳類
瑞安・西克雷斯特是哺乳類
瑞安・西克雷斯特是人類

有一些最簡單、最容易辨識出的偏誤，都屬於邏輯謬誤。以下面論證為例：

所有的人類都是哺乳類動物
（主持人）瑞安・西克雷斯特（Ryan Seacrest）是哺乳類動物
因此，瑞安・西克雷斯特是人類。

上述的論證叫做**中詞不周延**（fallacy of the undistributed middle）。全人類都是哺乳類，但不表示所有哺乳類都是人類；若有某個結論我們知道它是真的，但不表示它已經是合乎邏輯地從前提一路推論下來（即信念偏誤，belief bias）。如果只看上面範例的前提，則主持人瑞安・西克雷斯特也有可能是某種靈長類動物，或是一隻巨大的嚙齒動物。有百分之七十的大學生碰到這類問題的時候會犯下這個謬誤。[6]

日常生活中我們很少碰到這種形式論證，但常關注政治或時事的人一定會經常接觸到非形式謬誤。這些論證常會讓聽眾分心，不去注意論述內容相關的層面。例如，**訴諸人身謬誤**（ad hominem fallacy），攻擊人的品格或是公信力，而不是他所做的論述。**訴諸後果**（appeal to consequences）會讓我們忽視論證的有效性，只關注該論證隱含的結果是否對自身有利。而**訴諸情感**（appeal to emotion）可能會使用具說服力的煽動性語言和軼聞，激起聽眾的恐懼、憤慨或是同情——用這些來粉飾錯誤的邏輯或是不足的證據。

還有許多其他常見的邏輯謬誤。**滑坡論證**（slippery slope argument）主張，踏出一小步就會導致一連串可怕的結果，例如家長會爭論說，如果讓女兒學撲克牌魔術，那她日後就會變成魔術師。**假二分法**（false dichotomy）主張，如果一個極端被否定（資本主義完美無瑕），另一個極端會是唯一剩下的選擇（那就只能實行共產主義了）。而**後此謬誤／後此故因此**（post hoc fallacy）讓我們想當然地認為「關聯性」等於「因果關係」，例如相信太陽升起會導致你酗酒。

一旦熟悉了所有常見的謬誤，你會發現它們無所不在。很難想像如果政見辯論會上，候選人說出的任何一種轉移注意力的說詞或是錯誤的概化都會被抓出來的話，那麼辯論會將會變成什麼樣的場面。

我們的偏誤並不是每一個都有邏輯錯誤，有些最難辨識的錯誤，藏在我們連想都沒想到的地方。例如我們對過去的看法，遠不如我們以為的準確。我們都知道越老則記憶力越衰退，我們也常忘記以前知道的事，但其實我們的記憶並不是客觀紀錄事件的過程（這點與一般人以為的恰好相反）。每當我們提取某件事的記憶時，該事件就會被重組、被改寫。

你是否曾經回顧好幾年前自己寫的電郵或貼文，然後不敢相信這些內容是你自己寫的？**一致性偏誤**（consistency bias）會使我們想要讓過去的行為和態度，與現在的觀點一致。比起單調的瑣事，我們更容易記得好笑、不安、會使我們產生明顯情緒反應的事件——即使這些並不是事情的重點。記憶其實是可以創造的，甚至可以刻意植入另一個人的腦海中。

我們對未來的看法又更加扭曲，因為我們對機率和預測的評估也不完美。

我們傾向認為，某些過去的事件會影響未來的機率（其實這些事件不會影響未來）。例如有人相信連續拋擲硬幣都得到正面，或連續投籃都得分，會讓我們未來有更高的機率（即**熱手謬誤**，hot hand fallacy）或更低的機率（即賭徒謬誤，gambler's fallacy）得到同樣的結果。你是否聽過有人為了護航危險的行為，而主張繫安全帶會造成死亡，或有些吸菸的人活到一百多歲。有時候我們也會完全忽視**機率**，只參考單獨的、偶發的證據，就做出決定。

我們對於事件的評估（即便已經覺得想得很清楚、有過深思熟慮了），也遠不如自己想像的那麼有條理。我們過度重視那些垂手可得（可得性偏誤，availability bias）、最先出現（首因偏誤，primacy bias）、頻繁出現（頻率偏誤，frequency bias）以及最近常出現（近因偏誤，recency bias）的資訊。而各種損失趨避的行為特質，會導致我們賣東西時，開價遠高於我們自己願意付錢買這個東西的價格（稟賦效應，endowment effect）。

> 智人是一種說故事的動物，用故事思考，不用數字或圖表思考，並且

> 相信宇宙的運行就如一則故事，充斥著英雄與壞蛋、衝突與危機解除、高潮和快樂的結局。
>
> ——**哈拉瑞**《21世紀的21堂課》
>
> （Yuval Noah Harari, *21 Lessons for the 21st Century*）

我們的心智是專門為了尋找模式而設計的。模式識別（pattern recognition，或稱圖形識別）從生物的觀點來看相當有用，如果沒有這項能力，就無法辨識掠食者、尋覓食物或是辨識家人。[8]但我們大腦的頻寬有限，所以必須要走捷徑。我們常會倉促做決定，把相關的因素加以過度簡化，也會針對世界上複雜的結果，快速地建構出敘事和解釋。當然每一則敘事，包括這本書正在進行的敘述，都不正確——它必然會過度簡化現實，只是我們傾向於堅持自己的敘述，彷彿它們才是現實完美的代表。在最極端的情況中，人會產生妄想的、過度的模式識別，這種狀況常出現在思覺失調症等疾病之中。[9]

比較輕微的模式識別問題，則像是視覺錯覺或者是**空想性錯覺**（pareidolia）——

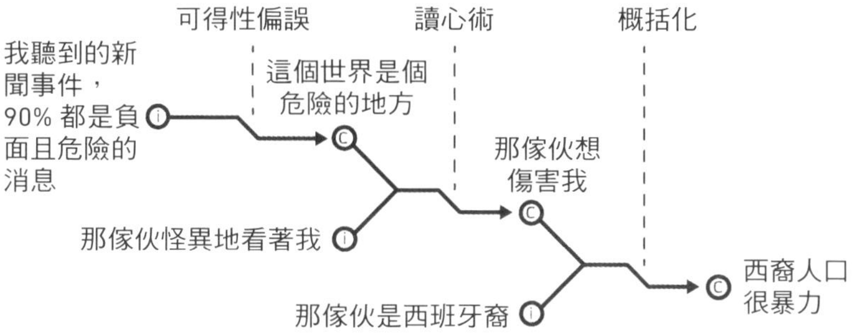
可得性偏誤
讀心術
概括化
我聽到的新聞事件，90% 都是負面且危險的消息
這個世界是個危險的地方
那傢伙怪異地看著我
那傢伙想傷害我
那傢伙是西班牙裔
西裔人口很暴力

例如有人會在抽象的圖像中堅稱看到人臉，或是在雜音中聽到人聲，或聽到屋內傳出嘎吱聲就以為鬼來了，這些都是把事情歸因於一個不存在的來源。更嚴重的模式識別問題，就是我們常常運用的**捷思法**（heuristics）和**概括論述**（generalizations）；我們常有**刻板印象**（stereotype），認定某個群體內的所有個體都共有某些特徵，但這些特徵可能只符合群體的平均狀態，或甚至完全出於自己的想像。

集群（clustering）、頻率（frequency）和新詞錯覺（recency illusion）都會讓我們從重複的、一群相似的事物中，自以為找到意義。例如有個人一週之內聽見三次「多層次傳銷」這個詞，他就相信是宇宙在冥冥之中告訴他該換工作了。迷信和陰謀，往往來自於我們這種「在完全沒有意義的事物中，找到意義」的人性傾向。這種傾向也常在歷史上帶來最具破壞力的意識型態。太多的戰爭和暴行，都源自於有權勢的人，對於自己所認同的、過於簡單的敘事系統（不管是政治制度、偏見或宗教），展現出過度的自信。

這些偏誤最令人擔憂的是它們可以串聯在一起，產生複合影響。信念不會單獨成立，它們會互相糾纏，所以單獨改變某一個信念會波及到地圖上更大面積的區域。信念系統本身便是錯綜複雜、相互連結的認知演算法。當這些演算法出現嚴重偏誤，就會構成極其扭曲的世界觀。如果人們根據這些扭曲的世界觀行動，就可能導致以行善之名，做出嚴重的破壞和巨大的傷害。

消除認知偏誤的方法

你應該採取自己錯誤的方法，並且致力於減少它的錯誤。

——伊隆·馬斯克

或許你理解了以上提到的偏誤之後，願意接受「身而為人，都有這些一貫的非理性傾向」這個事實。又或者你心裡想著：「好吧，我知道大部分人會有偏誤，但我不覺得自己有偏誤。」如果這樣的話，我還有一個偏誤給你：**偏誤盲點（bias blind spot）**。這是指一個人相信，困擾著別人的偏誤，不會影響到自己。

你現在心裡想問的可能是，要如何去除錯誤的認知演算法？消除偏誤不是件容易的事情，不過有幾個點可以善加利用，幫助我們攔截並重新規劃這些演算法。

如果你想要克服扭曲的認知演算法，第一步也是最明顯的一步，便是熟悉人類歷史上最常見的偏誤。本章先前的內容，只是關於認知偏誤的基礎知識——絕對不是全部偏誤的完整列表。維基百科上面可以找到更詳盡的認知偏誤清單，[11]而約翰·馬諾吉安（John Manoogian III）和巴斯特·班森（Buster Benson）更是用一張詳細的圖說明各種認知偏誤。[12]

不過，就算是這麼詳盡的資料，仍然有許多缺漏。不妨花一點時間到

LessWrong這個部落格看看，你便會發現人類偏誤的關係圖有多麼複雜。你需要養成一個習慣，亦即盡量透過不同的資料來源去認識這些偏誤，同時也要盡量檢視自己是否有這些偏誤。反覆記憶各種偏誤，直到你在夢裡也能倒背如流的程度，並且知道哪些情境會觸發哪些偏誤。千萬不要以為，你知道了一種偏誤，從此就對它免疫了。雖然在某些情況下，只要意識到某個偏誤存在，便可有效對抗它，但這個方法並不全然適用。[13][14]

如果想要修正某個偏誤，通常需要察覺到生活中有一個觸發該偏誤的情境出現了，所以你需要養成注意到這些情境的習慣，而這又是後設認知的重大功能之一。正念已證實可以減少認知偏誤，因為正念會刻意去專注觀察原先已經習慣了的認知模式。[15]若能意識到你在哪些時刻特別容易犯錯，例如疲倦、生氣了、餓了的時候，也可以幫助你對抗自己的偏誤，或至少暫緩做出決策，直到你進入一個較良好的狀態。

在你開始懷疑自己的直覺之前，必須知道你內心之眼所看到的，乃是

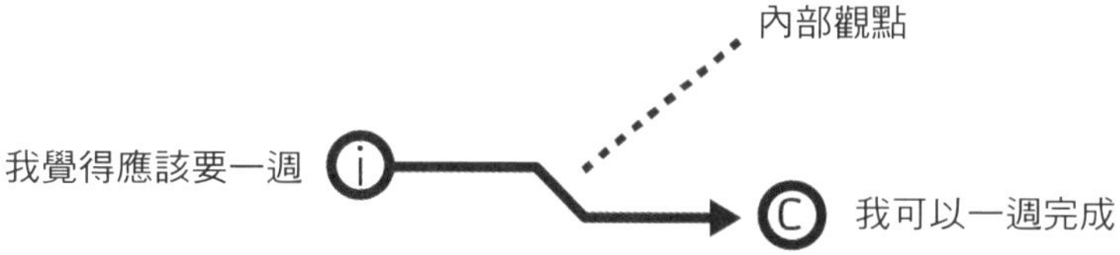

一種直覺——某種在內部看到的認知演算法——而不是直接對事物真實樣貌的感知。

——**埃利澤．尤德考斯基**〈演算法從內部感覺的模樣〉
（Eliezer Yudkowsky, How An Algorithm Feels From Inside）

一旦你意識到某個偏誤出現，或是某個會觸發偏誤的情境，下一步就是要設計出一個更好的演算法來取代原先不良的演算法。讓我們用**計畫謬誤**（planning fallacy）這個演算法為例，它常導致我們大幅低估完成任務所需的時間——這個演算法會讓你一輩子都習慣性地低估各種時程，使你變成遲交大王。不過我們有可能將這種偏誤排除並永久根除。

如果有人問你：「你覺得要花多久可以完成這項工作？」這時通常「計畫謬誤」就會啟動：你會諮詢自己的直覺，得到「一週後」的結論，我們將這種推理模式稱為「內部觀點」。

但如果你有足夠的後設認知覺察能力，並且對這種偏誤夠熟悉，便有機會可以介入，設計出一個相反的演算法，把偏誤重新編寫。我們稱之為**認知修改**（cognitive revision）。

> 心理學家康納曼（Daniel Kahneman）是認知偏誤研究的先驅，他針對這種特殊偏誤，提供了建議的解決方法：
>
> 預測某個計畫的時候，若納入其他類似計畫取得的資訊，這種行為稱為採用「外部觀點」，正好就是計畫謬誤的解藥。
>
> ——**丹尼爾．康納曼**《快思慢想》
> （Daniel Kahneman, *Thinking Fast and Slow*）

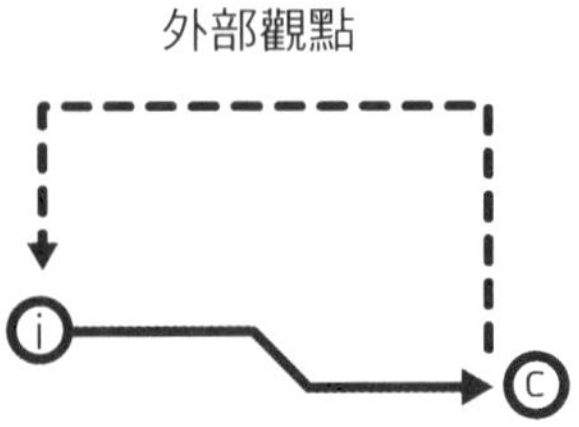

換言之，如果你需要評估一個工作項目要花多久時間完成，不要聽從你的直覺。去想想一般來說，這類項目需要多少時間完成，其他人做同樣類型的工

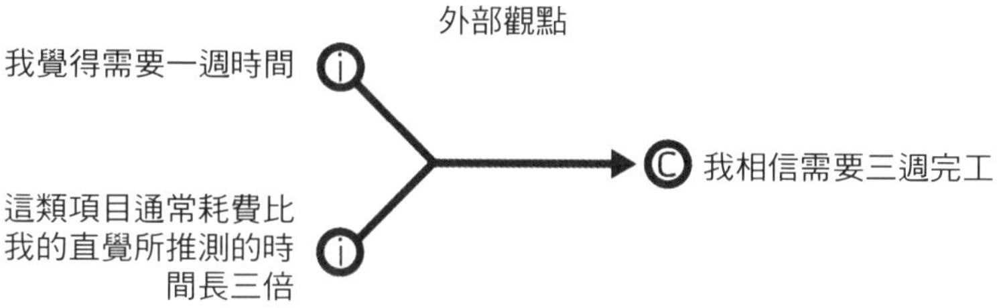

作要耗費多長時間，再將這些數字和你的直覺做比較。[16] 如果你「覺得」一週可以完成，但「過去經驗」告訴你通常需要三週，則後者可能會是較接近的推測。在這個情況下，將「我覺得需要一週，所以就是一週」的演算法，取代為「如果這類工作項目通常需要耗費比我的直覺所推測的時間長三倍，那我相信需要三週完工」的演算法。

養成習慣後，你就會習慣採用外部觀點來預估期限。這時，你就已經成功改寫了原先的演算法。

這個例子讓過程看起來很簡單，但每個偏誤都不同，而且可能需要你設計出別的、有創意的解決方法。雖然已經有許多針對認知偏誤的研究，但關於如何移除認知偏誤的過程，還沒有大量的研究。大量的研究已經證實了消除偏誤的方法是有效的，只不過還未找到一種萬用的方法。[17][18][19]

有許多思維工具可以當成你的新演算法，取代舊的演算法。只要把特定推理領域的模型和原則加以內化，便可將舊的偏誤模式取代為更好、更正確的模式。你可以學習許多邏輯、統計和經濟原理，以便最大限度地提高正確的信念和良好的決策。學會掌握**「機率論」**等原理、**「複利」**等違反直覺的概念，以及「系統思維」等認知工具，可以大幅提升你的判斷力。

貝氏推論（Bayesian reasoning）一直被譽為理性的黃金標準。許多偏誤是來自於，當我們在形成信念的時候，沒有將先前的可能性納入考量。一個常見的例子是，若要預測一個害羞膽小的人的職業，一般人比較可能覺得他是圖書管理員，比較不可能是業務推銷員。這個推理可能如下圖。

這個預設的演算法帶有偏誤，因為它沒有考量到圖

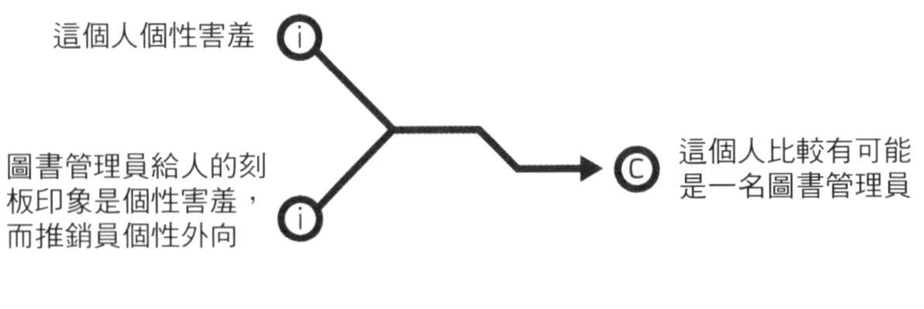
這個人個性害羞
圖書管理員給人的刻板印象是個性害羞，而推銷員個性外向
這個人比較有可能是一名圖書管理員

書管理員和業務推銷員兩者，何者更常見到。事實上，業務推銷員的人數是圖書管理員的七十五倍。[20]

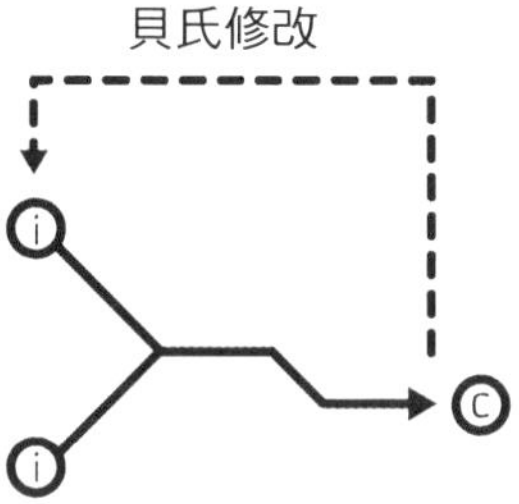
貝氏修改
i
i
c

有了貝氏法則當你的思維工具，你可以把這類有缺陷的演算法替換成較準確的演算法。為了善加利用**「貝氏修改」（或更新）**，你應該給現有的假設、信念賦予一個可能性，以便反映這個假設的可能性。出現新的證據時，請先試著去想：這個新的資訊應該要有多大程度地改變你的此刻的信念。

回到上面圖書館員的情境為例，首先你會先預估圖書管理員和銷售員的比例，然後按照這個人的性情調整你的預估。

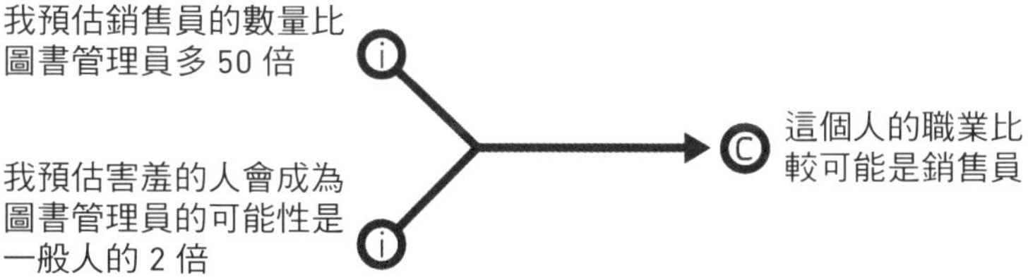
我預估銷售員的數量比圖書管理員多 50 倍
i
我預估害羞的人會成為圖書管理員的可能性是一般人的 2 倍
i
c
這個人的職業比較可能是銷售員

不管碰到什麼情境，你都必須意識到相關的錯誤偏誤，然後暫停下來，並注意到此刻你正處於一個會觸發偏誤的情境中，接著設計和執行更好的替代演算法。你必須做到這一點：下次碰到相同類型的輸入，就能夠觸發不同的演算法。只要把偏誤排除了，未來就會習慣採用一個較為理性的演算法。你可以把更好的推理途徑加以內化，漸漸重建自己的世界觀，讓它和現實越來越相近。

請盡量養成習慣，一定要能辨識出一些代表著錯誤思維和錯誤信念的指標。若有某些觀點讓你產生困惑、驚訝和不明白的感覺，你的警覺燈號就應該要亮起來了，接著進行更深入的探究。在形成重要的觀點之前，請先思考為何最初的判斷會有缺陷。只要在預設的演算法中，添加一個提示叫做「考慮相反的情況」，便可有效對抗錨定效應、過度自信和事後偏誤。[21]透過尋找外部真實的資訊，可以減輕或消除一些偏誤，所以請盡量客觀地覺察自我，與自身保持距離，並將你的推理和信念進行客觀測試，以盡可能消除人為偏誤。

知不知，尚矣；不知知，病也。
聖人不病，以其病病。夫唯病病，是以不病。

——老子《道德經》

理解「動機性偏誤」

人類的生存優勢並非處理資訊，亦非儲存、學習、或看管資訊——甚至連思考也不是。

——演化心理學手冊（*Handbook of Evolutionary Psychology*）

有些人知道了上述這些偏誤以及因應方式之後，通常會自稱為批判性思考家、自由思想家或理性主義者。這些人透過前述的偏誤消除方法，想要更清楚理解這個世界，而且他們用的方法，在正確的情境之下確實有效。但我清楚知道一件事：批判性思維，尚不足以防止我們出現嚴重的偏誤。

大多數的人都同意，批判性思維很重要。各級的學校和大學都在傳授這些技巧，但有個重點卻被忽略了：一個人學習了批判思維的技巧，雖有可能會開始採用批判性的方式去想事情，但更有可能的是他會用批判思維當工具，反駁一切他不想要接受的想法。理性思維的工具，和合理化自己想法的工具，其實是相同的。

如果你想要排除有偏誤的演算法，你必須了解它們較深層潛在的原理。許多偏誤都源於一個簡單的事實，那就是我們心智的建構，原始目的並不包括「用完美的精準性去理解、記憶和預測複雜的、當代的現象」——因為從生物的角度來看，這些都不重要。但我們有些偏誤，卻直接和生物層面的壓力有關，換句話說：有系統地誤解現實，對我們的基因是有利的。[22]最有害的偏誤有一個共同點：它們都源自欲望，我將這些稱為**動機性偏誤**（motivated bias）。縱使我們想要對現實有一個準確的看法，但這種「想要真實理解現實」的意願，往往在不知不覺中，被其他動機所壓制。

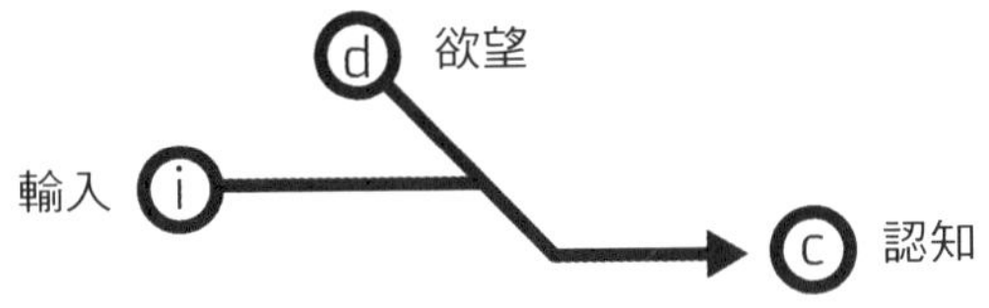

既然這樣，那我們不妨調整認知演算法，把「動機」加進去。上圖可見到，欲望在認知扭曲中起著重要的直接作用。

欲望永遠存在。當欲望和我們的目標一致時，它並不會顯示在示意圖上——此時兩者的目標都是要擁有清晰的推理。當欲望顯示在示意圖上的時候，代表著欲望和我們想要清楚思考的目標不一致。

我們許多欲望（或驅動力）都和世界以及我們對這個世界的看法有關。我們渴望能理解這個世界，所以我們將現實加以拆解，然後依據這個簡化過後的模型（這個模型與現實相差很遠），做出我們的決策（即**屬性替代 attribute substitution**）。[23]我們希望世界是公平的，是公正的，所以我們認為受到不公正對待的人是活該，是罪有應得（**公正世界理論**）。[24]我們渴望一個正向的未來，所以我們基於一廂情願的想法做出預測（**樂觀偏誤**），有時候到了完全忽略負面事實

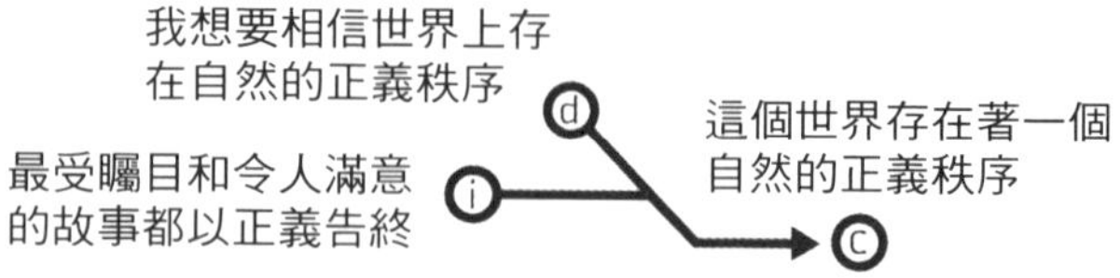
我想要相信世界上存在自然的正義秩序
d
最受矚目和令人滿意的故事都以正義告終
i
這個世界存在著一個自然的正義秩序
c

的程度（**鴕鳥心態**）。

而這些偏誤會疊加，然後造成有害的影響。[25]

另外一組左右我們觀念的欲望，和社會有關。我們常說年輕人容易受外界影響，這樣說彷彿年紀大的人就不會受到外界影響似的。事實上，我們遠比自己願意承認的更容易受到外界影響。人的預設天性就是尋求陪伴和社群（更甚於尋求真理），這點正如我們大腦的預設就是「尋找有用的模式」（更甚於尋找正確的模式）。[26] **從眾效應**

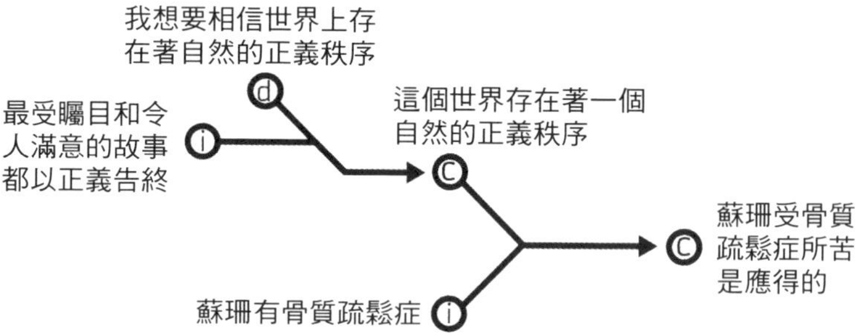
我想要相信世界上存在著自然的正義秩序
d
最受矚目和令人滿意的故事都以正義告終
i
這個世界存在著一個自然的正義秩序
c
蘇珊受骨質疏鬆症所苦是應得的
c
蘇珊有骨質疏鬆症
i

（bandwagon effect）指的是，人的結論和決定往往是跟著主流意見走，雖然我們常會想辦法來對自己合理化這些決定。權威和社會潮流都會影響我們，我們的信念往往來自固執的舊習慣和模仿。

身為人類，你被牢牢地嵌入在一個集體的社會網中。人類本能的設計不是為了發展出完美的清晰見解、理性的洞見和智慧。我們原本的設定反而是要承襲部落觀念、價值和判斷——跟隨你的文化潮流。我們想要有歸屬，想要被接納、被尊重、被喜歡，這些欲望迫使我們的信念屈服。問題是，如果我們不承認欲望的存在，也不加以規範，可能會導致我們做出妄想的決策，並且背離我們的價值觀。

我們的偏誤背後最常見的動機，並不是源自我們希望如何看待這世界，或是我們想要別人如何看待我們，而是源自「我們希望如何看待自己」。最難改變的是那些與自身認同感相關的欲望。[27]

我們希望與眾不同，希望維持正面形象，結果使我們過度誇大自己的正面特質。**基本歸因謬誤（fundamental attribution error）**與**自利偏誤（self-**

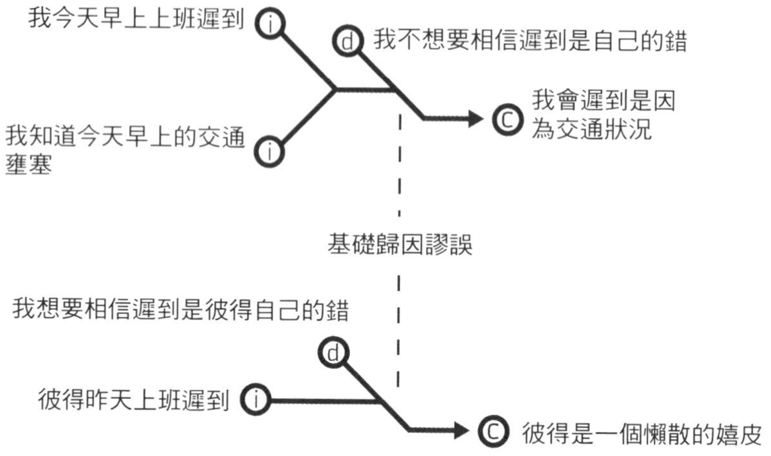
我今天早上上班遲到
我知道今天早上的交通壅塞
我不想要相信遲到是自己的錯
我會遲到是因為交通狀況
基礎歸因謬誤
我想要相信遲到是彼得自己的錯
彼得昨天上班遲到
彼得是一個懶散的嬉皮

serving bias）讓我們把我自己正面的行為和成功，以及他人的失敗，歸因於個人的品格。而相對地，我們將自己的負面行為和失敗，以及他人的成功，歸因於運勢和環境。**虛幻優越感（illusory superiority）**指的是高估了自己的正面特質，低估了負面特質。[27]

我們渴望掌控自己的生活，因而常會有**控制的錯覺（illusion of control）**。一個有趣的發現指出，有憂鬱症的人認為自己對於外在事物的掌控較小，因此比起健康的人，他們的觀點更正確，偏誤也較少。不過，這也可能是憂鬱症特徵的**負向認知偏誤（negativity bias）**

抵銷了原本的偏誤。[27]

有一種欲望最可能扭曲我們的觀點，這個欲望與我們的自我認同有關，不過它常常假扮成對真理的渴望，而且偽裝得唯妙唯肖，很難識破。我說的是「渴望**自己是正確的欲望**」。當我們形成了某個信念之後，便開始對這個信念產生依附，從此以後心智的預設就是不斷累積對於這個信念有利的證據。我們與人爭論時，目的很少是為了認清「什麼才是正確的」，更常見的反而是要「向對方（或自己）證明，我們一直都是對的」。[28]

因為有**確認偏誤（confirmation bias）**，造成我們傾向只尋找能夠證實自己理論（或信念，或世界觀）的資訊，而忽視相悖的資訊。我們非常依賴自己支持的觀點，即便眼前都出現了相衝突的證據，也常常只會激起我們的防禦心，加強原先的信念，這就叫**逆火反應（backfire effect）**。這個傾向最終會導致對一個議題持對立意見的兩方漸行漸遠，形成了**態度極化（attitude polarization）**。

更糟糕的是，現代的世界創造出一些「會強化我們信念」的誘因，更加深化了我們的偏誤。搜尋引擎、娛樂平台和社群網站靠的就是閱聽人的點擊和觀看次數，因此它們更傾向於「傳送使用者喜歡的內容」，而不是辨明真相。散佈資訊的數位演算法，將我們導入狹窄的同溫層，進一步扭曲我們的認知演算法。[29]

消除動機性偏誤的方法

> 眞理可能令人難以理解，我們可能需要花一些力氣才能理解眞理。眞理可能違反直覺，可能與我們根深蒂固的偏見相矛盾，也可能與我們迫切希望成眞的事物不一致。但我們的偏好並不能決定什麼是眞理。
>
> ——卡爾・薩根《驚奇與懷疑》（Carl Sagan, 暫譯：*Wonder and Skepticism*）

有一層更深入的認知心理建築，與「動機」相關。動機偏誤並非系統裡的小錯誤，它其實是系統在正常運作——每個人都有自己重視的信念，而且無法輕易擺脫這些信念。但是，我們必須把這些錯誤的信念加以斷電，不讓它們長期存在。

為了做到這一點，你需要養成習慣，隨時注意常見偏誤的觸發因素；另外還需要培養一種新習慣，亦即留意自己是否意圖「維繫某些信念」，以及這些意圖的強度。請注意你習慣依附哪些思想，又抗拒哪些想法。注意自己的好奇心，是否沒有關注某些領域——這些領域的特質是，當它們被質疑時，你就會想要替它們護航。也許你非常抗拒去質疑某種信念，因為你屬於某個擁護該信念的群體；又或者你覺得某種信念為你提供了一個重要的處事機制——沒有這個信念你就會不知所措。

將以上這些觀察結果記錄下來。接著，你可以使用「蘇格拉底式提問」來檢視自己的信念有沒有漏洞。也就是說，要將自己的信念，當成別人的信念來反駁。盡可能建立一個最佳的論述，找出自身觀點的假設和弱點。有什麼證據可以支持自己的信念？我是否有可能誤解了證據？我能想到任何反證嗎？繼續提問、追根究底，並把證據不充分的信念記錄下來。[30]

還有一個相關的方法，可以幫助自己解決長期克服不了的欲望，稱為對抗作用。亦即培養一種力道相近、方向相對的欲望，以相抗衡。當你對兩種相反的欲望都有相等的渴望時，你將能夠根據證據，客觀做出評估，因為這兩種欲望都可能符合你的渴求。

如果你相信世界基本上是公正的，並且強烈地想要維持這個信念，那請想想：如果這個世界本來就不存在固有的正義，那會怎樣？雖然這種信念迫使我們正視自己的脆弱性，但它同時讓我們能夠理解和同理那些遭受不幸的受害者，而不會責備他們。這種想法賦予我們一些可以努力的方向，也賜予了我們人生目的，而不是催眠我們相信一切都已盡善盡美。

這麼做的目標不是要切換成另一種信念，而是直面並了解到，另一種信念如果是真的，也不會那麼可怕，甚至可能是好的。接著，你可以根據證據的可能性之高低，來決定哪一個信念是真的。在此我並不是要告訴你哪些信念是真

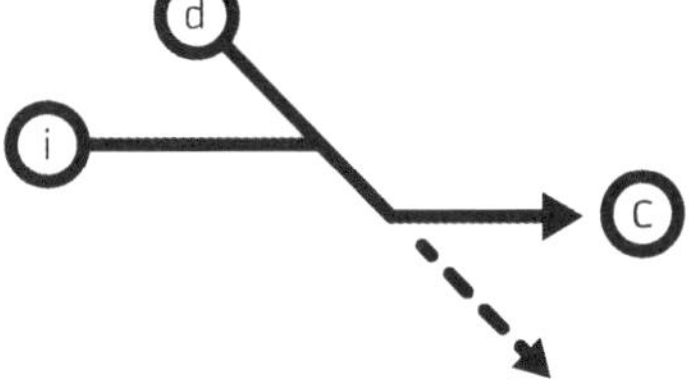

對抗作用

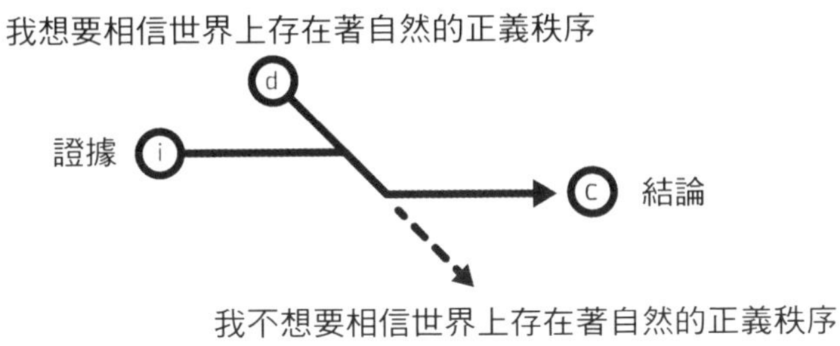
我想要相信世界上存在著自然的正義秩序
d
證據
i
c
結論
我不想要相信世界上存在著自然的正義秩序

的，哪些是假的，我的目標是代表許多偉大的心理建築思想家，鼓勵你尋覓真理，不論真理的盡頭是什麼。

許多人都深信不疑一些錯誤的信念。三不五時相信一下自己的星座運勢可能很有趣，但獨立思考和區分真偽的能力，比起你的娛樂，具有更高的利益。非理性、獨斷和無知是全球大部分問題的根源。[31]

每年都有人因為相信假藥有效、相信真藥有害，而搞死自己。[32]全球環境問題尚未解決，部份原因是人們已經被灌輸，甚至已經接納了一種看法，宣稱這些問題不存在或對我們沒有威脅。[33]有太多關乎數百萬人的重大決定，背後卻是基於嚴重缺陷的想法或蓄意的欺騙。有太

證據
i
c
結論

多暴行的鼓動者，行動的根源是百分之百的善意和不受質疑的意識形態。[34]

今日世界「思維不清晰」造成的危險，比以往任何時候更甚。並不是說我們的思維方式有什麼不同了——而是易輕信和混亂的思維，可能造成比過往更加致命的情境。

——**卡爾．薩根**，（1996）

隨著科技飛速成長，錯誤思維和教條主義的後果也將急遽提升。核武器、生物工程、奈米科技和人工智慧都在迅速發展，人工智慧會變得更強大，生產成本越低廉，並且更容易使用。這些全部都會威脅到人類的根本存在。如果我們無法克服人類「相信教條、根據教條和欲望行事」的傾向，**那麼今天造成破壞和戰爭的力量，將在未來導致人類的徹底滅絕。**[35]

但即使是最自私的反社會者，也有充分的理由，想要盡可能地看清楚這個世界。理性是智慧的核心組成元件。我們是否能在生活中、人際關係上、職涯或事業中做出好的決定，取決於清晰思考和正確學習的能力。提姆・厄本（Tim Urban）在他著名的部落格 Wait But Why 當中，針對特斯拉和 SpaceX 的創始人、億萬富翁伊隆・馬斯克（Elon Musk）進行了分析。[36]他認為馬斯克這位企業家成功的一個關鍵因素是，他不斷努力優化自己的心智：

> 馬斯克將人視爲電腦，他將自己的大腦軟體視爲他所擁有最重要的產品——但沒有公司會設計大腦軟體，所以他設計了自己的版本，每天進行 Beta 測試，並不斷更新。這就是爲何他的效率如此之高，爲何他可以一次顛覆多個巨大的產業，爲何他可以學得如此之快，策略如此巧妙，並且如此清晰地預見未來。

這個心態讓我們看到了本書主題「心理建築」的本質。大多數人不惜一切代價，努力鞏固既有的信念，保護它們免於被推翻。但如果你是一名心理建築師，那麼所有的信念都只是暫時的實驗。每天都是一次心理的 Beta 測試——一個迭代、擴展和升級認知軟體的機會，揭露和質疑任何假設，測試新的概念模型，並拋棄過時的模型。沒有任何信念能免於這個檢測過程。

一個人的精神力量，可以從他能容忍多少眞理而看出……可以從他需要把眞理稀釋、僞裝、甜化到什麼程度來測量。

——**弗里德里希・尼采**《善惡的彼岸》（Friedrich Nietzsche, *Beyond Good and Evil*）

如果你的幸福仰賴錯誤的信念，這意味著你所依賴的信念，是建立在糟糕的基礎之上。一旦暴風雨來襲，現實朝著這個不牢固的模型傾瀉而來，你便會遭受痛苦和困惑的衝擊。任何與信念相違背的事物，可能是現實世界的經驗或是與他人的爭論，都會威脅自身認同，並且破壞心智的平衡。[37]

你可以選擇一個較為緩慢、漸進的過程重建你的基礎信念，將目前的心理結構取代為和現實較接近的應對結構。你的心智並不是一個嬌貴的花園，需要細心呵護免於所有的威脅，它其實是一個強大、堅強的免疫系統。透過不斷質疑你的信念和假設，你就能夠給自己打預防針，不至於因為面對現實而感到痛苦和混亂，而且你的世界觀將會越來越健。[38]

一開始質疑自己的信念時，得到的答案可能會使你苦惱。不過，只要接受這些事實之後，就能使你煥然一新。他人難以理解的事實，卻能使你成長茁壯，感到快樂。你將不只學會接受真理，還會將真理內化，使它成為你的一部分，並對它感到無比感激和敬畏。

克服偏誤的關鍵，位在你的意圖之最深處。你必須將「攻克己身、優化自己」的欲望，牢牢地建築在你的自我上，勝過那些「不想要優化自己」的欲望。你必須讓「精進自我」的欲望居首位，超越那些想要證明「我有能力、我很特別、我是對的」的渴望。**你不應該因為自己的信念是正確的而感到驕傲，反而要因為自己願意拋下舊的執念，替換成新的、更正確的信念而感到驕傲**。當你堅持先找到真正的真理，再學著去喜愛它，你就能夠成為自己認知的主人。

本章重點

- 人類的心智充斥著錯誤的假設、觀念和信念，這影響的不只是我們的推理和智慧，也包括我們的行動和情緒幸福感。
- 認知演算法可以被稱為**推論**，可能會被**認知偏誤**不斷地重複扭曲。信念系統本身是錯綜複雜、鍊鎖在一起的認知演算法。當這些演算法嚴重偏誤，會形成一個極其扭曲的世界觀。
- **認知修改**所代表的行為，是將對輸入的習慣性認知反應，替換成更好且扭曲較輕微的結論或想法。貝氏推理等思維工具可用於修改某些存在偏誤的演算法套組。

✤ 批判性思維的技能不足以防止我們擁有嚴重的偏誤，因為欲望會促使一些偏誤長存。如果我們強烈地想要相信某件事，我們便會拿思維工具去合理化這些信念。為了重新規劃動機性偏誤，你必須養成習慣，評估想要保有特定信念的欲望，以及這些欲望的強度。

✤ 身為一名心理建築師，你應當持續地為自己的信念系統做 Beta 測試，把握一切迭代、擴展和更新認知軟體的機會。你不應該因為信念是正確的而引以為傲，而是要因為自己願意放棄原先的信念，替換成新的、更正確的信念而感到驕傲。如果做到這點，你將不只學會接受真理，還會對真理感到無比感激與敬畏。

第3章

自省的價值與方法

你要的，真的是你想要的嗎？

很少人眞知道自己要什麼。這是一個罕見且困難的心理成就。

——**馬斯洛**《動機與人格》（Abraham Maslow, *Motivation and Personality*）

好吧，即便我們對於外在世界的信念可能有誤，至少我們知道什麼對自己是最好的，對吧？我們往往以為自己知道我想要什麼，我們都以為自己正在穩穩地主導著生活。只不過證據顯示，其實錯判自身利益，乃是出奇地容易發生。

雖然關於「哪些錯誤會限制我們獲取智慧」的研究並不多，不過古老和現代的思想家都揭示了許多這類我們共有的錯誤。**最常在人生中誤導我們的演算法，並非對於外在世界的錯誤記憶、預測和模式辨識而已，更在於我們對於自省的扭曲**。不過現在既然我們已經知道有哪些機制會造成我們對外在世界的信念有

偏誤，現在我們就在這個基礎上，來看看我們內心世界的偏誤。

前一章裡我們看到，「**控制的錯覺**」使我們以為自己對環境的掌控比實際上的要多，並且使我們將不相關的結果歸因於自己的行為。[1]但在另一方面，我們的天性也使我們誤信自己知道哪些結果會使我們快樂。只要看看電影裡的精靈實現了主角的願望，就會知道這種「我知道我要什麼」的問題出在哪裡。我們往往將複雜的情況加以過度簡化，當我們在追求幸福的過程中，這種簡化會讓我們在預測「我想要，或我不想要什麼」的時候，產生了錯誤的信心。

蝴蝶效應（butterfly effect）指出，某些極其複雜且對初始資料極其敏感的系統，將導致我們無法準確預測結果。這個理論解釋了為何今天我們仍然無法準確預測天氣（相較於其他領域的進步）。有一個說法是：「一隻蝴蝶在巴西振動翅膀，能造成德州的一場龍捲風。」[2]做出複雜的預測會碰到的困難，我們在追求幸福時同樣也會碰到，此時出現的偏誤是我們傾向大幅簡化現實事件的複雜性。

哲學家艾倫．沃茲（Alan Watts）曾經重述過中華文化的「塞翁失馬」寓言：有位農夫的馬匹走失了，左鄰右舍都圍過來表示同情，但農人回答說，或許這不是件壞事。一陣子之後走失的馬回家了，還帶著七隻駿馬一起，鄰舍又圍過來恭賀他，農夫卻說或許這不是件好事。隔天農夫的兒子想要馴服這些馬，卻摔斷了一條腿。鄰居們紛紛說：「我的天，太慘了！」而農夫又說，或許不是件壞事。緊接著外敵入侵，壯年人都徵召入伍，在戰場上死傷慘重，唯獨農人的兒子因為斷腿而不能出征，保住了性命。[3]

每當我們回顧過去，往往能夠以故事中塞翁的智慧眼光發現，當時非常糟糕的事情，長遠來看或許對我們有益。可是當我們在談論眼前的生活時，卻又無法帶著如此具有遠見的「福禍相倚」眼光。我們總是在當下很清楚知道「我想要什麼，我不想要什麼」，我們堅持追尋想要的事物，荒謬地過度簡化世界上複雜的機制。我們依賴自己內在的生活模擬器來導航我們的一生，但這樣就好像是只憑著兒童用蠟筆畫出的紐約市地圖，就想要遊覽整座城市。

沃茲補充道：大自然的整個過程是一個龐大、複雜、綜合的過程，絕無可

能判斷其中發生的任何事情是好是壞，因為你永遠不知道不幸的結果是什麼，或者你永遠不知道好運會帶來什麼結果。

情感性預測（affective forecasting）的心理學研究顯示，我們不僅過度簡化了世界，也過度簡化了對自己情緒狀態的預測。研究情感性預測的著名心理學家丹尼爾．吉爾伯特（Daniel Gilbert）發現，人類都有一種他稱為**影響力偏誤（impact bias）**的演算法，導致我們無法準確預測對某個事件或決定的感受、感受的強烈程度，以及這種感受會持續多久。換句話說，我們內在的情緒模擬器和生活模擬器一樣有瑕疵。[4]

吉爾伯特在《哈佛最受歡迎的幸福練習課》（*Stumbling on Happiness*）一書中列出人類缺陷背後的幾個原則。**現實主義（realism）**指的是，「相信事物在現實中就如在腦中所呈現的一樣」。我們的大腦不斷將偏頗和虛構的事物編織進入現實中，迅速且無縫地填補空白，而我們甚至沒有察覺到不對勁。如果你在糾結究竟要去舊金山或西雅圖上大學，你的大腦會開始浮現這兩種經歷的心理想像，心中出現鮮明的畫面，是加州陽光明媚的海灘和無比的幸福感，卻沒

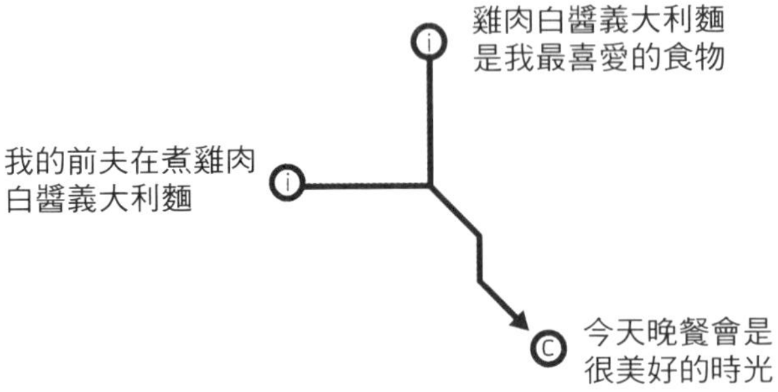
雞肉白醬義大利麵
是我最喜愛的食物
我的前夫在煮雞肉
白醬義大利麵
今天晚餐會是
很美好的時光

有考慮到，氣溫並不是幸福的唯一決定因素。[5]

另一個被稱為**現在主義（presentism）**的原則是，「當前的經驗會影響一個人對過去和未來的看法」。當你吃了一大堆鬆餅之後，就暫時沒辦法想像飢餓的感覺了。當我們快樂時，很難想像悲傷是什麼樣子，反之亦然。而當你搭乘加長豪華禮車狂歡的時候，很難同理未來房子被水淹沒的自己。[6]

合理化（rationalization）是指，「使某件事變得合理或看起來合理的行為」。我們對於逆境和損失會感到害怕及焦慮，我們相信逆境和損失會讓我們感覺更糟，且會讓我們持續很長一段時間感到很糟——但實際上卻不會這麼糟，也不會這麼久。我們的情緒預測，其實沒有考慮到人的心理防禦機制，我們有能力理性地解釋不可避免的情況。吉爾伯特書中有許多遭遇不幸的案例，從頭部連體的雙胞胎到囚犯，再到頸部以下癱瘓的人都有。他指出，雖然我們認為這些人的命運很悲慘，但這些人都宣稱自己生活非常滿足。研究顯示，樂透中獎者和截癱患者在各自事件發生一年後，兩者的生活滿意度大致相同。[7]

這些研究結果在在告訴我們，我們很不擅長追求自己想要什麼，很不擅長理解自己所欲所求的複雜性，也不擅長預測我們的情緒反應。今日我們越來越明白人類了：我們真的不擅長做任何事。

自省的正確方式

以上說了這麼多，寓意是什麼呢？難道只是說，我們不理解也永遠無法理解自己的幸福嗎？既然有這麼多偏誤全部攪和在一起，那我們乾脆放棄算了。我們可能會開始思考，乾脆出家去西藏當和尚好了，但幾分鐘後又發現自己肚子餓了，必須想辦法找點東西來吃。這些，都不是故事的結局。我同意大部分的人都是碰巧遇到幸福，但我認為有工具以及練習方式可以引導我們，不只是思考自己的錯覺，更能克服、扭轉它們的影響。

近幾年，自省（introspection）常被污名化是一種只顧自己又光說不練的行為，很多人還說自省無效。在關於自我覺知的書《深度洞察力》（*Insight*）當中，作者塔夏・尤里奇（Tasha Eurich）提到一些發現，完全違背了我們的直覺：自省通常與較低的幸福感、較高的焦慮、較低落的自信相關，最令人驚訝的是，也與較低的自我覺知相關。[8]

事實上，自省會蒙蔽我們的自我知覺（self-perceptions），引發一系列意想不到的後果。有時可能會浮現出無用又令人沮喪的情緒，阻礙我們積極向前。自省也可能使我們誤以爲已經找到了眞正的問題根源。佛教學者塔唐祖古（Tarthang Tulku）說過一個貼切的比喻：自省的時候，我們的反應類似於飢餓的貓看著老鼠。我們迫不急待地飛撲上任何一個找到的「見解」，卻不質疑它們的有效性或價值。[8]

不過這種「飛撲」向前、急於擁抱任何見解的問題，並不只限於自省才會發生。這讓人想起歷史上有所謂的「自然哲學家」，「飛撲」向前接受地球是平的，地球僅由四種元素組成的。科學家必須接受訓練，不能在找到實證之前，認為他們最初的假設是真的，但大部分的人都不是科學家，沒有人教過我們，除非有證據，否則不要將內省而得的假設當作可信的事實。當我們想要理解自身心智時，常常倚賴一種過度簡化的敘事（正如我們試圖了解這個世界的時候一樣）。我們根據直覺，形成了對於自己和人生的結論和解釋，並沒有將我們的心理現象分解成最基礎的演算法單位，也沒有考量到我們的偏誤。

尤里奇說，自省時提出「什麼 what」作開頭的問題的人，會比那些問「為什麼 why」的問題的人，能夠得到更有效的自省效果。「什麼」開頭的問題，往往會比「為什麼」的問題更客觀，這就是關鍵所在。雖然我們的自我反省必然是主觀的，但我們可以努力使它們更加客觀。

已有研究指出，冥想能賦予我們必要的距離和客觀性，以便更清楚地檢視自己的心智，而從冥想的經驗多寡能夠預測個人自省的準確性。[9]正如上章談到的偏誤一樣，我們也可以研究「自省時有哪些常見的錯誤，會使人偏離正軌」。自省如果做的方式不對，也會衍生很多問題，但是不自省，卻完全不該是一個選項。如果不去細查自己的內在變數，並將它們納入做決策時的考量，你便無法過著有條理的生活。所以我們必須學會正確地使用自省這個工具。自省也必須採用前一章提到的那些克服偏誤的方法和原理。

所有眞正偉大的思想都是在散步時孕育出來的。

——**尼采**《偶像的黃昏》

（Friedrich Nietzsche, *The Twilight of the Idols*）

如果「正坐」是最適合冥想的姿勢，那麼最適合反省的姿勢便是散步了。散步不但可以讓我們有效地運動並補充維他命D，還提供我們最適量的刺激，又不致影響我們安靜反思。如果我們只是坐著反思，不用幾分鐘便會開啟腦內電腦的分頁，要不然就是掏出自己的手機了。散步能夠消除我們難以抑制、無時無刻都會分心思考某些事情的誘惑。[10]

散步時可以帶著一本記事本，或透過應用程式或其他方式，隨手記下浮現的思緒。我使用過最好的自省方法類似於一種稱為**澄心聚焦**（focusing），這是哲學家簡德林（Eugene Gendlin）發展出來的技巧。簡德林在他與人本主義心理學家卡爾・羅傑斯（Carl Rogers）合作的過程中發現，有些人無法從治療中獲益的關鍵原因，似乎是因為他們無法聚焦於微弱的身體知覺。[11]

想要練習自省，首先在散步的時候要聆聽自己的心智，不要提任何問題或思考任何主題。放輕鬆，然後看會不會有什麼思緒自動浮現腦中。如果沒有，你可以從一些關於近況的基本問題開始。「我的生活過得如何？現在對我來說最重要的事情是什麼？」簡德林建議大聲說出這些問題，能夠有效確保自己不受打擾。不要急著回答，先在身體內生成一個感覺。

讓你的注意力轉移到生活中一個特定的問題或領域，也許你會對即將到來的生活轉變感到不安，或者對某個人感到惱火。接受身體內所有油然而生的感覺。嘗試用文字或圖像描述這種感覺，並持續嘗試，直到你想到一個很直覺地能夠捕捉到這種感覺的文字或圖像。問問自己：為什麼會用這樣的文字或圖像來表示現在的感覺。簡德林說：「維持這個感覺到的知覺，直到出現一個變化，可能是一個細微的『放鬆』或是釋放。」這個變化應該會像是一個豁然開朗的感覺，而且是自省突破的徵象。在散步的時候重複這個過程，你能夠更清楚地了解自己的直覺。

你可以自問：我欣賞哪些特質？我目前生活平衡嗎？我對未來有什麼抱負？在回答這些問題時，去接觸你「感覺到的知覺」，只要有所領悟時就記錄下來。如此你便可以更清晰地了解自己，從而構建出你的認同感、激情或抱負的概念圖。

任何可以幫助你擺脫慣性思維和固定結論的事情，都可以幫助你獲得更多的洞察力。透過冥想等練習、迷幻藥等化學物質，甚至是對日常的改變（例如去旅行），來改變自己的意識狀態，將可以通達原本是隱藏的心智深處。

沒有陰影便沒有光，沒有缺陷便沒有精神的完整性。

——**榮格**《夢》（Carl Jung, *Dreams*）

初次觸及這些思緒深處的時候，可能會令人不安，因此有些人不太敢與自己的思緒獨處。但即便是心智最黑暗之處，你也必須前去探索，讓心智成為你自己的朋友。不理解自己、不理解自己的缺點和罪惡或是優點和潛力，都會嚴重地阻礙你的發展。獨處不僅適合內向的人，它更是一切健康生活中最重要的部份，但卻很少人討論。[12]**人一生最重要的關係便是與自身的關係**。就像任何關係一樣，如果不花心思在上面，這段關係的品質便會下降。

阻礙個人成長的最好方法是認定自己已經成功了——認為現在對自身的信念是正確的，且不需要再升級這些信念。若這樣想，你將停止持續不斷的反複試驗、學習和適應的循環——而這種循環正是會啟動個人的進化。

若你相信自己不是有創意的這塊料，那你就無法從事創意類的工作，無法證明自己到底是對是錯。[13]如果你認為金錢是一種稀有資源，那麼規避風險的信念將會讓你錯過眼前的許多機會。[14]認為自己沒有吸引力的信念會使你更沒有安全感和自信，因此也越沒有吸引力。[15]你究竟會成為自己的最佳版本，還是最差版本？最大、且唯一的因素在於，你有沒有「自我設限」的信念。

價值系統

這種內在本性並不如動物的本能那般強大、無法抵抗且無誤。它細微、脆弱、不易察覺，且容易被習慣、文化壓力和錯誤的態度所征服。

——**馬斯洛**《存在心理學探索》（Abraham Maslow, *Toward a Psychology of Being*）

為了讓自己過得好——或僅是為了知道什麼是過得好，我們必須深入理解心智的一個領域。亞伯拉罕．馬斯洛（Abraham Maslow）是一位偉大的心理建築導師，他認為每個人都有一顆生物的內核刻印在心智上，它引導我們的方式，就如一顆橡實被引導成長為一棵巨大的橡樹一般。每個人的內核有些部分獨一無二，有些則和全人類相同。而內核是實現深度滿足和馬斯洛稱為自我實現（self-actualization）的關鍵。欲望相較之下強勢多了，而這個內核很容易被個人忽視或疏忽，進而危害到自己。[16]

我在此將使用**價值直覺（value intuitions）**來指稱「促使我們將某些行為和結果歸類為好或壞」的評量性衝動。我們能不能讓預設的人生變得更好，關鍵就在於能不能深入理解我們對於「價值直覺」的感受。當我們在價值直覺中辨識出模式，並將它們標籤化，如誠實、同情或紀律時，它們就變成了「**價值觀**」或「理想」。這些價值觀的總和，就是我們的「**價值系統**」，是一張完整的概念圖，描繪了我們重視的事物。

在前章中，我們知道了信念系統的目標是建立一個對應到現實的地圖，盡可能越接近現實，且越有用越好。而價值系統的目標是建立價值直覺的地圖，盡可能越接近那些價值直覺，且越有用越好。如同我們的信念系統，我們的價值觀或多或少都有經過像素化，也有準確度的差別。而我們很容易被周遭的人蒙騙了自己的核心價值。

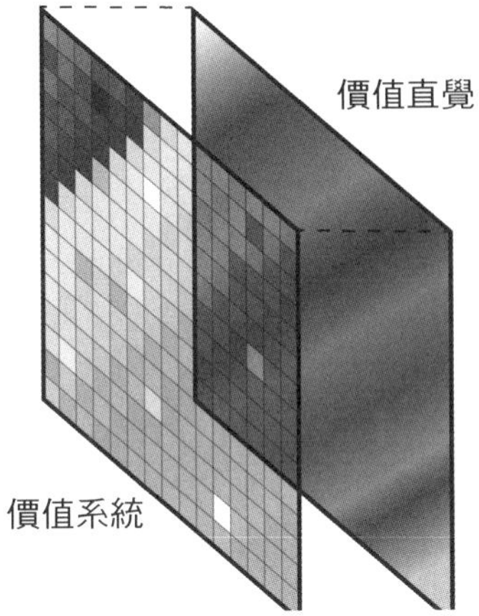

如果你從未刻意自我省思，從未自我檢視或是進行內心哲思探索，那麼可以說，你此刻所認同的價值觀，基本上不是你的。你的道德準則和人生方向一開始都是承襲自周遭的人。小時候我們透過模仿而學習，到了青春期我們才培養出足夠的認知能力，能夠真正質疑被教導的事物。[17]

即便進入了青春期，也不保證一個人能夠真正的開始質疑。或許你在青春期會抗拒父母的政治觀，會抗拒朋友們不太道德的行為。但此時你可能只是從一種教條轉換到另一種。要能夠真正宣告「我的價值觀屬於我自己的」，你必須經歷一段全面的過程，你需要將早期被灌輸的遺跡從根基拔起，並且嚴謹地一一檢驗。

未經檢視的人生不值得活。

——**蘇格拉底**《蘇格拉底的申辯》

奇怪的是，蘇格拉底這句話，最常與哲學領域聯繫在一起，而現今的哲學領域主要探討理論和語言分析。其實哲學這個詞的字面意思是「對智慧的熱愛」。一開始哲學家最在乎的是如何過得好，只要研讀這些思想家的想法，將可大幅提升過得好的能力。如果你認為哲學很無聊或與你的生活無關，那很可能是因為你最初接觸到的哲學正是理論和語言分析。

但是，對於任何想要過上最好生活的人來說，哲學研究是不可或缺的工具。研究其他思想家的想法和價值觀，表面上看來似乎只是將他們的思維方式灌輸給我們，但其他人的想法其實可以讓我們深入了解自己的心智。雖然我們每個人都各有差異，但是心智的許多層面或多或少都和其他人一樣。[18]我們可以研究那些思想最深邃的思想家所推崇的價值觀，拿來當作自己價值觀的指引。想要知道自己的價值觀是否真正屬於你的，最佳的方式就是用哲學思維當成「破壞球」，像拆房子似的用破壞球撞擊這些價值觀，看看哪些不會被擊倒。[19]

哲學雖然無法肯定地告訴我們，它所提出的質疑到底答案是什麼，但它能夠提出許多可能性，足以開擴我們的思想，讓思想擺脫習俗的束縛。因此，雖然哲學降低了我們對事物的確定感，卻大幅提升了我們對事物「可能是什麼」的知識。對於從未試著懷疑的人，哲學消除了他們傲慢的獨斷，並且以我們不熟悉的層面呈現熟悉的事物，讓我們保持驚奇感。

——**羅素**《哲學問題》（Bertrand Russell, *The Problems of Philosophy*）

探索對你來說真正重要的事情，可能是極其有收穫的體驗，免得你一輩子都在追求無關緊要的事情。這種自我檢視的過程永無止盡，但可以鋪設井然有序的人生道路，讓你免於大部分的人無法擺脫的困惑和衝突。

培養價值洞察力

當你嚴格審視你認為是屬於自己的價值觀時，你可能會有驚奇的發現。我們自我欺騙的能力並沒有放過價值觀。如果我們非常想要某件事物，我們會無所不用其極找到合理化的說法，將它正當化。納粹第三帝國的建築大師以及希特勒的高級顧問阿爾伯特・斯佩爾（Albert Speer）在他的回憶錄中描述了自己逐漸腐敗的過程：

在正常情況下，忽略現實的人很快就會因爲周圍其他人的嘲笑和批評而改正過來。在第三帝國裡，卻沒有這樣的糾正機制。相反地，每一則自我欺騙都會迅速倍增，好比身處一個佈滿扭曲鏡像的大廳，在這個荒謬的幻想世界裡，每一則欺騙都是證實爲眞的影像，並且與冷酷的外在世界完全無關。在那些鏡子裡，除了自己的臉被無數次地重複成像，其他我什麼也看不到。[20]

你必須問問自己，你今天正在助長哪些歷史暴行？你的哪些行為是你以為良善，其實是受到了外在的哄騙？你所認為可以接受，甚至正向的事情，哪些是受到了大眾看法所影響，或是被你自己扭曲的論述所說服？我所謂大眾的看法，不是指在你的社交圈之外，而是指在你的圈子之內的普遍看法。哪些是現代社會可以接受的「集中營」？如果你針對自己的價值觀還沒有找到使你不安的事實，就表示你還探究得不夠深。**如果你或你所屬團體，認為某個議題顯而易見、道德倫理上毫無爭議，而且不准提出質疑，那麼質疑它正是你應該做的事。**

從眾不僅會導致你做出錯誤的人生選擇。羅馬競技場歡笑的觀眾、支持納粹德國的德國多數民眾，以及美國南方敬畏上帝的冷酷奴隸主，都是循規蹈矩的人。如果你身處這些時代和地區，你可能也有辦法找到一種辯護這些暴行的方法。[21]

社會影響會使你將「偽價值觀」強加於你最深層的內在價值觀之上。[22]它會帶來可怕的行為，而從不反思的人則無從知曉，他因此產生的自我厭惡的源自何處。說服自己某些事情沒有違反價值觀，並不會改變這些價值觀的內容。無論你正當化的理由多麼複雜或有說服力，你都會悄悄地偏離自己的理想。

有些價值直覺和我們對待他人的方式有關，但是絕大部分的價值觀都不能算是「道德」，因為這些價值觀與美、真理、獨創性、能力、謹慎等等有關。[23]當你觀察到另一個人做出某種行動，你可能會激起一股正向、欽佩的情緒，或者你可能會感到一股負面的情緒，此時就是有某些事情牴觸了你的價值觀。

累積了足夠的人生閱歷後，你會得到足夠的價值直覺，足以辨識出一些模式。每個人都要持續觀察自己的價值直覺，並且將自己的價值觀整合出一個連貫的系統。為了打造一個完善的價值系統，你必須好好坐下來，仔細梳理你的直覺。建立一個文件，最好是可以方便編輯的檔案，比較容易重新整理已經列出的內容。你可以列出你非常欣賞的人，可能是你生活中遇到的人、歷史名人，甚至僅僅是你觀察到的陌生人，而且也無須全盤接受這些人的特質。[24]

記錄時，先不要做任何分類標記，只是盡可能準確寫下你欣賞的特質或範例情境。你可能會寫下你很欽佩某個人能夠舉重若輕，好好處理困難的情況，或者某人能夠吸引群眾的注意力。你可以隨著意識的流動，想到什麼就寫在清單上，然後再將相似的記錄分門別類，直到你覺得已經涵蓋了所有重要的事項。為每個類別創建自己的標題，盡量避免諸如「仁慈」或「榮譽」之類的模糊美德。[25]

最終，你會得到一張有條理的清單，上面列出你的最高個人價值觀。這些價值觀通常無法用單一詞彙完整描述，比較有效的方式可能是以使命宣言的形式，透過關鍵短句來表達這些價值觀。例如：「總是表現得好似你是整個世界的焦點」或「接受、擁抱和適應生活中所有的挑戰，並將它們轉化為機會。」

和哲學研究同時進行時，你可以整理出哪些價值觀代表文化教條，哪些價值觀基於你真實的價值直覺。我認為價值系統的全圖需要大約每三年更新一次。隨著時間的推移，你的經驗會積累起來，並能更清楚地解釋你的直覺，進而使你的分類包含更多細微差別，並更加完善。

永遠不應該完全相信你所構建的價值系統。這張全圖代表了一個不斷進化和改善的草圖。你必須不斷地察問和整合，才能更接近你真正的價值直覺。觀察自己欣賞或不認可的事物，嘗試找出你欣賞的確切部分，並將這些觀察結果合成為一個整合的原則。

初期形成的價值系統會很粗略，但隨著觀察經驗的增加，你會發展出更強大的能力以分辨細微差別。或許你會發現你欽佩老虎．伍茲（Tiger Woods）的毅力而不是他的放蕩，你並沒有以偏概全地理想化或妖魔化這個人。最終，這些個別的觀察將合併成一個統一的理解。

為了充分利用這個價值系統，你可以將其擬人化變成一個「理想的自我」。你的理想自我集合了你最高的價值直覺和欣賞的特質。[26]而這個理想是你的心理建築之旅的導航之星。當然，你的最終目標是盡最大可能地縮短真實的自我和理想之間的差距。為了做到這一點，你需要對真實自我形成一個更清晰和全面的看法，並將你的經歷、性格特徵、價值觀和動力整併成一體。而這種理想將在恰當的目標設定中，起到至關重要的引導作用。

本章重點

- 就如我們對外在世界的信念，我們對內在世界的信念——欲望、目標、價值觀——都可能被扭曲，使我們偏離人生正軌。雖然我們以為自己知道什麼會讓我們開心，但我們常常不是透過刻意努力，而是不經意地得到幸福。

- 透過有效地**內省**，我們有可能察覺到並重新規劃這些內在偏誤，並過上更滿足的生活。紀錄下會觸發這些偏誤的想法、感覺、行為，以及現實世界的事件。嘗試發覺它們之間的關係和鏈鎖反應。
- 想要找出哪些價值觀是真正屬於自己的，關鍵是：拿一個哲學思考的破壞球砸向它們，看哪些不會被擊倒。勇於質疑你的文化和社交圈擁護的價值觀。
- 建立一份文件，列出你所欣賞的人和特質，以便更清楚了解自己的價值觀。將類似的條目分類在一組，最後貼上適用組別內所有項目的標籤和說明。
- **理想的自我**集結了你所有最高的價值直覺和欣賞的特質，並且是心理建築之旅的導航之星。心理建築的終極目標是盡可能縮短真實的自我和理想之間的差距。

第4章

認知的自我精進和智慧

幸福圈套

你爲自己設定的目標可能受到外在文化對你的影響——「賺錢！買房子！外表好看！」——雖然爲這些事情而奮鬥沒有不對，它們卻掩蓋了實際上眞正和持久的幸福。在這種情況下，你的首要任務應該是辨別哪些目標會讓你能獲得長久的快樂，並且追隨這些目標。

——**松雅．隆博米爾斯基**《幸福的方式》（Sonja Lyubomirsky, *The How of Happiness*）

在前兩章中，我們探討了培養理性和自我覺知的方法。本章節將討論這兩種特質如何結合成「智慧」。智慧是認知自我主宰的巔峰，是自我精進三角的第一根支柱。越早開始努力獲得智慧，提高生活滿意度的能力就越強。

「智慧」這個詞代表許多的事物，包括對精神教條的接受、理論上對現實的理解，甚至是以難以捉摸、謎語的形式說話的傾向。在這裡，我們將以非常具體的方式使用這個術語。

智慧：正確判斷與生活和行爲有關的事情的能力；在選擇手段和目的時，做出完善的判斷。

——《牛津英語詞典》

智慧是實用的洞察力——知道什麼對你有好處，是極其重要的個人利益。智慧意味著採納最理性和最有洞察力的信念，並以此為基礎形成目標。我們的文化是高度的目標導向，因為它提倡盡可能有效地設定和追求目標。至於是否設定了正確的目標，並不是它最重視的面向。

我們自然從自己的文化中，獲得了「哪些目標值得奮鬥」的信念，而且每種文化都有自己對「成功」的一套敘事。[1]這套敘事武斷地定義了哪些目標獲得實現的時候，可以將這些實踐者定義為「成功的人」。我們也已經聽過無數次自己的文化對於何謂成功的敘事。

你出生了，被賦予了一個名字，有些文化中還會賦予新生兒牛的名字和羊的名字。族裡長輩會按摩你的頭以拉長頭骨，讓你看起來像個強壯的戰士。從很小的時候，你的文化就告訴你要放牧羊群，或者要耕種田地，學習養蜂，學習從其他部落偷走牲畜。

如果你是男人，你會學習到若要「成功」就必須剃掉部分的頭髮，用沙子刷淨你的罪孽，或用牛糞塗抹身體。你會脫光衣服跳到一頭牛背上，然後跳到一整排十五頭牛的背上，這些牛的背上也沾滿了糞便。你必須這樣做四次而且不能摔倒，還被警告如果摔倒就會被認為是個失敗者，是家人的恥辱。如果成功了，你可以娶一個未曾謀面的女子，前提是你要擁有三十隻山羊和二十頭牛，才能從女方的家人買下這樁婚姻。你娶到的妻子越多，你的文化便將你視為越「成功」的人。

如果你是女人，社會期許你必須要找到一個通過了以上考驗的男人，並請求他殘酷地鞭打你，而且全程不能表現出一絲痛苦。遵照文化的敘事，你必須嫁給一個年齡是你兩倍的男人，你無權決定，只能接受指派給你的男人。如果你的家人沒能為你找到丈夫，你就得眼睜睜地看著所有的朋友都已經收到陽具形狀的項鍊，以象徵她們的「成功」，而你只能在頭上戴一個橢圓形的金屬板。如果你未婚懷孕，你的孩子會被認為受到詛咒，你的同儕會鼓動你拋棄他。如果你結婚了，你的丈夫常會無緣無故地打你，直到你生了兩到三個孩子。你身上的傷疤越多，你的部落就會認為你越「成功」。

沒聽過以上的故事嗎？喔，那你一定不是衣索比亞西南部哈麥爾族的一員。是的，這些都是哈麥爾族非常標準的傳統習俗，而且世界上還存在著比這更離奇的文化傳統。[2]而哈麥爾族可能會認為我們的文化對成功的定義非常奇怪且武斷，與我們對他們的看法一樣。

西方敘事的特殊之處在於，每一個產業，只要能夠稍微扯上一丁點關係，都在爭奪成為敘事的一部分。我們的經濟體系建立在文化之上，創造出令人眼花撩亂的選項（正如同文化根植於我們的基因之內，常創造出假的幸福需求）。商人大肆利用文化上被視為「想要」、但並不一定對我們有利的事物，而為了推銷這些幻想，這些商人必須找到塑造文化的方法來告訴我們「成功」意味著什麼。[3]

我在此並非暗示結婚、買好車或職場成功是不好的決定，也不是對資本主義、消費主義或流行文化進行乏味的批評。這些決定本身都合理正確，如果我告訴你它們不合理，我相信你也不會聽。

我不後悔我決定上大學。不後悔為了賺錢而花時間工作、花錢度假、談戀愛，或者我所做的任何其他選擇，這些選擇恰好與我的文化對成功的敘事吻合。我不後悔，是因為我這麼做並非出自盲目地遵從社會寫好的腳本。若你不肯遵循成規，這樣並不會讓你獲得榮譽勳章。真正重要的是在你的志向背後的基礎。

目標層級

當我們意識到我們不是天生就知道如何生活，生活是一種必須獲得的技能時，我們就開始努力變得有智慧。

——**艾倫．狄波頓**《我談的那場戀愛》
（Alain de Botton, *Essays in Love*）

上圖是一個目標。

單一目標本身很單純，但是目標通常會連鎖在一起，如下圖。

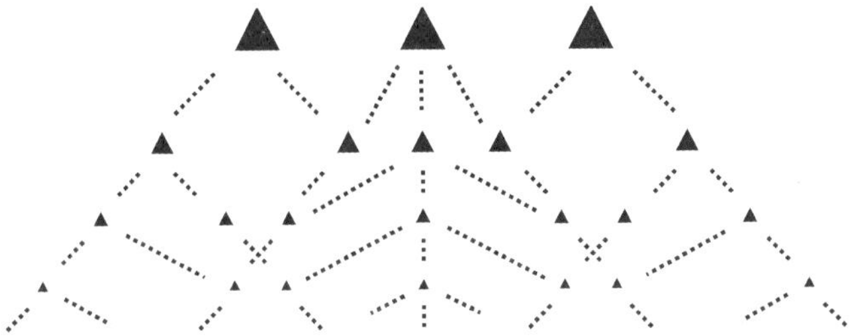

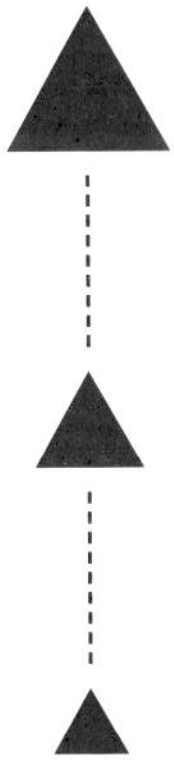

有一些目標是終極目標，有些目標則是實現終極目標的工具。目標層級是一種動機結構，頂層是類似「養出能夠經濟自主的孩子」的抽象目標，中間是類似「教孩子們了解退休帳戶」的策略，還有在最下方的個人行動，像是「查出退休帳戶是什麼」。[4] 想也知道，不同目標之間交互影響之後會形成非常複雜的階層結構，不是簡單的視覺圖像能呈現的。但以上就只是一個基本的概念。

「我為什麼要這樣做？」當你問這個問題時，你便是在有效地檢查自己的目標層級。[5] 如果無法得到有說服力的答案，你在檢查的目標層級還不夠完善。

大多數動物的目標層級並非真正的目標，只像是生物體遭受立即的驅動力逼迫之下，而做出的行動。[6]這個結構看起來如圖。

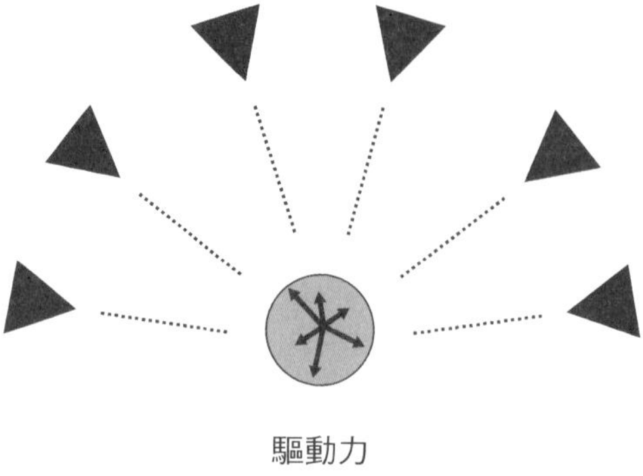

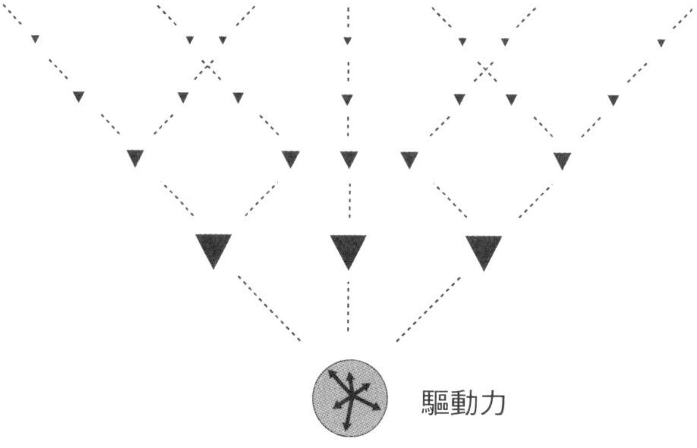

底下的符號代表生物體驅動力的集合。因為人類擁有卓越的能力，可以用策略去安排欲望的滿足，所以人類**預設的目標層級**相較之下要複雜得多。

基本的驅動力決定了要追求的目標，但我們依靠理性來決定有效的方法去實現這些目標。我們的驅動力由下而上，自動訂定預設的目標。在預設情況下，我們的目標是為了基因傳承而定，小到吃飯以免餓死，大到為了提高社會地位而幫助他人，全部的事情都如此。預設的目標層級並不會導致連貫的生活——預設的目標層級只是一堆欲望的集合體，而在背後控制這些欲望的，則是生物習性、文化和社交圈的流行觀點。[7] 作者泰德・朱（Ted Chu）引用了一個相關故事：

有一個記者來到一個偏遠的村莊，採訪了一位年輕的牧羊人關於生命的意義。「你爲什麼要牧羊？」記者問。「因爲我要累積財富。」牧羊人回答。記者接著問：「爲什麼要積累財富？」他回答：「爲了要結婚。」「你爲什麼要結婚？」「爲了生兒子。」「爲什麼要有兒子？」牧羊人頓了一下，想一想說：「這樣他就可以繼續牧羊了。」[8]

沒有人喜歡不明確、紛雜的目標，我們不想要將一輩子花在對我們自己不重要的事情上，我們更想要懷抱有意義的目標，而且是能夠連貫接續的目標。建構目標很幸運地就如呼吸一般容易——基本上它會自動發生，但也可以透過深思並且有條理地生成。[9]那麼我們該如何著手設定有效的目標呢？

關於理性與激情之間關係的爭論由來已久，激情通常結合了情緒和欲望。柏拉圖認為，理性就像一位馬車夫，而非理性的衝動和情緒就像是馬匹，經常拉著馬車往相互衝突的方向前進。對財富的渴望可能會把一個人拉向一個方向，而對社會地位的渴望則會把一個人拉往另一個方向。對食物和性的身體衝動又可能拉著馬車朝向其他方向奔走。理性的作用便是控制，引導欲望朝著正確的方向前進。[10]研究發現，那些能夠抵抗欲望誘惑，能夠延遲自己的滿足，偏好更理性選擇的人，更容易成功且活得快樂，這意味著柏拉圖可能是對的。[11]

理性 - - - - - - 激情

但也有人不同意這個觀點。大衛・休謨（David Hume）認為理性不可能是行動的動機，每一個行為最終都是由情緒所驅動。他有一句名言：「理性是，且只應當是激情的奴隸。」[12]他的意思是，理性可以用來確定達到預期目的的最佳方式，但不能產生目的或驅使一個人做出行動。其他較現代的哲學家，例如尼采，在這場理性與激情的辯論中選擇站在休謨這一邊。

關於神經系統疾病患者的研究，讓我們更了解「如果生活不受情緒和欲望驅使，那會怎麼樣」。有一位知名的患者名叫埃利奧特（Elliot），他的腹內側前額葉皮質受損。這類患者在做決定時無法處理情緒，導致他們完全無法做出決定，甚至連去哪家餐廳吃飯這樣簡單的決定都無法做到。[13]神經科學家安東尼歐・達馬吉歐（Antonio Damasio）的推斷說：「適當調整和運用情緒……是讓整套理性系統得以正常運作的必備條件。」[14]這些發現顯示休謨的觀點是正確的。

激情 - - - - - - - - 理性

究竟何者是正確的呢？我們應該跟隨自己的大腦，還是跟隨我們的心呢？

苦（Dukkha）的偏誤

無數世代以來，我們的生化系統不是爲了我們的幸福進行調適，而是爲了增加生存和繁殖的機會。生化系統以愉悅的感覺獎勵有利於生存和繁殖的行爲。但這些感覺只是轉瞬即逝的促銷伎倆。

——**哈拉瑞**《人類大命運》（Yuval Noah Harari, *Homo Deus*）

在南美旅行的期間，我因為 quiero 這個詞在西班牙音樂中頻繁地出現而感到驚訝。它的意思是「我想要」，我猜「我想要」這個詞同樣也普及於美國的音樂。電視、電影和音樂都加深了「想要的東西，就應該得到」。我們的欲望是合理正確的，如果無法滿足欲望，那就表示出問題了。而要獲得滿足的唯一機會，就是眼前的快樂、浪漫的激情、物質財富、權力和聲望。但我們都知道，任何令人難忘的電影中，劇情裡都不可能讓事情順利，每個角色永遠滿足。

我們的軟體是為特定的遺傳目的所編程，對於這些目的來說，我們必須要跟隨自己的欲望，且不要過度質疑。[15]這些驅動力具有自動為我們設定目標的絕妙功能，而偏差的認知演算法說服我們相信，滿足它們便能夠得到快樂。但這種生活方式的主要問題在於：欲望並不會通往幸福，而滿足欲望不會比抗拒欲望更容易使我們感到幸福。你可能會覺得奇怪，欲望竟然不代表自己渴望的事情，但稍後你就會看到，這是真的。

我們不理解，為何樂透中獎者和截癱患者會有同樣程度的滿足感，因為我們想要中樂透，但不想失去雙腿的功能。欲望非常擅長偽裝，讓我們以為它們是真正的滿足。人類的預設就是要把欲望與滿足聯想在一起。天性使我們沒有注意到，我們所想要的東西，和我們實際的情感滿足之間，關聯是多麼的微弱。

你可能聽過神經傳導物質多巴胺，它和欲望與愉悅感密切關聯。多巴胺是大腦獎勵系統的重要組成成分，因此將它視為獎勵是可以理解的。它通常被稱為快樂物質，但這種看法並不正確。多巴胺是欲望與期盼背後的主要化學物質，但它不是快樂物質——它更應該被理解為「承諾」物質。[16]

多巴胺會產生對愉悅感的期盼，並迫使我們採取行動。我們通常稱之為「愉悅」的感覺主要是由內源性類鴉片（endogenous opioids）和腦內啡（endorphins）引起的。多巴胺是一種渴望和強烈衝動，它讓我們吸毒時想要再吸一口，或是玩拉霸機時想要再賭一次運氣。它不負任何義務，通常也不會兌現它的承諾。

實驗裡的老鼠非常渴望喝糖水，但經過改造無法產生多巴胺的老鼠，並不渴望或主動追求這種可口的飲料。有趣的是，改造後的老鼠被餵食糖水時，會體驗到與正常老鼠相同的愉悅和享受，但就算糖水被拿走，牠們也不會介意。[17] 有一種深層腦部的刺激植入物，裝有這種植入物的人只要按下按鈕，便能獲得多巴胺。儘管這些人每天按了好多次下按鈕，但他們報告說這種感覺與其說是一種愉悅，不如說是一種無法控制的衝動。[18] 這些發現讓我們得出結論，那就是「想要」和「享受」是兩種完全不同的現象。[19]

欲望能夠由愉悅感制定，就像訓練狗一樣，即時的愉悅感會強化這些欲望。[20] 即使我們離開賭場時很沮喪，但每次拉下拉霸機感受到一陣陣快速且即時的愉悅感，制約了我們的欲望，促使我們想要再做一次。這些都說明了，我們的渴望（無論是短期還是長期的），都是讓我們以為能得到幸福的假貨而已。

大約在公元前六世紀，一位名叫喬達摩・悉達多（Siddhartha Gautama）的人放棄了奢侈的生活去尋求啟蒙，教導世人他的解脫之道，被尊稱為佛陀。[21]他教導說，一般人的生命中都有一個固有的特徵，稱作苦（dukkha）或「不滿足」，意指生活中的「壞事」——我們都無法避免不愉快的生活條件、疾病和損失帶給我們的痛苦。失去或未能獲得我們想要的東西，無庸置疑地會導致痛苦。[22]

另外，所謂苦也包括生活中「美好事物」的**無常**，似乎所有會讓我們快樂的事物都不是永久的。我們獲得了能帶給我們快樂的東西之後，便會開始依賴它，等到時空環境不同，我們又得承受損失所帶來的痛苦。當我們想要不屬於自己的東西，或者希望不失去原本擁有的東西時，我們就是在渴望——在一個永遠無法獲得這些東西的世界裡，嘗試得到掌控和永恆。[23]

佛陀認為，不滿足感和欲望緊密結合。當我們滿足渴望時，感受到的快樂和隨之而來的痛苦密不可分。不光是我們渴望的許多事物無常，即便是永恆的成就，也不會帶來永久的滿足。[24]

我們天生就有一個非常聰明的機制，促使我們很快便對自己的成就和財產感到不滿，開始想辦法獲得更多成就與財富**（享樂適應 hedonic adaptation）**。[25]即便是最幸運的人，和自己的期待一比之下，也會感到不幸福。在《令人神往的靜坐開悟》一書中，羅伯．賴特（Robert Wright）概述了佛教的基本原則：

> 人類往往會期待從實現目標中獲得比實際上更為持久的滿足感。這種錯覺，以及永遠在追逐目標的觀念，作為天擇的產物是合理的，但這並不是得到長久幸福的秘訣。
>
> ——羅伯．賴特《令人神往的靜坐開悟》（Robert Wright, *Why Buddhism Is True*）

所以，失去或未能達到預期的結果會導致一陣非常真實的椎心之痛。而成功實現了期盼的結果，雖然會帶來短暫的愉悅感，但等我們失去獲得的事物時，這種愉悅感很快便會變成痛苦。即使我們設法獲得了半永久的成就，也會很快就習慣了我們的成功，而未能達到新的期望又會導致更多的痛苦。但苦的真正意涵並不在於生命是痛苦的，這是過去的詮釋。真正苦的是我們無法從實現期望的目標中，獲得真正的滿足。但是天性卻讓我們無法注意到這個事實。

大多數人並不認為生活充斥著痛苦，許多人確實對自己的生活感到相對滿意。這可以解釋先前提到的心理學家吉爾伯特的名著英文書名 Stumbling on Happiness，直譯的意思是「偶然巧遇幸福」。幸福是偶然巧遇的，因為我們的幸福感不斷浮動，與欲望有沒有滿足並無關聯。我們在一個錯誤的框架內運作——這個框架對於如何得到心理幸福感的理論是錯誤的。

為了獲得真正的滿足，我們必須學會不再相信「只要滿足我想要的，就是幸福」。如果我們能學會忽視欲望，甚至學會利用欲望，並了解滿足感的真正機制，我們便可以把自身幸福從「巧遇」手中奪回，使自己的幸福最大化。

訂定明確的目標

人如果沒有朝著某個明確的方向，梳理自己的生活，他的每一個行動便不可能受到妥當的安排。如果你的腦中沒有一個整體的想法，便無法將各個零碎的部分拼合在一起……弓箭手必須先知道他瞄準的目標是什麼，才能準備好持弓、弓弦、箭。我們的計畫偏離正軌是因爲它們沒有直接對應的目標。對於沒有預定停泊哪一個港口的水手來說，沒有一個方向的風是理想的。

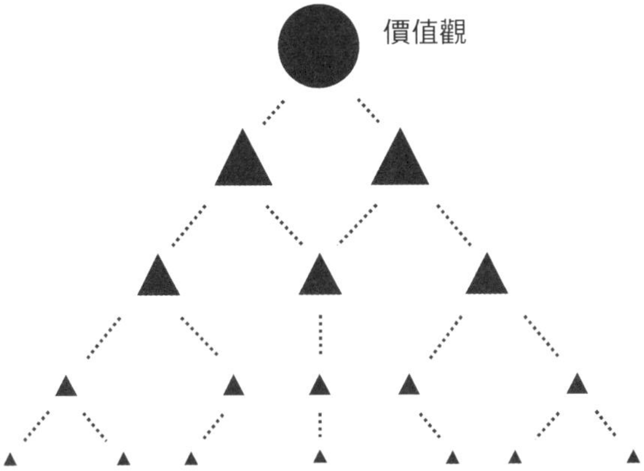

——**米歇爾・德・蒙田**《隨筆全集》

（Michel de Montaigne, *The Complete Essays*）

還有一種目標，可稱為**明確的目標層級**。

明確的目標層級是透過由上而下的決定所構成，經過深思後才下決策。你需要有意識地發展這個目標層級，並且將它塑造成連貫、統一和具有清晰目標的結構。頂部的符號代表著你主要的價值觀，其他的所有目標都取決於這些主要的價值觀。你的目標層級或許更接近下圖這個構造。

我們的目標通常是一個混合的狀態——有些目標是經過深思後才被訂定，有些則是

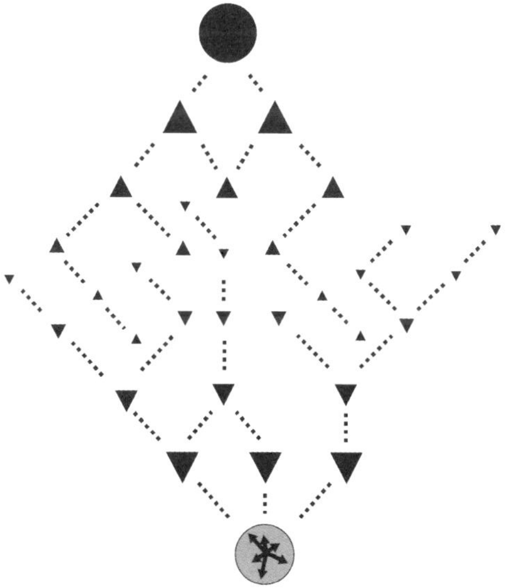

出自本能地設立。但是當你問：「我為什麼要這麼做？」你就已經朝著建立更好的目標層級邁出了一步。如果你意識到自己正在努力的目標是來自同儕、父母或原始欲望（驅動力）告訴你值得追求，因而強加於你身上的時候，你便有機會採取糾正措施。

前面提到的柏拉圖和休謨看法的不同，問題在於它過於簡化了激情。把驅動力和價值觀兩者區分出來，是很重要的：驅動力是逼迫我們採取行動的「熱情」動力，而價值觀是憑直覺的理想，能夠告訴我們什麼才是對自己真正重要的。兩者都可以稱為「激情」，但區別這兩種感質很重要。

「價值直覺」和「欲望」很容易混淆。兩者都可以描述為具有情感本質的偏好，但它們在意義上有所不同。當你反思你的價值觀時，你不會感到一種渴望，一種將你拉向它們的動力。價值觀總是存在，但與欲望不同，你可以選擇忽略它們。欲望是你無法忽視的尖叫聲，但價值觀是通常難以察覺的耳語。[26]

在理想的心智裡，欲望都經過調控：這些欲望受到我們意志的規範，所以有助於實現我們的價值觀（後面篇章會學習如何做到這一點）。價值觀需要我們去發現、努力追求並體現它們。

在這時候重新導入理性，便可以平衡柏拉圖和休謨兩種看似正確的觀點。我們的價值觀在最頂層，理性位於中間，用於確定哪些目標能最有效地實現這些價值觀。在最底層的驅動力則會推動我們完成目標。

欲望好比汽車裡的汽油，是我們的動力，但它們應該要始終服從於理性。理性是方向盤，可以朝著一個策略性和連貫的方向，協調大量漫無目的、且經常相互衝突的驅動力，但是理性必須始終服從於我們的價值觀。我們必需用理性來設定合理的目標，但這些目標必須由我們的情緒價值觀所指引，才能成為有價值的目標。我們的價值觀是指南針，又或者可以說是指引我們方向的 GPS 坐標。我們的理想決定了最佳的方向，而我們的理智和欲望共同推動我們實現目標。

上述的關係，如果被顛倒或混淆了，結果可能是災難。價值觀能有效地協助我們決定重要的事物為何，但它不會有助於你的實踐。你可能一輩子夢想著

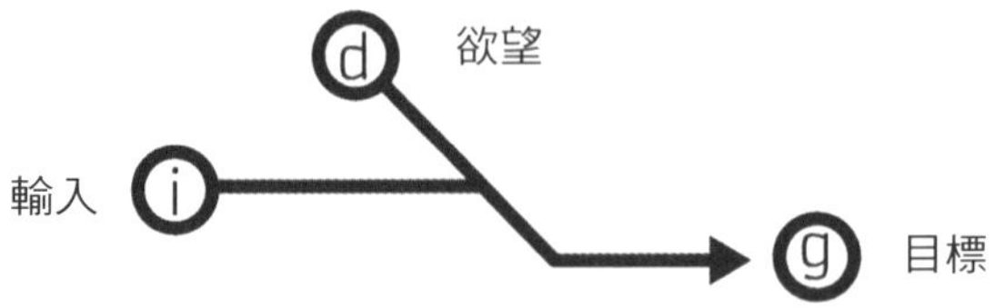

理想，卻始終無法縮短與實現理想之間的距離。同樣地，試圖用純粹的理性來確定你的目標或激勵你完成這些目標，就好比坐在一輛停著的汽車裡轉動方向盤。你的一生會始終缺乏動機且停滯，就和腹內側前額葉皮質受損的病人埃利奧特一樣。

我們也都知道，若不使用方向盤控制，直接猛踩油門，只會帶你撞牆。用驅動力來指引人生方向或選擇前往目的地，將會帶來充滿衝動性錯誤的一生。

強烈的欲望可以是一件好事。[27]但如果你欠缺操控這股力量的技巧和控制力，那你就等於是駕駛著馬力十足的車子出車禍。

我們常仰賴情緒決定自己想要的目標，做決定時只依順情緒而不經推理的行為被稱為**情意捷思**（affect heuristic），會導致人類鑄下最嚴重的錯誤。[28]有些人會爭辯說，有一些事應該要用頭腦做決定，而其他則應該用心來決定。但這種二分法是有問題的。所有決定都必須經過你的頭腦和你的「心」，但兩者負責的崗位不同。[29]其實這世上並沒有完全理性和完全感性的人，有些人更善於清晰思考，協調欲望，使欲望與價值觀的方向對齊，而有些人則較不擅長。

我們的目標是根據價值觀和認知理性所設立。我們透過自省和比對價值觀，確定最好的生活目標。至於如何決定最佳的實現方法，那就得盡量發展出最正確的世界觀，利用理性進行策畫。這兩種能力結合在一起就可以形成智慧。這意味著如果你內心存在著偏誤，扭曲了理性的理解或自省的探究，那麼你的目標也會遭受扭曲。因此要如何避免恣意訂定目標，代之以建構明智的目標，就是一個複雜但極其重要的心理建築工程了。

只有少數人透過具有引導作用的目的，控制自身與身邊的各種事務；大部份的人並不會主動向前行；他們只是被帶著走，好比漂浮在河中的物體一樣。

——**塞內卡**《道德書簡集》（Seneca, *Letters from a Stoic*）

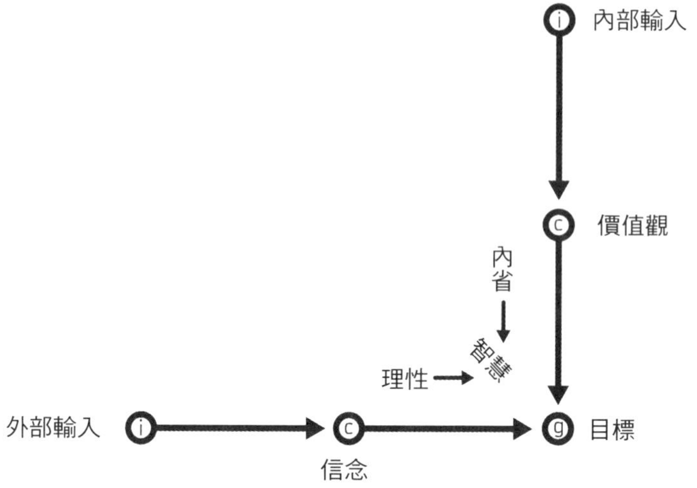

當你沈思人生時，不妨捫心自問：這真的是我的選擇嗎？這樣的生活方式是因為真的可以助你實現理想，還是房地產業希望你相信這就是你的理想？你真的想從事某個享有社會聲望的職業嗎，抑或這是你父母說服你相信自己想要那份工作？如果你的人生確實依循由上而下的目標策略，你的決定都朝向自己的理想，那當然沒事。但如果你環顧四周，看到像是被餅乾模型按壓出來的制式人生——一個在哈麥爾族群眼中，像是盲目遵從制式的「成功」里程碑，那麼可能是時候停下來、反思並好好運用智慧了。

> 欲望或行動是正面或負面之間的分界，不在於它是否讓你立即感到滿足，而在於它最終是否會導致正面或負面的結果。
>
> ——**第十四世達賴喇嘛**《幸福的藝術》（Dalai Lama XIV, *The Art of Happiness*）

智慧可使你明白，想要成為億萬富翁，投資自己的教育可能比起買樂透是更好的方法。但更重要的是，智慧會讓你先質疑成為億萬富翁是否值得。追求智慧的關鍵原因在於，人很容易被騙，誤以為某些事物會讓自己幸福。

智慧意味著支撐你所有行為的理由，可以形成一棵連貫、層級分明的結構樹，而不是一套支離破碎的規則。大多數人接受的教育都是，有些事情永遠就是對的，有些是錯的，而不論這些事發生的背景因素；大部份人都被教導說，對與錯是獨立的，與現實無關。但事實上，對於尚未發展出足夠智慧的人來說，道德倫理的規則只應該是如同學騎腳踏車時的輔助輪一樣。[30]

如果你培養出智慧，那麼你不說謊，原因並非「說謊是錯的」，而是因為

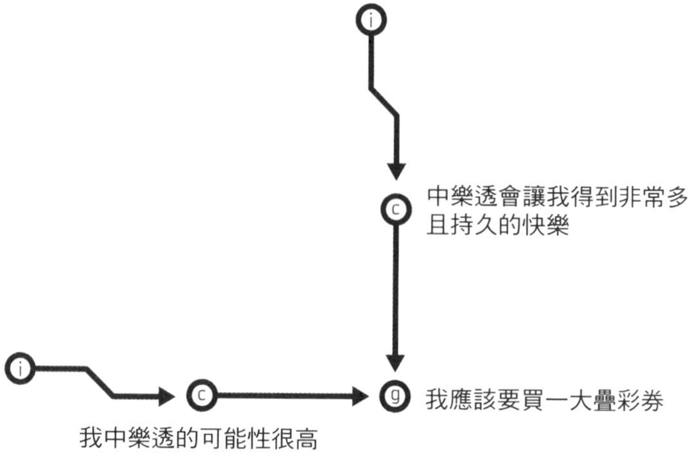
中樂透會讓我得到非常多且持久的快樂
我應該要買一大疊彩券
我中樂透的可能性很高

你知道說謊總會衍生更多的麻煩，會破壞關係和導致更糟糕的結果。[31]你盡量不傷害其他人，不是因為傷害他人是「錯誤的」，而是因為你已經進行了內省觀察，發現這些行為會使你對自己的看法更糟。

當你採取任何行動時，你必須仔細觀察它帶來的滿足感和滿足感的持續時間。正如認知混亂的感覺應該在你的腦海中發出警示，若你預期的情緒結果與實際結果之間產生不一致，那你也應該要注意。如果你本來期望新的 Segway 滑板車會帶來強烈、持久又更多的滿足感，但它實際只讓你興奮了幾天，之後你便後悔賣了車還失去了朋友，你就必須意識到並且展開反思。下次考慮購買高價商品的時候，你必須想起這次不如你預期的經歷。

也許對復仇的欲望，導致你以報復的方式回應針對你的攻擊行為，而最終你只感到內疚。也許一段充滿激情的戀情，並沒有在結束後讓你對自己的生活感到更滿足。聰明人之所以聰明，是因為他們注意到了這一點，並修正了自己未來的目標。你不該堅持不調整害你做出錯誤決策的演算法，你必須修正對自己幸福的信念，以防止不斷犯下同樣的錯誤。[32]

智者經過仔細觀察，已經認識了情緒預測的陷阱，他們已經熟知自己的幸福軌跡。他們從自己的經驗、他人的經驗或反思中了解到，看似最好的點子可能是虛假的。他們對自己的幸福有著敏銳的洞察力，不僅能夠觀察這些直覺，還能夠將它們歸納成「規則」，當未來出現類似模式時，能夠指引自己的行為。他們已經辨識出真正的真理（儘管乍看之下這些真理不符合直覺），而且最重要的是，他們決定服從這些真理，而不是明知故犯相同的錯誤。

當你調整和改進認知演算法時，你將能夠提升認知上的自我精進程度。你會把自己從外在文化為你制定的混亂生活中解脫出來，自行擬定一條與理想自我的願景一致方向、真正充實且提供內在滿足的人生之道。

本章重點

- 智慧是正確判斷與生活和行為有關的事情的能力；在選擇手段和目的時，做出完善的判斷。
- 欲望並不是幸福的指標，而滿足欲望不會比拒絕它們讓我們更容易獲得幸福，但是天性讓我們忽略這個事實。為了獲得真正的滿足，我們必須學會不再相信「我想要的，將能帶給我滿足感」。
- 設立和追求良好、**明確目標**的關鍵，是使用我們的價值觀來確定我們的目的，然後使用理性來決定實現目標的最佳方式是什麼，並靠著欲望推動我們前進。一個明智且有條理的人生依循由上而下的目標策略，你的決定都指向自己的理想。

- 當你採取任何行動時，你必須仔細觀察它帶來的滿足感和持續時間，並且在未來需要做出類似的決定時，想起這次的觀察結果。

- 智者經過仔細觀察，已經認識了情緒預測的陷阱。他們已經熟知自己的幸福軌跡，並從自己與他人的經驗或反思中了解到，看似最好的點子可能是虛假的。

第5章

關於情緒：情緒演算法與建構情緒的技巧

控制你的情感

人們不是被事物所困擾，而是被他們對事物的看法所困擾。

——**愛比克泰德**《手冊》（Epictetus, *Enchiridion*）

心智建築的第二個領域是情緒。本章將解說認知和情緒之間的關係，將兩者銜接起來。情緒的自我精進指的就是：**控制自己情緒經驗的能力。**

對有些人而言，情緒的自我精進聽起來很虛幻。大眾文化一直告訴我們，我們的情緒是無法控制的。流行音樂告訴我們，你無法控制自己的感受。街角心理學和心理自助人士說，控制情緒的方法就是逃避情緒。著名的心靈類書籍作家馬克·曼森（Mark Manson）說：「那些相信情緒是生活的全部的人，往往會想方設法『控制』他們的情緒。你無法控制情緒。你只能對它們做出反應。」[1]

常見的論點指出，情緒之所以出現，是為了教導我們一些道理。每一次抱著冰淇淋筒大吃，自憐自艾地療傷，都是引導你前往生命中非常特別的地方。

若你不去感受你「命定」將承受的某種情緒，那就是逃避命運，你將看不到專為你準備的寶貴教誨。如果你寧願過著沒有焦慮、憤怒和絕望的生命，那你一定是個膽小鬼。

這些論點都非常成熟且合理，但只有一個問題：它們全都大錯特錯。我們可以控制情緒，這是經過證實的心理事實。[2]你不只可以學會如何處理、引導或面對情緒，你甚至可以改變、調節和控制情緒。如果你從小到大都沒有學會如何控制自己的情緒，那麼你肯定患有嚴重的發展障礙。[3]

反對「情緒可控」觀點的人有幾點論述，是值得我們認同的。首先，自然的情緒有時候（應該說經常）有助於達成我們的目標。例如，如果沒有情緒的幫助，那就不可能建立社交和關係。[4]但是情緒有助於基因的延續，未必對我們自身有助；情緒有益於我們祖先生長的時空，而非我們現在所處的世界，因此不能保證這些情緒總是對現在的我們最有利。[5]**情緒常常將我們引向與自身最高目標相反的方向，使我們做出事後會後悔的回應方式，迫使我們在完全沒有好處的情況下受苦。**這就是為什麼我們不僅可以學會控制自己的情緒，也應該這麼做，才能過著美好的生活。

> 情緒的問題不在於它們是未馴服的力量或我們過去動物本能的遺留；問題在於情緒的本旨是爲了傳播基因，而不是爲了促進幸福、智慧或道德價值觀。
>
> ——**史蒂芬．平克**《心智如何運作》（Steven Pinker, *How the Mind Works*）

評論家指出，壓抑情緒，也就是用蠻力「刻意消除」情緒是無效的，而且常常適得其反。這種說法也是正確的。[6]我也不建議否認負面的情緒或試圖在他人面前長期隱藏情緒。不過，要貫徹「情緒的自我精進」這個無邊無際的技能，其實有很多方法。對於那些不認同的人，可以參考一下情緒自我調節的科學見解。

> 情緒調節是指塑造一個人有哪些情緒、何時有情緒以及如何經歷或表達這些情緒的過程。
>
> ——**詹姆斯・格羅斯**《情緒調節手冊》
> （James Gross, *Handbook of Emotion Regulation*）

根據情緒調節的重要研究者詹姆斯・格羅斯的說法，人可以透過五種方式有效地控制情緒。前三種方式相當直接：我們可以選擇進入的情境（**情境選擇 situation selection**），一旦進入這些情境便做出調整（**情境調整 situation modification**），或者選擇只專注於那些給了我們想要的感覺的事情（**注意投放 attentional deployment**）。第五個也很簡單：我們可以嘗試透過聽音樂、喝醉或甚至是補眠的方式，改變我們的情緒反應（**反應調制 response modulation**）。而第四種方法，也是我們最感興趣的方法，稱為**認知改變（cognitive change）**」。換句話說，我們可以改變自身的心智，而且是非常合理的改變，使我們能夠從內部決定自己的情緒經驗。[7]

修習控制情緒這種技能，會讓你漸漸不再因為挫折而沮喪。熟練了之後，你幾乎能完全掌控情緒的經驗。持續貫徹控制情緒，你就會逐漸聽到別人稱讚你「在困境中依然能保持鎮定」。但這樣說，還不足以全面描述你正在培養中的心智建築習慣。更周延的說法應該是，你將學會即時重塑情緒的方法，並且能夠越來越快速地扭轉、中和那些負面情緒。

不，你永遠無法完美地、百分之百地控制情緒。[8] 但你可以透過掌握一些強大的心理技巧，發展真正令人驚豔和不斷增強的控制力。這不是需要窮盡一生才能學會的秘傳技藝或黑魔法，也和神秘主義和精神信仰完全不相關。你可以學會如何從心智做出改變，讓你掌控情緒，並越來越常經歷你想要的感覺。

認知中介的原則

我發現我懼怕的事物，以及我因爲自己會害怕而感到懼怕的事情，本身並沒有所謂的好壞，除非我們的心智受到了它們的影響。

——巴魯赫．斯賓諾莎《倫理學》（Baruch Spinoza, *Ethics*）

接下來讓我們看看情緒演算法是什麼。我們可以用簡單的「若 x 則 y」來呈現，例如「若有人硬切我車道害我急煞，那麼我會感到暴怒。」

從這個例子來看，處理情緒的預設方法就很有道理了。依照預設，要控制情緒，只能改變我們的外部環境。但若你深入研究心智的內部運作，以及一些最偉大、有遠見的心智建築師的智慧時，你會發現情緒演算法的實際結構並不是那麼簡單。

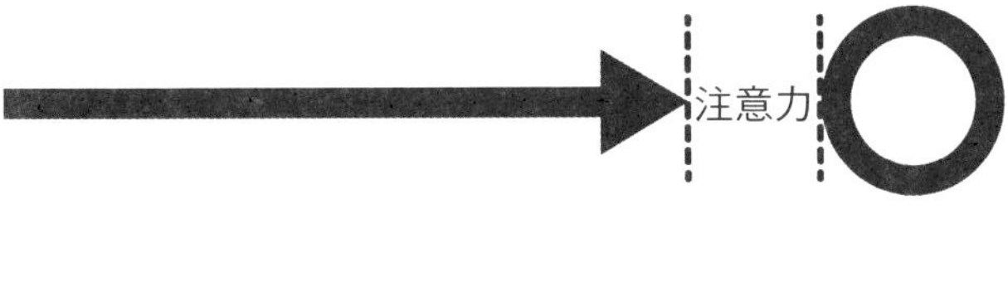

如上所述，我們的注意力在情緒反應中發揮了重要作用。在某些情況下，擺脫負面情緒的最佳途徑就是停止思考一個問題，將注意力轉移到另一項活動上。從事一項嗜好或與朋友交談，可以快速防止自己陷入反覆思考的泥沼，避免它控制你的情緒。[9]

「正念」最多人說的好處之一，是它能夠將一個人從不良情緒中抽離出來。一個培養了高度正念覺察能力的人，可以深度聚焦於構成情緒經驗的感覺，消除它們帶來的大部分影響。[10]正念覺察固然有用，卻不是解決不想要的情緒最徹底的方法。當你透過正念去迴避一種情緒時，原有的情緒演算法不會改變，而類似的情況又會不斷觸發它。為了理解如何一勞永逸地改變這些演算法，我們必須更深入鑽研。

假設我們看見一根棍子看起來很像蛇，早在理智地理解之前，我們就可能因為恐懼而跳了起來。這是因為我們有一條直達的神經通路，從處理視覺刺激的視覺皮層直接聯通到觸發恐懼等情緒反應的杏仁核，這種設計對大腦來說是有利的。[11]但是幾乎所有的有害情緒卻不同。我們對事件的看法在到達處理情緒的邊緣系統之前，會先刺激處理理性的前額葉皮層。[12]心智對於這種刺激所形成的認知詮釋稱為評估，而對一個情況所做的評估，決定了情緒反應。[13]

情緒演算法的說明其實可以建立在認知演算法之上。情緒源於「預期目標」

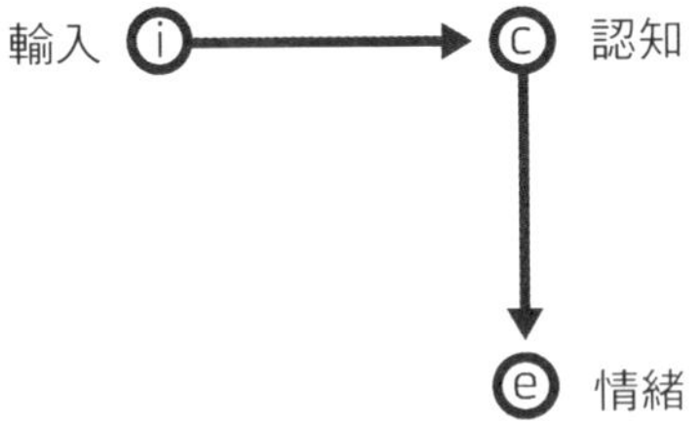

與「我們對當前狀態的看法」之間的落差。當我們感覺現實已經遠離了我們所嚮往的模樣時，就會感到痛苦；而當現實接近我們想要的模樣時，我們又會感覺到正向的情緒。[14]有了這樣的理解，就能解釋控制情緒的兩大主要支點：觀點的改變，與欲望的改變。本章的焦點在於觀點的改變。

斯多葛主義是芝諾(Zeno of Citium)於公元前三世紀所創立的古希臘哲學流派，其思想得到後世哲學家進一步發展，包括希臘奴隸愛比克泰德、小塞內卡（Seneca the Younger）和羅馬皇帝馬可·奧理略[15]。斯多葛學派主張，生活中的滿足感不是來自欲望的滿足，而是來自拋棄欲望。與伊比鳩魯學派不同，斯多葛派完全拒絕享樂，認為情緒和欲望是病態的，而且喜歡強調「人可以控制的情況」與「不可控的情況」之間的巨大差異。[16]

這世上的事物，有些我們能夠掌控，有些則不能。我們能掌控的包括思想、衝動、追求和厭惡，總的來說，只要出自個人行爲都在控制範圍內。我們無法掌控的事情包括身體、財產、名譽、職位，總的來說，一切非個人行爲皆不在控制範圍內。我們所能掌控的事物，其本質自由、不受阻礙、不受限制；不在我們掌控範圍內的事物是軟弱的、奴性的、會受阻礙的，且取決於他人。

——**愛比克泰德**《手冊》（Epictetus, *Enchiridion*）

一名徹底的斯多葛主義者會以完全客觀的態度看待事情或環境，避免對事物做出好或壞的判斷。任何事情，從好運到受辱，再到我們最親密的關係，一切都應該採取冷漠的態度。[17]儘管看似冷酷無情，但斯多葛學派的部分主張，已被證實是治癒苦難的有效解法，甚至影響了現代療法。[18]斯多葛學派和一些先驅指出，來自外在環境的刺激無法直接控制我們的情緒經驗，而且任何情緒反應必定受到我們思想的影響。愛比克泰德說：

請記住，受到打擊或侮辱尚不能造成傷害，你必須相信自己正在受到傷害。如果有人成功激怒了你，要知道你的心智也參與了挑釁。

——**愛比克泰德**《手冊》（Epictetus, *Enchiridion*）

這一觀點在二十世紀後期被重新審視，並已成為一條我們當前對心理的核心理解原則。不同的人會有不同的情緒反應，想要解釋這一現象的關鍵是了解到人的認知會調節情緒。這種認知模型是有史以來最有效的治療方法——認知行為療法（CBT）的基礎前提。[19]

艾倫·貝克（Aaron Beck）被稱為認知療法之父，他與亞伯·艾里斯（Albert Ellis）的理情行為治療法相結合，開啟了現代認知行為療法的發展。貝克觀察到，當時所有主要的心理治療方法，從精神分析到行為治療，都有一個共同的假設：神經官能症是個人意識或控制範圍之外、堅不可摧的力量所引起。無論這些力量源於化學生成或多年累積，都需要訓練有素的治療師來化解。貝克提出了一個想法，雖然並不新穎，但在當時對心理治療來說仍是一個陌生的概念：

我們暫時這樣推測：一個人的意識包含著導致情緒不安、思緒不清、會使他向外求助的因子。我們也暫時這樣想：病人只要在適當的指導下，便有辦法使用各種理性的技巧，處理意識中這些干擾的因子。

——**艾倫．貝克**，《認知治療與情緒失調》

（暫譯：*Cognitive Therapy and the Emotional Disorders*）

你可能在生活中經常經歷某些負面情緒。但是當你自省時，你會發現這些重複的感受總是跟著某些想法出現。這個想法如果將事件解釋為好的，你便會產生正向的情緒，而如果將事件解釋為壞的，便會導致負面的情緒。換句話說，當我們的認知（無論正確與否）與我們的欲望發生衝突時，我們就會變得不快樂，反之亦然。

一個人會產生「正面」或「負面」的反應是依據他將一個刺激因子評估爲對個人有益或有害。

——**艾倫．貝克**《認知治療與情緒障礙》

（*Cognitive Therapy and the Emotional Disorders*）

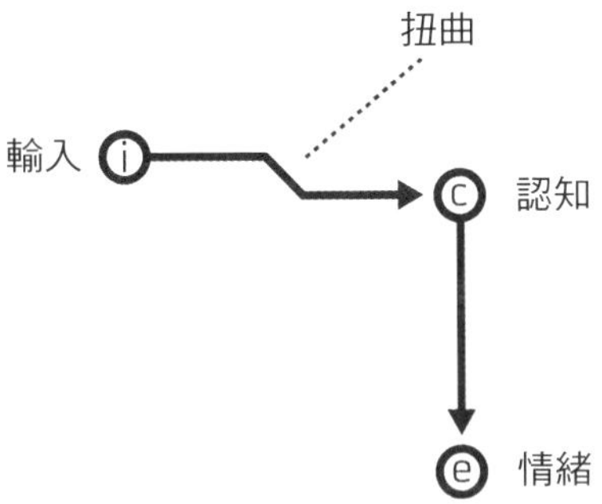

你或許沒有察覺，你對於外在事件的解釋，擁有非常大的掌控度。認知療法認為，情緒反應的認知觸媒叫做「負面的自動思維」。[20]這些認知觸媒是我們對經驗中出現的重複模式，進行一些習慣性的解釋。這個描述是不是讓你想起了什麼？這些自動化的思維，就如先前章節提到的偏誤一樣，是有害的演算法，會阻礙我們實現目標。而在這個情境下，阻礙的是我們的幸福。

現實世界的事件可能會觸發認知的生成，但認知最終仍是信念和欲望的產物。情緒演算法由認知習慣觸發，而這些認知習慣不一定準確地代表著現實。而且很多時候，貝克發現它們根本錯了。

貝克觀察到，在他的研究中，每個患有憂鬱症和焦慮症的人，都經歷了可被預測到的認知扭曲。輕度神經質的人懷抱著不易察覺的誤解；嚴重神經質的人的世界觀則嚴重扭曲。上面所有的錯誤都可以被糾正，無論嚴重程度如何。

今天，認知行為治療用於治療憂鬱症、多種形式的焦慮症、強迫症、創傷後壓力症候群，以及幾乎其他所有的情緒障礙。此外，認知行為治療是有史以來經過實證最有效的治療方法，在治療某些疾病時，甚至勝過最好的抗憂鬱藥。更令人欽佩的是，有研究指出僅僅是讓患者閱讀大衛．伯恩斯（David Burns）的著書《好心情》（暫譯，*Feeling Good*），對憂鬱症的治療與服用完整療程的抗憂鬱藥一樣有效。這本書籍解說了認知行為治療最精華的概念。[21] 一項研究發現，只要閱讀《好心情》並完成書中的一些練習後，百分之七十五的憂鬱症患者，不再符合罹患該障礙的條件。[22]

我們的研究揭示了意想不到的事情：憂鬱症根本不是一種情緒障礙！「感冒」與感冒時突然出現「身體不好」的感覺，兩者的因果關係不會比感冒和流鼻涕之間的因果關係還要強。你的每一個不好的感覺都是源於扭曲的負面思維。不合邏輯的悲觀態度嚴重影響所有症狀的發展和延續。強烈的負面思想總是伴隨著憂鬱症的發作，又或者是任何痛苦的情緒。

——**大衛．伯恩斯**《好心情》（David Burns, *Feeling Good*）

雖然並非所有的憂鬱症病例都符合上述這個簡化的模式，但伯恩斯醫師正確地指出了，扭曲的思維在這種疾病中扮演了核心的角色。我認為認知行為治療最大的問題在於「治療」。絕大多數人並不覺得自己需要治療。其中一些人因為尊嚴或恐懼而拒絕接受治療，不過也有許多人認為自己相對健康、和一般人一樣，這樣的看法也是正確的。

但我們在前面的章節中看到，健康、正常的人會受到無數的偏誤所苦。其中一些偏誤必然會以負面自動思維的形式，表現在一個人的情緒生活中。這解釋了為什麼許多人都相信我們無法控制自身的情緒。我們之所以沒有去克服「情緒控制能力偏弱」，因為我們認為無法控制自己的情緒是正常的。

治癒和提升之間沒有明確的界限。醫學的起點幾乎總是從拯救那些健康狀態低於常態的人們開始，但相同的工具和專業知識卻可以用來超越常態。

——**哈拉瑞**《人類大命運》（Yuval Noah Harari, *Homo Deus*）

你可能會認為，因為你沒有確診憂鬱症，從治療方法中找到的方式與你無關。但請想想看：老實說，你最近一次經歷不佳的情緒是什麼時候？上週？昨天？前一個小時？有很高的機率是你經常經歷一些你不想感受到的情緒。如果你能找出這些情緒的根源，並永遠拔除掉它們呢？認知療法為那些沒辦法處理情緒的人，提供了一個基本的工具包。但我們依舊有很大的機會能將這些方法進一步提升，並且駕馭它們。

情緒煉金術

人類的認知機制確實可以大幅縮短、延長又或者可以修改我們與禽獸共有的、根深蒂固的情緒傾向。

——**賈克．潘克賽普**《情感神經科學》
（Jaak Panksepp, *Affective Neuroscience*）

當一個情緒發生之後，我們的理性思維馬上就可以重新思考和詮釋外界資料，再將重新得到的資料餵給我們的情緒。**再評估（Reappraisal）**，也稱為重構或重新設定框架（reframing），是重新解釋一個情緒刺激的意義，並改變由此產生的情緒的軌跡。換句話說，**每當我們經歷負面情緒時，我們都會獲得重新詮釋的機會**，而這種重新詮釋是控制我們情緒的關鍵要點。[23]

當事人自述和功能性造影研究都發現，再評估能可靠地增加正面情緒，減少負面情緒，當然也能拿來減少正面情緒，增加負面情緒。[24]它的使用也和增強記憶力、建立更密切的人際關係以及改善整體心理健康有關。必須強調的是，再評估與現在心靈勵志類書籍盛行的「正向思考」並不相同。進行正向思考不會驅逐負面的想法，硬把負面思想壓下去也只是徒勞無功，而且已被證實會增

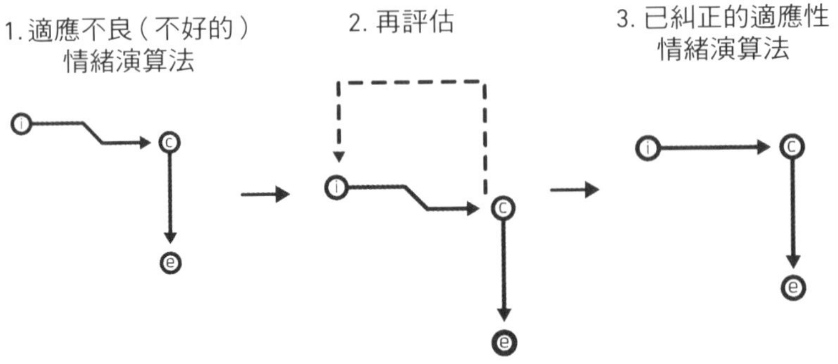

加痛苦的情緒和憂鬱性症狀。[25]

再評估就是我們主動使用更新、更準確的說理路徑，去取代舊的版本。我們常常會輕率地認為再評估（或重新設定框架）只是拿來舒緩痛苦的情緒，但其實我們可以精進自己再評估的技能，達到專家的水平。我發現，如果持續練習這項技能，你不管面對什麼情境，都可迅速找到新的詮釋去適應這些情境。

再評估的速度甚至可以快到讓你直接完全跳過負面情緒。[26]例如你可以提醒自己，在路上突然切你車道的人只是在趕路，並不是想害你出車禍。失業並不會讓你成為輸家，它後來更可能為你帶來更好的結果。你可以逐漸清除嫉妒等等的情緒類別，[27]或是自責，[28]防止再受它們而所苦。

再評估是一種當下的、即時的策略，在碰到不良情緒時可以隨時使用。但為了建立一個真正更好的心智，我們必須更深入了解情緒心智建築的核心。我們不僅想要察覺到自己有害的情緒反應，也不僅想要在碰到負面情緒時改變它們。**我們更想要在系統層面上刪除這些情緒反應，想要重新編程、重新規劃產生它們的認知演算法。**

重建你的情緒

> 我和我的學生發現，眞正快樂的人會採用能夠維持他們快樂的方式去理解人生大事與日常情境；而不快樂的人會以「將會加劇不快樂」的方式去理解自己的經歷。
>
> ——**索妮亞．柳波莫斯基**（Sonja Lyubomirsky）[29]

如果我們在事件發生後，能夠立即自動選擇對事件的適應性詮釋，那不是很好嗎？為了重新規劃不良的情感演算法，我們必須檢查演算法背後根本的信念，找出扭曲的地方，並進行理性的反駁，直到反駁的論點被內化。這種消除並取代不良情緒演算法的方法，被稱為**認知重建**。

「認知重建」是情緒心智建築的基本工具，心理學研究發現它對消除負面情緒反應非常有效。[30]首先，使用記事本或利用智慧手機應用程式記錄日誌。[31]嘗試記下你注意到的每一種不愉快的情緒——從輕微的不快到嚴重的焦慮。記錄日誌這個簡單的行為，會讓你比平時注意到更多這類的情緒。每次你記錄一種情緒時，記下觸發它的情境，如果可能的話，記下在情緒產生之前的一連串思緒。

重建的情緒演算法

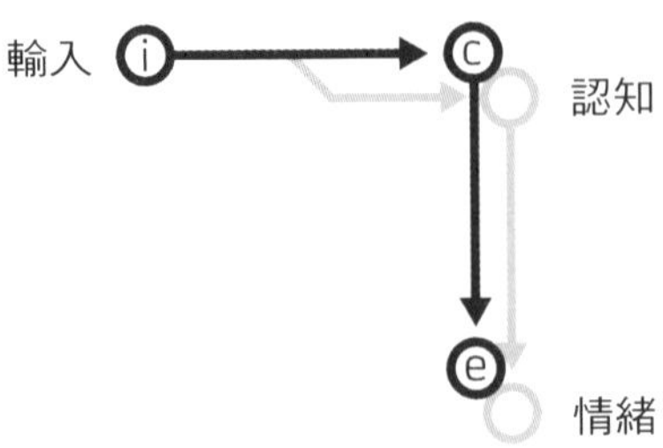

經過一段時間，你會注意到重複的模式和趨勢。你會發現，某些推理的軸線主宰著你的情緒經驗。**你有可能發現，某一類型的錯誤推理，是造成你日常痛苦糾結的一大元兇。透過糾正錯誤的推**

理，你可以永久地重新規劃演算法，並消除己所不欲的情緒。

就如在前面幾章關於認知的章節中談過的，為了把錯誤的演算法加以重新編程，你必須記住幾個最常見的錯誤演算法。以下是從認知治療患者中歸納的前十大錯誤演算法：

1. 零和（全有或全無）：傾向在「總是」和「從不」這兩個極端情況下思考，而不考慮介於兩者之間還有許多程度區別。我男朋友和我分手了；我總是搞砸我的感情關係。

2. 以偏概全：基於有限的細節，做出很大的概括假設。如果有一個人覺得我很笨，那麼每個人都會這麼認為。

3. 心理過濾：關注細微的負面枝節，卻沒有看到大局。平均拿A+沒有用；我這次的作業只拿到C。

4. 忽略正面的反饋：出於非理性的原因，而去忽略某個經驗的正向層面。我的朋友稱讚我，但她可能只是出於同情才這麼說的。

5. **倉促下結論**：傾向於做出毫無根據的負面假設，通常以讀心術或預言的形式呈現。如果我的曖昧對象今天沒有傳訊息給我，那他一定對我不感興趣。

6. **災難化**：傾向於放大或縮小某個經驗的枝微末節，將這些枝微末節描繪得比實際情況更糟或更嚴重。如果我的妻子離開了我，那麼我將永遠無法走出這段悲痛。

7. **情緒推理**：傾向於將一個人的情緒作為客觀真理的證據。我感覺到他的話冒犯到我，其實他一定是冤枉了我。

8. **「應該」的陳述**：傾向於對一個人的行為附加嚴格的規則，要求對方「應該」或「必須」怎麼做才是對的。我的朋友批評我態度不佳，這是朋友之間絕對不應該做的事情。

9. **貼標籤**：傾向於用絕對標籤的方式來描述自己。如果我犯了一個計算錯誤，那我就是個大白痴。

10. **個人化**：傾向於在沒有證據的情況下，將負面結果歸咎於自己。如果我妻子心情不好，那一定是我做了什麼讓她不高興的事。[32]

這十大謬誤，分別可以對應到哪一個特定的認知？把它記錄下來。接著採用「蘇格拉底式對話問答」，來挑戰這些扭曲的認知。正向心理學研究員寇特妮．阿克曼（Courtney Ackerman）提供了一些基本的問題：

- 這個想法符合現實嗎？
- 我這個想法是依據事實，還是情感？
- 有什麼證據支持這個想法？
- 我是否有可能誤解了證據？
- 我是否將一個複雜的情境予以簡單的二分化？
- 我有這種想法是出於習慣，還是有事實支持它？[33]

檢查一下有哪些證據可以支持或挑戰自動思維，一定要確定你的自動思維是否合理。例如，你忘記赴約，於是產生「我真是徹底地無能」的想法，從而變得悲傷和焦慮。接下來請尋找「你徹底無能」的支持證據，也尋找你很有能力的證據。

你可能會辯解說，你根本沒有真正相信「我徹底無能」這個想法。**但事實上，這個想法一開始會進入到你的意識，便表明有一部分的你認同這個非理性的想法。**[34]

舉個例子來說明：假設你獲得了你的夢幻工作的面試機會。你投入了無數個小時準備，順利完成面試，接著就開始幻想你這份職位的種種。但過了幾天，你收到一封電郵告知你這個職位已經給了別人。

此時，你可能有兩種不同的回應方式。一、花幾個星期的時間生悶氣，思考你為什麼沒有得到這份工作，感到自責，並說服自己永遠不會找到一份好工作，因為你能力不足。或者你可以：二、向你的面試官徵求反饋意見，努力改進面試技巧或作品集，然後不浪費任何時間悲傷自責，繼續找下一份工作。

我們都希望成為第二種人，但不是每個人都能做到這點。我們可能很容易認為，成熟和負責的人就能夠做出正確的選擇。但上述兩者回應方式的差別，是一連串極其複雜的心理演算法。我們必須先理解這個連結，才能重新展開編程。

收到了對方回絕電郵之後，你做出一個正確的推斷：自己沒有得到這份工

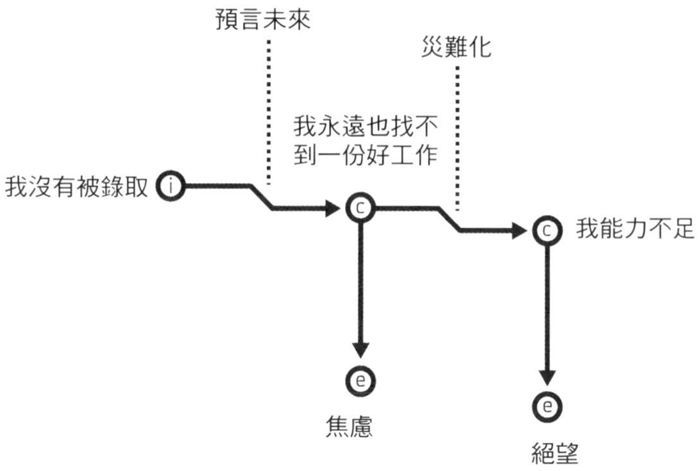
預言未來
災難化
我永遠也找不到一份好工作
我沒有被錄取
我能力不足
焦慮
絕望

作。然後你得出一個扭曲的結論，那就是這次的回絕意味著未來一個更嚴重、更永久性的問題。如果我沒有拿到這份工作，那麼將永遠找不到一份好工作了。面對這個扭曲的結論，你開始覺得自己不配作為一個人，心裡襲來陣陣絕望。但如果你把這樣的思緒寫在筆記上，你就會明顯發現這個推理的荒謬。但這些想法常常不經意地潛入我們的信念系統。

那麼讓我們來看看一些自我調節的方法。你可以讓情境替你做選擇（情境選擇），從此不再找工作，這樣就不會被拒絕了。你也可以把回絕信放在一邊，將你的注意力從被拒絕的事情上轉移，儘量不再去想它。但這兩種策略我都不推薦。另外，你也可以練習正念覺察，暫停負面情緒，並觀察它們的本質；又或者，你可以進行認知重建（更好的是，結合兩者）。

只要你明白了痛苦的情緒是思想經過扭曲的結果，便可以開始重建演算法了。以上述情境為例，先辨識出「相信自己永遠找不到一份好工作，或者代表你根本上能力不足」這種信念是一種扭曲，它的名字叫「災難化」。接著重建「若x則y」的核心信念。完成這個過程後，你的大腦便能學會：下次出現類似情況時，類似的推理線是無效的。

學會了快速辨識與駁斥這種偏誤，你可以養成習慣，自動略過這種偏誤，從你的系統永久排除。在識別並再評估了扭曲的認知後，你會消除掉負面情緒，接著便可以集中精力，設定新目標並採取行動。

當你練習重建的技巧時，你會開始揪出大腦向你拋出的各種胡言亂語。只要堅持練習下去，你便能夠逐漸訓練大腦不要冒出這些想法。我想向你保證，認知重建的技巧是可以掌握的，無論你的內心總是有喋喋不休的獨白，或只是

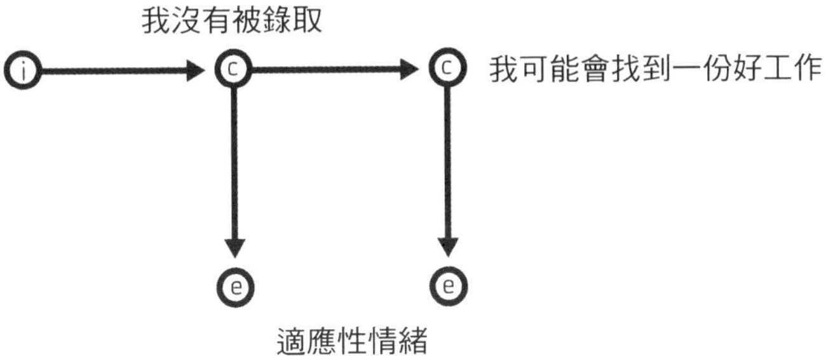

偶爾令人煩惱，你都可以發展出能力，牢牢掌握如何理解生活中正在進行的事情，主動設計你自己的經驗，而不單只是隨波逐流。

或許你好奇大腦為什麼會出現這些荒謬的想法。我們根本不可能只因為一個人忘了一次約會，就認定他無能。但為什麼我們會對自己犯這些荒謬的錯誤？**因為我們總是選擇非理性的詮釋（不論自己有沒有察覺到），而且這樣做是因為它讓我們感覺良好（聽起來很不可思議吧）。**[35]

我們不僅僅是痛苦情緒的受害者，我們還很喜歡沈溺在痛苦情緒裡面。我們選擇災難化，是因為「自憐」給了我們一種短暫的亢奮，即使它經常將我們推入更深的低谷。當我們放任心智，繼續維持扭曲和自我批評的想法時，我們的獎勵系統會訓練它更常這麼做。[36]為了選擇長久的幸福，**我們必須阻止想要沉溺於痛苦的衝動。**

> 我們有能力對事情不抱有意見，也不讓我們的靈魂受到干擾。因爲事物本身沒有力量可以形塑我們的判斷。
>
> ——**馬可．奧理略**《沉思錄》（Marcus Aurelius, *Meditations*）

想像一下，如果身體能夠無敵會多麼有趣。徒手參加劍術比賽，毫髮無傷地下場，讓你的對手挫敗又精疲力盡。當你在情感上變得無敵時，你的對手可能是一個辱罵你的人、自己內心的批評者，或者只是生活中所有人都會碰到的各種突擊。

一旦你認識了他們的把戲，試圖擊潰你的這些小舉動便會開始讓你覺得好笑，而不是讓你沮喪。當一個喝醉的人用棍子敲打城堡的牆壁時，你不會稱之為攻擊，你會把它當成娛樂！當一個人侮辱你時，他是在你的心智中植入一個事件的敘述，而你是被迫接受他的敘述，還是能夠反擊它，取決於你的認知工具包的完善程度。

透過足夠的練習，你可以學會立即辨識出會讓你難受的非理性想法。你可以發展知識和紀律，控制你的大腦正在編織的故事。但為了做到這一點，你必須養成習慣，注意進入意識的每一個扭曲，抵制沉溺於它的衝動，並在每一個扭曲影響你的情緒軌跡之前將其擊落。

本章重點

- 心智建築的第二個層面是情緒領域，其中首要的目標是情緒的自我精進，也就是控制自己情緒經驗的能力。
- 儘管人們普遍認為情緒是我們生活中無所不知的嚮導，但情緒的存在並不是為了我們的長期利益，也不是專為應對現代生活而設計的。

- 我們可以透過至少五種方法來設計我們的情緒，即情境選擇、情境調整、注意投放、認知改變和反應調制。認知改變是最有效的方法之一，並且與情緒心智建築最相關。
- 斯多葛主義的哲學強調的一個關鍵事實是，情緒很少直接受到我們生活中的事件觸發，並且幾乎都是回應我們對這些事件的認知詮釋。認知行為治療的依據是，我們可以透過改變我們對世界和自身的信念，以介入這些詮釋或**評估**。
- 透過永久改變反複使我們受苦的信念，認知重建又將再評估帶入更深的境界。練習的方法是以記事本或智慧型手機的應用程式記錄日誌，並嘗試記下注意到的每一種不良情緒、觸發的情況以及一連串在情緒產生之前的思緒。

第6章

關於情緒：欲望與調控的關鍵

總是如願以償

如果你想讓一個人快樂，不要增加他的財富，而要削減他的欲望。

——**伊比鳩魯**《主要學說》（Epicurus, *Principal Doctrines*）

我們現在已經了解，如果生活只是為了達成和滿足欲望，這絕非長久幸福的關鍵。我們的欲望不僅僅會誤導我們何謂真正的幸福，欲望還會主動使我們受苦。當欲望得不到滿足時，會給我們帶來痛苦和沮喪，所以我們懷藏的每一個欲望都可能威脅我們生活的滿足和穩定。[1]

形成明確的目標，並不能擺脫我們的欲望。即使我們不容許欲望幫我們設立目標，欲望依舊存在，要不是拉著我們走向目標，便是拉著我們遠離目標。使我們遠離目標的欲望叫做「誘惑」，而推動我們實現目標的則稱為「燃料」，我們將在後續章節說明。有些欲望可能相當有益，我們會努力留住它們——甚至將其擴大與疊加。

欲望雖會驅動我們實現目標，但在目標無法達成的時候，當我們渴望著不存在的現實的時候，這就會造成問題，使我們痛苦不安。[2]在這種情況下，之前有益的欲望會變得不利，因為苦難不可能有利於我們的目標。

世俗的智慧提出了一個解法：不要失敗。盡最大的努力實現目標，你就不會那麼痛苦了。不過，歷史上一些有智慧的思想家提出了另一種方法。他們指出，我們或許應該直接控制欲望，而不是試圖控制我們的環境。透過調節欲望，我們不僅可以減少誘惑，增加推動達成目標的燃料，**還可以消除痛苦的主要來源。**

前一章裡我們探討了如何透過「修正感知」以改變情緒。但如果負面的情緒不是來自認知扭曲，此時我們便需要一條不同的途徑來控制我們的情緒。輸出情緒的演算法會接收認知和欲望的輸入。如果我們的感知不是問題，需要改變的便是我們的欲望。

目前好像還沒有太多人研究如何透過「調節欲望」來改變情緒，但早在幾千年前這種做法便已經問世且成功應用，到今天依舊是幾乎所有實踐哲學的主要焦點。

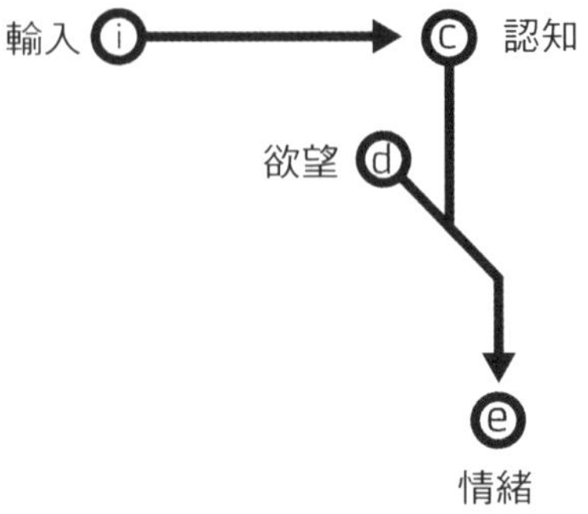

佛教解決貪欲的方法，大家都熟悉。釋迦牟尼佛教義認為，透過正念覺察、生活德行、擁有智慧等方式，就能使我們從貪欲的惡性循環中解脫出來。[3]「**涅槃**」是一種超然的境界，其特徵是滅盡一切渴想與愛念，完全漠視自己的喜好與事物的結果。[4]

另一位探討欲望的思想家是伊比鳩魯，他認為我們無須擁有太多，就能得到快樂，而且應盡可能努力減少欲望。他認為我們應該滿足自然且必要的欲望，比如食物和水。但我們不應費力滿足不自然或不必要的欲望，例如美饌佳餚、性愛、權力或IG追蹤人數（真的，是他說的，不是我說的）。[5]比起佛陀的建議，這個觀點沒有那麼極端，更貼近我們的現實。此外還有無數其他思想家的言論中也能看到這種欲望極簡主義的觀點。

聖人欲不欲。

——**老子**《道德經》

只求克服自己，不求克服命運，只求改變自身欲望，不求改變世界秩序。

——**勒內．笛卡爾**（Rene Descartes）《談談方法》

自由不是透過滿足欲望，而是透過消除欲望而得。

——**艾比克泰德**《論說集》（Epictetus, *Discourses*）

另一個相關的看法，則是斯多葛派主張我們不應該渴求自己無法控制的東西。若身處於自己無法控制的情境，就不該期望情境會改變，因為這些希望會造成不必要的痛苦。我們常常渴望一些無法企及、就現實來看不在我們掌控範圍之內的事物。這些錯置的渴望往往源於我們不清楚自己擁有多少掌控。[6]長大成人之後，我們就不可能因為「無法張開雙臂飛翔」而感到痛苦了，因為這顯然是癡心妄想的事情。

「閉鎖綜合症」這種疾病，會使意識清醒的患者完全癱瘓，無法說話，只能使用電腦以簡單的是非回答進行溝通。許多人會說他們寧死也不願這樣活著。奇怪的是，研究發現這些患者的平均生活品質非常高，而且通常在很短的時間內他們的大腦便學會了停止與病況拉扯。他們消除了所有的欲望和壓力，因為他們很快就明白一個事實：自己不可能控制外部世界。[7]

欲望的功用是讓你想要取得自己所欲之物。如果你無法實現欲望，你便是不幸的，如果碰到想避開的東西，你變是不快樂的。現在，請停止自己全部的欲望吧。因爲渴望無法控制的事物，注定引來失望；有些事情，就算是確定可控、值得我們渴求的，有時我們也可能無能力實現它。你應當用紀律與超然的情感，謹慎地選擇、謹慎拒絕欲望。

——**愛比克泰德**《手冊》（Epictetus, *Enchiridion*）

所以，佛教的作法是消除所有欲望，伊比鳩魯主義的作法是將一個人的欲望降低到「只限絕對必要」的程度，而斯多葛主義的方法則是不去渴望無法控制的事物。我們會發現，每一個觀點都掌握了主宰欲望的關鍵。

其實我們有可能管控自己的欲望，以便讓我們適時降低痛苦。但除此之外，我們還能同時利用欲望，有力地推動我們朝向理性的目標邁進。我們不需要盡廢欲望；只需要成為熟練的欲望操縱者。[8]

如果我們能馴服欲望，並學會靈活地調節它們，好讓我們在任何特定時間都渴望著正確的事物，我們便可以利用欲望，盡可能有效地激勵我們達成目標。接下來的章節會把重點放在「如何把欲望當成驅動我們前進的燃料」。但現在我們要先學習偉大的思想家是如何利用欲望，來促進我們自身的情緒安寧。

欲望的調節

歷史上許多偉大的心智建築思想家都構思出一些練習方式，旨在強化我們

調控

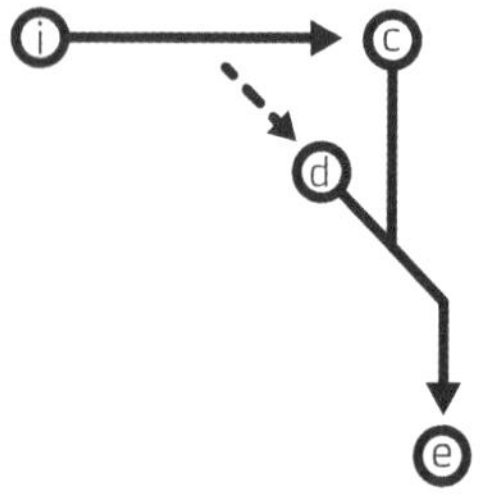

調控欲望的能力，讓欲望順從我們所處的情境。現代研究已經驗證了許多練習方法有效，它們都是一種反向的演算法，目的是平息源自於欲望而產生的情緒衝突。

我們必須練習的第一個、也是最基本的技能，是要能夠「**上調**」或增加，以及「**下調**」或降低特定欲望的強度。如前一章所述，我們的認知和情緒息息相關，也與欲望緊密交織。強烈的欲望通常伴隨著認知模擬和幻想。[9]

> 處理欲望時，可能會陷入「重複處理」和「反覆思考」的惡性循環，因而又增強了想要的感覺和欲望的動力。
>
> ——《欲望心理學》（暫譯：*The Psychology of Desire*）

心理學家所做的實驗發現，參與者若被交付「認知負荷比較重」的任務，

便比較不會對刺激產生欲望。[10] 換句話說，如果心智全神貫注於其他事情，則提高欲望的思維循環就不會啟動。因此，欲望調控的基本關鍵在於，刺激源距離我們心理是遠還是近。

有了這種理解，我們接下來就可以依照我們的需要，去調高或調低欲望的旋鈕。如果想要上調欲望的強度，那就應該將注意力完全集中在所嚮往的刺激及這個刺激一切正向的面向和誘人的細節上。若想要增強對於學校講座、長途駕駛或素食漢堡的渴望強度，就可以採用這個方法。

我們也可以下調慾望。要做到這一點，就應該轉移自己的注意力，從所嚮往的刺激上移開，以一種純粹客觀的、甚至是疏遠的方式專注於它，並針對這個欲望，培養出一種不執著的意識。

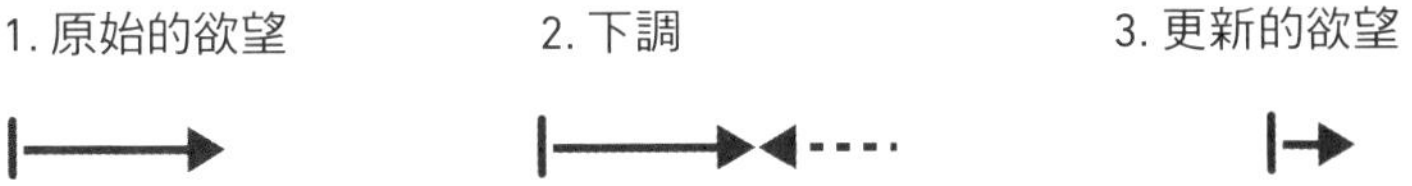

著有《沉思錄》的羅馬皇帝馬可．奧理略，舉了一些「如何把欲望往下調」的方法：

當我們面前有肉食和其他食物時，我們必須對自己說：「這只不過是一條魚的屍體，是一隻鳥或一頭豬的屍體，然後呢，這瓶貴族享用的費樂納斯酒只是一點葡萄汁液體而已。還有這件紫色的長袍，只是用貝類的血染色的羊毛。這就是我們貫徹一生應該做的事：在那些看起來值得高度評價的物品上，我們應該找出它們的本質，看著他們毫無價值的一面，消除那些形容它們的溢美之詞。因爲事物的外在表現常常會扭曲理性，而當我們相信自己眼前的事值得努力爭取，此時就是它最能欺騙我們的時候。

——**馬可．奧理略**《沉思錄》（Marcus Aurelius, *Meditations*）

佛教也有類似的練習，給那些苦惱於自己強烈性慾的人。在這樣的練習中，參與者必須去冥想人體器官、組織和體液當中噁心的部份，「透過移除燃料，來熄滅慾望之火」。[11]佛教的正念覺察冥想練習是一種很有用的方法，可以消除我們感知中的主觀和激情，並以沈著接納的態度看待我們渴望的對象。

> 不要沉溺於幻想著擁有你所沒有的東西，而要計算你所擁有的恩賜，然後滿懷感激地記住如果它們不屬於你，你將多麼渴望得到它們。
>
> ——**奧理略**《沉思錄》（Marcus Aurelius, *Meditations*）

有很多方法可以全面調控欲望。以最簡單的感恩練習為例，心智本來就會適應我們的處境，放大負面元素完全佔滿我們的視野。這種傾向驅使我們不斷追求更多——這在生物面上或許有用，但卻會破壞我們的心理滿足感，讓生命看起來像是一連串的障礙和困境。

透過感恩，我們可以把自己對於「已擁有的事物」的渴望做出上調，同時下調對於「我所缺乏的事物」的渴望。這個絕妙的策略能夠抵銷失敗帶來的失

感恩

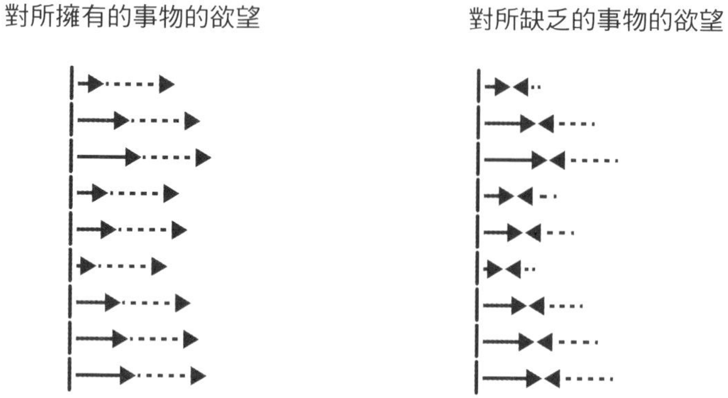

望感，把情感轉移到「已經擁有的事物」上面（例如有人愛我，我現有的成就，我很幸運能有現在的生活條件），而不是「我想獲得的新事物」上面。心靈安寧的最大障礙，往往就是過度渴望自己現在沒有的事物，而對所擁有的事物卻欠缺欲望。

大量研究發現，始終心存感激的人對自己的生活更滿意，並且體驗到更頻繁的正面情緒。他們也比較不沮喪、焦慮、孤獨和神經質。[12]感恩如此有效的原因，可能是因為它讓人們細細品味自己正向的生活經歷，重新詮釋負面的經歷，建立更牢固的人際關係，並避免經常嫉妒和渴望。[13]

斯多葛學派有一個相關的練習，稱為「負

負面視覺化

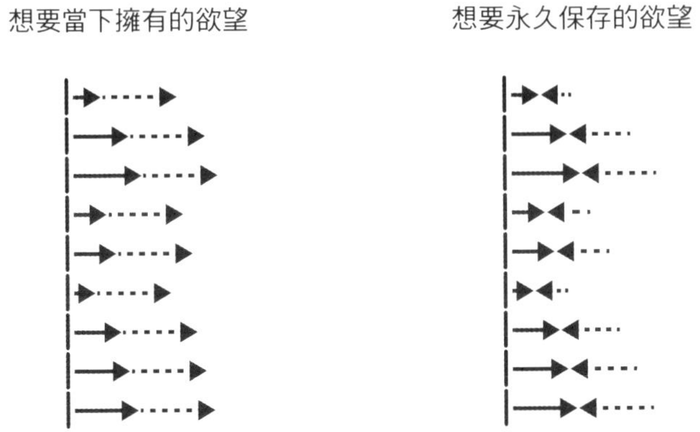

面視覺化」或「事前驗屍法」。它很接近佛教對「無常」的觀點，達賴喇嘛稱之為「疼痛保險」。練習一開始的時候，是請你去設想「如果我失去一切」的可能性，去設想你的所有計劃都失敗了，所有的財富都歸零了，一切你關心的人，包括你自己，終將死去。

這個練習看起來頗令人沮喪的，但其實與感恩密不可分。當我們下調想要永久擁有和保存某物的慾望時，我們就會上調對於當下擁有事物的渴望和感激。如果事情沒有按計劃進行，這個視覺化的方法可以讓我們預防失落，減少或消除我們必須承受的情緒打擊。

科學已經證實，「預期令人不快的事情」是最能夠減少負面事件對情緒的衝擊。

在一項研究中，受試者接受一系列不同強度的電擊。事先知道電擊強度的人，比那些事前不知電擊強度，但接受較低強度電擊的人，經歷更少的痛苦和恐懼。[14]我們可以應用這項發現來校正我們的期待，才不會因為預料之外的衝擊而措手不及。

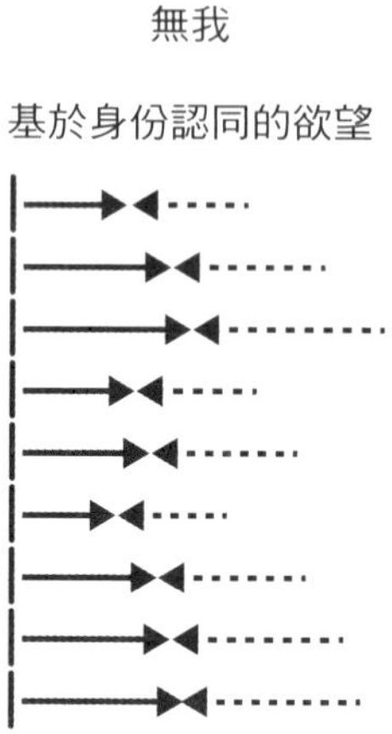

佛教的根本信仰「**無我（anatta）**」指出，「我」的這個概念完全是一種幻覺，你今天所認為的自己與十年前、甚至十秒鐘前的你是不同的實體。你是一個持續不斷進化的過程——集合了不受控制的感知和認知。「無我」提醒了我們，我們不是統一的自我，而是一個持續不斷進化的過程的部分，是不受控制的感知和認知的集合。我們不是各自獨立、與他人分離的個體，而是與芸芸眾生錯綜複雜地交纏成一個集合體。

我們所經歷大部分的痛苦，並不是來自於我們想要避免的事情，而是源自於我們希望擁有的身份。當我們被傷人的話語侮辱時會感到難受，是因為我想要成為一個有能力、受人喜愛和受重視的人。如果我們能好好思考「無我」的道理，那麼等到外在環境與我們想要被喜歡或尊重的欲望相違背時，我們就可以提醒自己：我們整個自我建構的概念其實是有缺陷的。藉此我們就可以下調一切基於身份認同而產生的欲望。

科學證據表明，少花點時間思考個人的生命敘事，多花點時間來思考自我要如何延伸，將可提高幸福感。減少關於自我的敘事，會帶來更強烈的幸福感，因為你會減少負面情緒，以及負面加上正面的複雜情緒。[15] 通常我們可以藉著正念冥想，來減少對自己的關注。[16] 也有人認為正念覺察會減少大腦結構的活動（這種大腦結構就是我們的預設模式網絡，與反覆思考自我敘事相關），因此就產生了「減少對自己關注」的效果。[17]

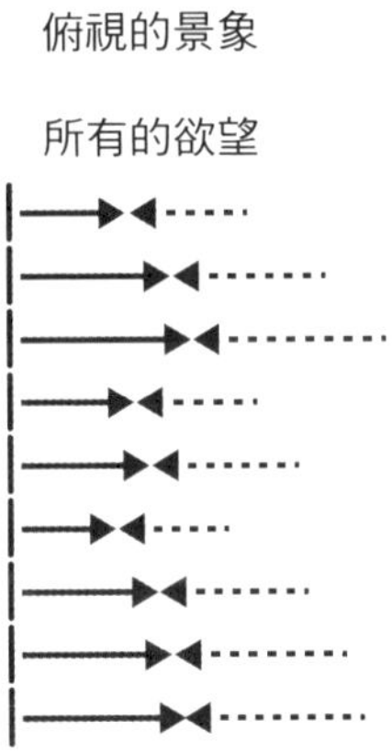

斯多葛學派還使用了一種被稱為**俯視觀點（view from above）**的方法，包括

思索著浩瀚宇宙，以及相形之下你的問題是多麼的瑣碎渺小。當你的欲望過度，這個方法可以一次大量下調你的所有欲望，尤其是在生活不順遂的時候。

從高處俯瞰：成千上萬成群的動物、進行中的各種儀式、在風平浪靜或波濤洶湧的海上航行的船隻、我們來到這個世界的不同方式、彼此分享這個世界，然後離世。想想很久以前別人曾經活過的人生，在你離開後別人要過的人生，甚至現在在異國他鄉過的人生。有多少人根本不知道你的名字；有多少人很快便會忘記你。有多少人現在讚揚你，而明天可能鄙視你。

——**馬可．奧理略**《沉思錄》（Marcus Aurelius, *Meditations*）

光是閱讀上面這段引文，我們很難不產生一種謙卑、如釋重負的心情，尤其是眼前的擔憂顯得如此微不足道。斯多葛學派認為，我們受苦的主要原因在於我們無法徹底理解、徹底喜愛自然。當我們明白一切的發生都有因果關聯，我們便能從對自身和他人的責備和怨恨中解脫出來，也能從試圖控制命運的焦慮中得到解放。當我們了解到我們理所當然認為是不好的事物，其實是源於我們狹隘的視角時，我們便可以設定一個悲傷的上限。而當我們明白對財產、關係和靈魂能夠永恆的渴望並無法實現的時候，我們便能學會珍愛不斷變化的現實。

二十世紀著名的精神科醫師維克多・弗蘭克（Viktor Frankl），以分析自己在大屠殺期間被囚於納粹集中營的經歷而聞名，他指出「疏離」這個策略的用處：

> 在那一刻，壓迫我的一切都變得客觀，我變成從遙遠的科學觀點來看和描述這一切。這種方法使我可以成功跳脫當下的處境，跳脫了我所承受的折磨，我再以這些苦難好似都已經是過去的事情來觀察它們。我和我的煩惱都成了自己心理科學研究的有趣對象。[18]
>
> ——**維克多・弗蘭克**《活出意義來》（Viktor Frankl, *Man's Search for Meaning*）

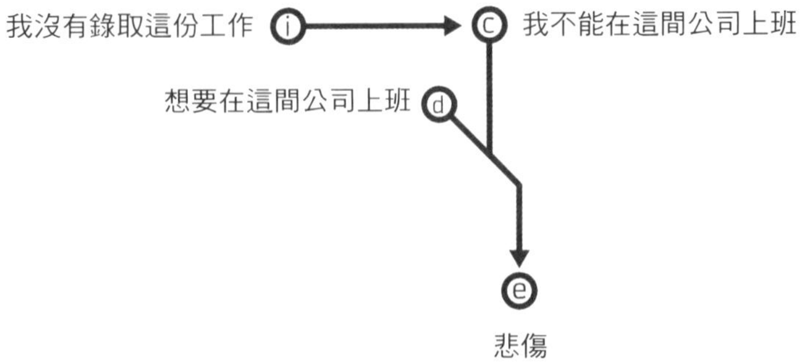
我沒有錄取這份工作
i
c
我不能在這間公司上班
想要在這間公司上班
d
e
悲傷

唐納德·羅伯森（Donald Robertson）在他的《認知行為療法的哲學》（暫譯：*The Philosophy of Cognitive Behavioral Therapy*）一書中指出，這一種思想實驗在現代療法中也佔有一席之地。[19]艾倫·貝克（Aaron Beck）提到憂鬱症患者傾向放大自己的問題，採取「仰式的視角」觀看自己的情況。為了對抗這種傾向，醫生鼓勵患者採取「擴大的視角」，使患者遠離當前的處境，以更客觀的態度看待事情，並從更大的規模和更長的時間範圍做考量。[20]

讓我們回到前面章節舉的例子，你應徵工作被回絕了。假設你已經掌握了認知重建的技巧，並且針對回絕的說理思維沒有任何扭曲。但不知何故，被拒絕了仍然讓你感到難受。

現實與對這份工作的渴望相互衝突，因此導致了

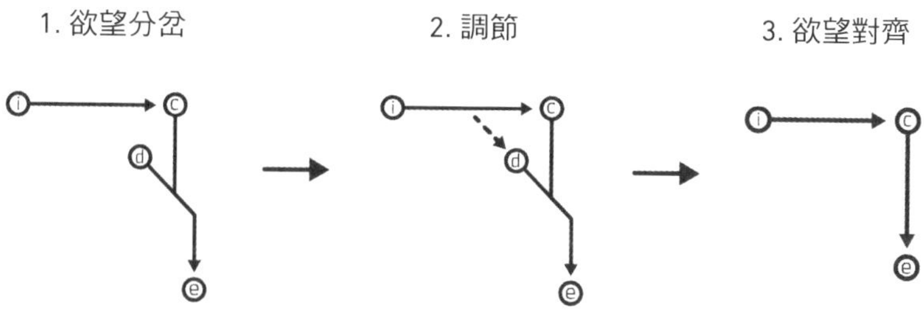

悲傷。你知道這份工作已經與你無緣了。但是內心一種耍賴的欲望，使你感受到對你不利的情緒。如果你的欲望能全然適應眼前的現實就好了，這樣欲望就可以推動你開始走向更好的結果，而不是造成不必要的痛苦。

因此，讓我們擺脫這種無用的欲望吧！你可以透過欲望調節的方式，調控欲望的旋鈕，將欲望與現實對齊。你可以透過感恩，調高對所有已擁有的美好事物的渴望（即便這份工作不屬於已擁有的美好事物）。為了降低這個使你痛苦的欲望，你或許也可以提醒自己這份工作需要一個半小時的通勤時間，或者這個產業不適合現在踏入，以後發展無望，又或者你其實擁有數據科學的碩士學位，所以老實說我不懂你一開始為什麼會想要應徵那份工作。

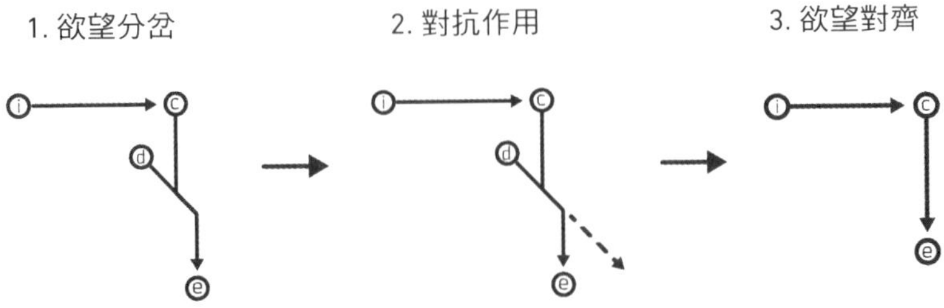

一旦你學會並增強了使用這些策略的能力，你將能夠隨意調控欲望，並大幅消除因渴望無法被滿足而受苦的傾向。

欲望的對抗作用

> 貪婪和厭惡以思想的形式出現，因此可以透過「思想替代」的過程，也就是使用相反的思想取而代之，逐漸消除它們。
>
> ——**菩提比丘**《八正道》
>
> （Bhikkhu Bodhi, *The Noble Eightfold Path*）

有一個強大的策略，我稱之為「對抗作用」，它建立在前面談到的上調和下調這些基本技能之上。在第

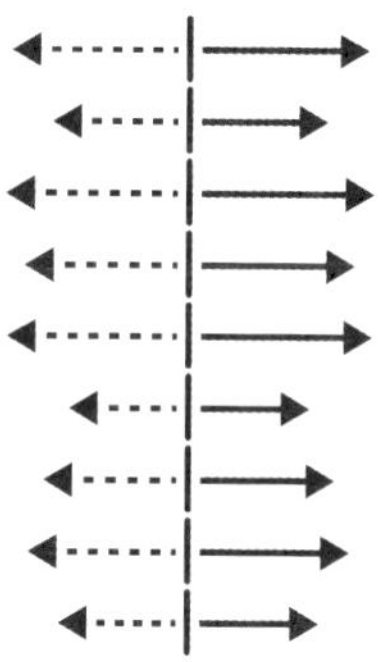

二章中我們曾簡要介紹過**對抗作用**（亦即培養一種力道相近、方向相對的欲望，以相抗衡），而對抗作用透過上調或下調一個相等且方向相反的欲望，以求達到平衡，使兩個欲望相互「抵消」。

你是否開車時曾因為紅燈等太久而暴怒？一定有吧。你是否曾因為紅燈太快變綠燈而感到不滿——也許你正想要在通勤途中吃個三明治，或刮一下腿毛，卻被打斷了？這兩個情境的衝突，製造了一個機會。下次當你不耐煩地等紅燈時，請試著培養出「想讓燈號停在紅燈越長越好」的欲望。使用上面列出的上調技巧，不論困擾著你的事物是什麼，請渴望和它正好相反的事物。

產生與眼前欲望相反的欲望，能夠讓你免於得到你不想要的結果，並且將每個結果都變成想要的結果。一旦某個結果成為現實，你便可以放下對抗它的欲望。如果你可以培養出抵銷所有欲望的能力，你便可以依據自己的理想目標，分別把不同的欲望加以上調或下調。正如同給汽車加油一樣，你可以謹慎地提高欲望，並降低與目標相悖的欲望。最終，你就開始自動化和內化這些對抗作用的技巧。**你會開始立刻注意到心智中的衝突，並自動產生與之對抗的欲望。**

後續我們在討論行為的章節中還會再多做探討。其實欲望的運作方式和演算法一樣：它們是基於習慣，而且可以被寫入或是從程式中移除。[21]每頓飯後吃冰淇淋，會讓你強烈渴望每頓飯後，都要吃到甜點。每天下班後看電視，會導致每天下班後，你都需要看電視。生活中的每一次挫折都要糾結，並期盼著現實變得和眼前不一樣，這會讓你持續苦苦掙扎。

有一些欲望不是針對單一的對象，而是代表持續的依賴，而我們正希望能擺脫這些持續的依賴。因為我們是會養成習慣的生物，我們的行為對於我們會成為什麼樣的人有很大的影響。這就是為什麼銀行存款的「數字」及鈔票這一張「紙」，單純從生物面上來看完全沒有吸引我們欲望的理由，我們卻可以被訓練成渴望金錢。看似奇怪，但我們經常因為觀察自身的行為，而多認識了自己，所以如果我們所有的行為，都向我們暗示金錢至高無上，我們就會相信金錢至高無上了。[22]

一位較少人知，但相當有趣的古希臘哲學家，名叫錫諾普的第歐根尼（Diogenes of Sinope）。據傳他曾在雅典半裸地住在一個酒桶裡，並經常在公共場合大小解和取悅自己。一則發人深省的故事說道，許多人跑去拜訪與大肆讚揚亞歷山大大帝，唯獨少了第歐根尼，亞歷山大大帝因而感到失望，因此他決定在一大群人的陪同下去拜訪第歐根尼，吹響號角宣布自己的到來。亞歷山大問候並稱讚第歐根尼，並說：「你可以向我請求任何事情。」第歐根尼稍稍仰起身子，看到人群後，對這位文明世界的領袖說：「你擋住我的陽光了，稍微移開些。」[23]

第歐根尼看似一個無家可歸的老人，實際上他是備受尊敬的哲學家和犬儒主義學派的代表人物。他因機智和極端地不循規蹈矩而受到欽佩。儘管古怪，他的行為有著令人意外的連貫性。在公共場合做出不當行為，是因為他相信任何自然的、且在私下可被接受的行為，在公共場合也都應該被視為可以接受。他選擇生活在貧困中，拒絕讚美和恩惠，因為他蔑視財富、社會地位和所有文化價值。[24]

他是現代極簡主義的先驅，拒絕任何不必要的物品。他的無恥是為了證明自然和理性優於人為規範，並且在許多方面，動物的簡單生活優於文明社會太過複雜的生活。他鼓吹自我控制和自給自足的美德，並聲稱任何人想過上美好的生活僅需要品格美德。有一次，他看到一個男孩雙手捧著河水喝水，便把他唯一的財產，一個木碗扔掉了，他說：「一個孩子活得比我還樸素。」[25]

你或許不想仿效第歐根尼的生活方式，他身為偉大哲學家的事實也並不能成為無視衛生或社會禮節的理由。但他的一生提醒我們，許多你覺得幸福生活必要的物品，其實可以摒棄，而且不會讓你失去安穩或目標感。去除了生活中所有「無關於滿足」的物品之後，就減少了「為了求取滿足而需要擁有」的東西」，也減少了「失去了會讓人心情不好」的東西。

如果我們發現自己有些欲望導致我們不快樂，或導致我們違背自身價值觀，那不妨使用**「禁慾主義」（asceticism）**或「主動讓自己不快樂」的方法，故意剝奪一些我們渴望的事物。有些人將這種做法當作自我懲罰，導致他們很快就不想繼續採用了。

但是禁慾主義真正的用處是「降低對任何外在事物的長久欲望」。透過這種練習，你可以斷除依賴，並使自己在情緒上更加穩健。你只需要選一個你覺得自己已經過度依賴它的事物，然後刻意限制或犧牲自己在這方面的欲望。儘管感覺像是自我懲罰，但輕微和暫時的克己行為，也可以完全出於對自我的疼惜或慈悲。[26]

如果你搭機無法忍受經濟艙，無法享受野營，或者室內溫度沒有隨時控制在完美的溫度就會感到不悅，那麼你已經過分依賴舒適了。**這種依賴性會限制你，使你只能在少數幾種完美情境下感到滿足。**在這種情況下，你可以定期強迫自己忍受疼痛或不適，以降低對舒適的渴望。在地板上睡一晚或赤腳走在石子路上，就可有效對抗你的依賴性。[27]若把這個方法發揮到極端，徒步走完阿帕拉契步道全程（三千五百公里），那麼你和「舒適」的關係將完全改變。

如果你渴望的是愉悅感，你可以暫時剝奪自己的食物（禁食）、性愛或藥物來降低欲望。社交上輕微的犧牲，例如放棄一個表現自己優點的機會，會降低你對地位、讚許和認可的欲望。遵循極簡主義而放棄非必要的財產，可以降低天生想要累積和大量囤積的欲望。你甚至可以將這種禁慾精神推到極致，完全放棄某些形式的欲望，例如從此不再添購新玩具，不再使用所有社交媒體平台，或只留下維持最基本生活所需的錢財，其他全部捐出。你能夠捨棄的每一種長期欲望，都能讓你去除生活中的複雜性。[28]

經常適度地禁慾，能夠讓你的心牢記：欲望無法正確告訴你哪些是值得做出的選擇。當你違背了原本的欲望而行事，你的心智也會學習你的行為，並得到「這些事物並不是那麼令人嚮往」的結論。那些認為愉悅感是終極利益的人，會故意讓自己處於不舒服的處境嗎？認為社會地位最重要的人，會不理自己的社交媒體帳戶嗎？認為金錢至高無上的人，會捐出一大筆錢嗎？會拒收一大筆錢嗎？你的行為將告訴自己什麼才是重要的，所以要明智地行事。

你必須要有耐心才能了解欲望的運作方式，並加強調控欲望的技巧，但一旦做到了這一點，你將能夠即時使用這門技術。此時若人生碰到困難，你將能立即調控欲望，避免情緒衝突，並將注意力集中在如何處理困難。

調控欲望的原則

我們可以遵循幾個與欲望有關的原則，從而有效避免不必要的痛苦。你可以觀察一下，自己在什麼情況下最想要某件事物，在什麼時候異常渴望某個對象或結果，其他什麼都不想要？問問自己：如果失去了什麼東西（或沒達成什麼結果），會使我痛苦？是被大學退學？還是最心愛的寵物死了？儘管這些不幸還未出現，但先做好準備可以避免我們在發生不幸時徬徨無所從。

讓我們回顧一下之前提到的目標層級：明確的目標是實現價值觀的關鍵，也是減少痛苦的關鍵。當我們以內在為目標時，我們受苦的可能性就會小得多，因為沒有什麼能打擊我們的最終目標。[29]現代斯多葛學派人士威廉·歐文（William Irvine）曾以某個網球選手為例說明這一點。

> 他打網球的目標不是贏得比賽（外在的，他只能部分控制），而是在比賽中盡情發揮他的實力（內在的，他能完全控制）。因爲選擇了這

個內在目標，萬一他輸了比賽，也不至於沮喪或失望：既然贏得比賽不是他的目標，那麼只要他盡力而爲，他就還是會達成目標。他的心緒安寧不會被打亂。[30]

——**威廉．歐文**《善用悲觀的力量》（William Irvine, *A Guide to the Good Life*）

內在目標不會導致負面情緒，因為此時你不可能失敗；而建立充滿內在目標的生活，則能有效防止情緒感受到痛苦。不過，即使我們的最高目標和最終目標都屬於內在導向，我們也不可避免地會有某些外在的子目標，這些子目標在未實現時會導致痛苦。為了避免這種痛苦，我們需要妥善地建構這些子目標。請看下頁圖，如果颳起龍捲風時，你會選擇躲進以下哪一個結構？

左邊的結構難以置信地脆弱。一陣微風就足以摧毀它。套用在我們的情境上，微風就是每天無法按照計劃進行的情況。只要圖左邊有任何一個環節故障，

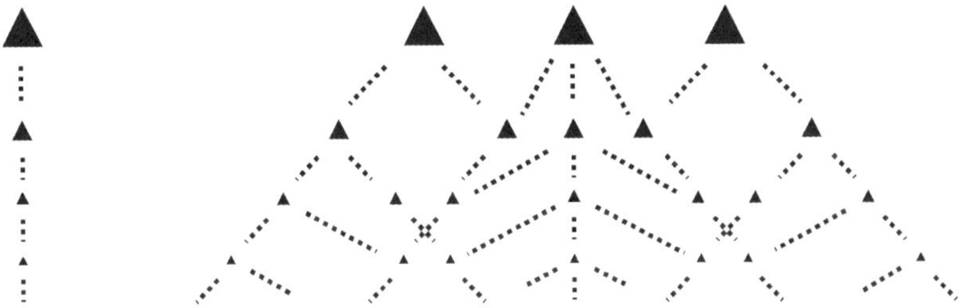

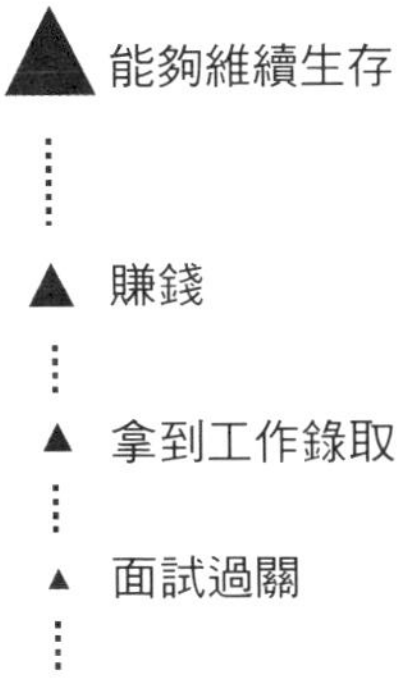

整個結構就會倒塌，導致情緒上的自我毀滅。相比之下，右邊的結構非常堅固，具有這種目標結構的人在情緒上會更加穩健。一旦某個目標失敗，他可以轉向另一個目標。越快能夠轉移目標，花在痛苦上的時間就越少，便能越早回歸到最終目標的正軌。

這就是為什麼你需要幫目標備妥替代方案。盡可能多開闢一些通往高層目標的替代路徑。

假設你迫切想要獲得某一份工作，那麼如果你沒有被錄取，就會受到嚴重打擊。不妨嘗試去尋找其他公司或是安排不同的職涯時程，從這些途徑去獲得有成就感的工作。或許還可以添加創業的這一個選

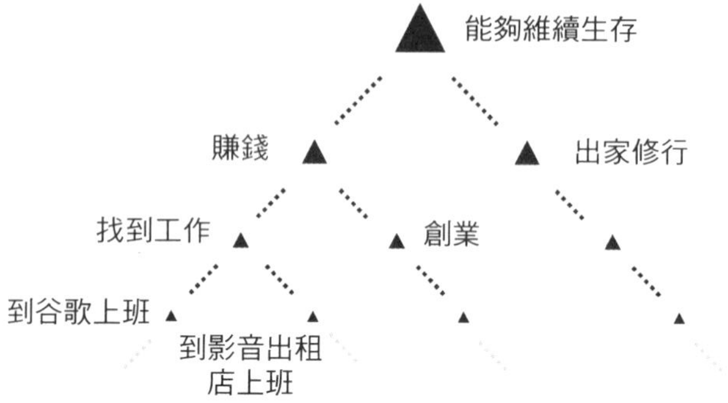

項，作為獲得收入的途徑。把這個想法發揮到極致，說不定出家修行也可以成為維續生存的途徑。在遭受重大損失後，不妨思考有沒有可能打造具有新成長機會的新生活。

我們的欲望本質上屬於一種投資（情感投資），因此許多明智的金融投資原則也適用於進行良好的欲望分配。**「多元化」（diversification）**是指增加投資種類，避免過度依賴特定投資項目。[31]正如將投資全部單壓一支股票，會讓你極易受到波動影響，完全投入唯一的目標或結果，也會使你的情緒隨之起伏。不管是一種信念、工作中的一個想法、一種度過週末的方式，還是一個與你共度餘生的人，如果沒有其他正向的備案，若上述事情沒有按著計劃走，你就會遭受沉重打擊。設立欲望目標的時候，你應該要讓自己不論哪一個結果成真，都能從中獲益。[32]為自身設計一個密集的成功聚集區，不管往哪邊踏出步伐，都能夠獲勝。

你還可以使用前面討論的策略來上調或下調欲望，直到所有結果都得到適當的平衡。選擇能拿到最多且最可能兌現情感回報的目標，並將欲望「投資」在它們身上。當某個目標似乎無法實現，而且其結果會超出你的控制時，下調對該結果的渴望，或用反向的欲望與之對抗。當你懷疑生活中的某個人對你造成負面影響時，減少你的投資，並增加投資其他更具建設性的人際關係。此外，如果你覺得自己對人際關係過度投入，或者很難與人建立關係，那不妨將大量的情感投資轉移到其他事情上（例如創意）。

「流動性」（liquidity）的投資原則也與欲望設計非常相關。在投資時，你必須具備快速將資金從一種投資形式轉移到另一種投資形式的能力，才能靈活因應外界局勢的變化。[33]而你也需要能夠快速調控欲望，才不會無法自拔地一直渴求著已經成定局、不再可能轉變的事物。經常練習鍛煉調控欲望的肌肉，即使當下看起來沒有必要，你還是提高了情緒的敏捷性。嘗試將相對較弱的欲望，提升為強烈的渴望。試著把急切的渴求，化減為冷漠。

最後，盡快消除對那些「不可能的事」的欲望。投資一家我們知道即將倒閉的公司，那是沒有意義的，對不可能有結果的事物進行情感投資也沒有意義。這個道理就是斯多葛主義所主張，可控與不可控的情況之間的差異，而其中最無法控制的結果，便是過去發生的事情。

當你能越快速調控慾望時，你的**刷新率（refresh rate）**也會增加——你可以接受和適應環境的速度，有助於你實現行為或情感的目標。就如前一章再評估的方法一樣，這個能力可以變成一個瞬間的過程。在新的情況出現時，你能夠立即適應並完全跳過負面情緒。

如何知道自己已經完全掌握了欲望？就是當你能夠渴望發生在你身上的一切事情來到時。汽車電瓶沒電了，原本無聊的一天，就變成一個意想不到的冒險。生活中出現艱困的轉變，成為學習和成長的機會。如果沒有欲望，我們都會成為冷漠和被動的旁觀者，永遠找不到實現目標的動力。這就是為什麼我們要仔細設計自己的欲望結構，而不是完全消除欲望。透過練習，**你可以學會渴望現在完全保持原樣，又同時渴望未來有所不同。**

在本書中我們先學習如何為了求取平靜而調控欲望，接著再學習如何調控欲望以便獲得有效的驅動力，這種安排是有意義的。如果你不具備穩定自我情緒的能力，面對困難時無法保持平靜，這些情緒就會打亂你的計畫，阻礙你實現更遠大的目標。許多哲學思想的創始者都將心緒的寧靜與控制，視為人類最高的目標。對我們而言，無論處境如何都能保持平靜和滿足，並不單單是人生的最高目標，更是為了對齊我們的價值觀，成為幫助我們過著美好生活的重要工具。[34]

本章重點

- 透過學習調控欲望，我們不僅可以減少誘惑，增加推動我們實現目標的燃料，還可以消除痛苦的主要來源。

- 如果想要上調欲望的強度，那就應該將注意力完全集中在所嚮往的刺激及這個刺激一切正向的面向和誘人的細節上。如果要下調欲望，就應該轉移自己的注意力，從所嚮往的刺激上移開，以一種純粹客觀的、甚至是疏遠的方式專注於它，並針對這個欲望，培養出一種不執著的意識。
- 對抗作用牽涉到需要透過上調或下調一個相等且相反的欲望以達到平衡，使兩個欲望相互「抵消」。
- 追求內在目標，是根除失敗所帶來的痛苦的絕妙方法。例如打網球時，志在充分發揮實力，而非贏得比賽。
- 加快接受現實的速度，以停止渴望在過去發生或已經不再具可能性的事物。你可以學會渴望現在完全保持原樣，又同時渴望未來有所不同。

第7章

關於情緒：情緒的自我精進與平靜

論哲學家們的病理學

誰都會生氣，感到生氣何其容易，但要氣對人、氣對程度、氣對時間、氣對目的，還要用合理的方式來發怒，就並非人人可及，也不太容易。

——**亞里斯多德**《尼各馬可倫理學》（Aristole, *Nicomachean Ethics*）

前幾章已介紹如何重建自身認知、調控欲望。認知的自我精進，基礎在於理性與內省，而這兩者也同樣是情緒自我精進的基石。這種精進狀態，代表已達到情緒調控技巧的巔峰，進入了深度靜心的狀態。從古至今，深度靜心已獲不同哲學流派推崇，甚至有大師宣稱是生命中至高的善。[1]

或許你會以為大家都喜歡這種深度靜心，但總也有些人會把痛苦給理想化。十九世紀哲學家尼采雖然告訴我們如何達到情緒的自我精進，但他也針對情緒的自我限制，提供了一些最經典的例子。

這就是人之所以不同之處。若你希望追求心靈平靜和快樂，那就去相信；要是妳希望成爲眞理的信徒，那就去叩問。

——**尼采**，致妹妹伊莉莎白的信（Friedrich Nietzsche, Letter to His Sister, Elizabeth）

這一段話雖然啟發我們追求智識，但也犯了個不幸的錯，即把心理幸福和教條主義混為一談。言下之意是：真理必會帶來痛苦，而確切了解真理之人，必不快樂。此說法符合我們對悲觀追求真理之人的刻板印象，以及教條主義者隨遇而安、從未審視自己的生活。但實際上，上述這些刻板印象真正想表達的是：人常常只有一種自我精進的能力，例如只擁有認知的自我精進能力，卻沒有情緒自我精進的能力，反之亦然。

其實我們是可以兼顧的。一個兼具認知與情緒自我精進能力的人，能接受看似殘酷的事實，但身在其中仍能同時感到快樂。更厲害的心態是，為了痛苦帶來的磨難而感到歡喜。[2] 我認識一些人（雖然真的少之又少）證明，信念堅定，不等於憤世嫉俗的生活態度。倘若你強迫自己面對世上的殘酷事實，過著充滿痛苦、悲觀的生活，那就要勇敢面對現實：在某方面較強，在另一方面就會較弱。但是，我們必須努力同時培養認知的成熟與情緒的成熟。

「樂觀」（optimism）一詞有兩個截然不同的含義。認知上的樂觀是將現實加以扭曲，意味著人更願意相信預期結果或信念，勝過實際情況。情緒上的樂觀與我們生活中的具體事實或結果絲毫無關，這是一種隨遇而安的態度，相信無論如何，事事皆好事。我們必須努力在認知層面當個現實主義者，情緒層面則當個樂觀主義者。

我摘錄另一段尼采鏗鏘有力的話，這段話裡面的偏誤，與上一段相同：

> 擁有對痛苦或極大磨難的駕馭力——你豈不知，截至目前，人類就是靠這種能力創造一切的進步嗎？
>
> ——**尼采**《善惡的彼岸》（Friedrich Nietzsche, *Beyond Good and Evil*）

這段話中可以看見一個廣為流傳的假設，那就是若要實現行為的自我精進（這是後續幾章的重點），必得付出情緒的自我精進為代價。有句老話說，人既然感到滿足了，幹嘛要離開現在的舒適環境呢。可是，「唯有苦難方能淬煉你我走向偉大」的說法，同樣犯了像本章起初提到的錯誤。「神經質的藝術家都才華洋溢」只是一種刻板印象，在現實中站不住腳。[3]我們沒理由不能同時追求情緒和行為層面的自我精進。假如我們真去研究那些在早上沒勁起床的人的內心狀態，那我們會看到的不是平靜，而是憂鬱。[4]

擁有正面情緒或生活滿意度，並不代表你就沒機會改變世界。相反地，**最快樂的人（不見得是生活條件最舒適的人）是最有效率、最有幹勁的人，**[5]能帶給世界正面的影響，遠超過那些憂鬱的人。[6]有些人認為，快樂的人（在情緒層面快樂）必定也會對於行為層面的事感到快樂，所以在「滿足」的時候就不可能採取行動帶來改變。事實上，想要讓眼前的情況變得不同，這樣會引發痛苦，但想要讓未來變得不一樣，就能激發行動。[7]

雖然尼采經常讚賞樂觀的人生觀，但他也認為「超人」在情緒上比「凡人」

更脆弱，飽受更多折磨。尼采主張，某些倫理體系（他稱作「奴隸道德」）源自受壓迫的群體將弱點理想化，以求增加自身的權力。[8]但有沒有可能，是尼采創造了他自己的奴隸道德，將其理想化，因為這是他唯一的選擇？[9]有沒有可能連尼采都無法面對這一事實：他的痛苦，實際上是一種軟弱的機制，而他讚揚這種機制的用意是當成心理上的防衛機制？

古今中外許多思想家都用類似的方式為痛苦開脫。不過我面對痛苦的因應之道是：「把自己說得像個真正的受難者。」當你學會高度控制自我情緒，你將越來越難以理解為何有人會想為不愉快、悲觀、無助感開脫。

> 只有強者才知道怎麼組織自己的痛苦，以便只承受最必要之痛。
>
> ——**埃米爾．多里恩**《目擊者的品性》（Emil Dorian, *The Quality of Witness*）

情緒當然在我們的美好生活中扮演重要角色，也對我們追求價值觀有很大的影響。正面情緒本身就應該是一個值得追求的目標，當然也很少人會把「我想吃苦」放在自己的願望清單上。可是負面和正面情緒同樣會在實踐目標之路上阻撓我們，甚至有時還會毀掉你我的目標。

亞里斯多德對人類的情緒有許多看法，但他的方法與後面的希臘思想家不同。亞里斯多德認為，幸福是指，能體驗到「對的情緒」，無論是正面情緒還是負面情緒，而不單只是追求人生正面或平靜的情緒。[10]情緒是我們的強大驅動助力，也大大影響我們如何看待自我。

他提出，我們不該盡全力消除所有負面情緒，而是該以適當的比例來體會適當的情緒。德行之人必須學會控制自身情緒，找到適當平衡體會各種情緒。亞里斯多德所謂的平衡，是在蹺蹺板上的兩端點間，找到平均，而此均值會隨不同事件而異。例如勇氣是懦弱與魯莽的均值；自豪是謙遜和虛榮間的均值。依此看來，倫理可以比作美學——追求美、比例與和諧。[11]

我的看法與亞里斯多德不同，我認為，讓自己處在適當情緒的均值，並非普世黃金法則，而是個體主觀的價值直覺。所以，問題從「我們該體會到哪些情緒」，變成「理想的自我，該體會到什麼情緒？」我們的理想自我，會因為沒有受到尊重就生氣嗎？還是一笑置之就好，等有必要再因應？我理想中的自己，會在父母葬禮上，完美表現出平靜的樣子，還是會哀傷很長一段時間？哪種反應最有益於達成我的目標？上述問題，恐怕只有當事者才能回答。

事實證明，亞里斯多德的情緒因應法與整體幸福感息息相關。有份跨文化研究衡量了研究對象經歷的各種情緒、渴望擁有的情緒、幸福感指標與憂鬱症狀。[12]

在各種不同的文化中，較快樂的人是那些體會到自己預期情緒的人，無論預期情緒是正面的（例如愛）還是負面的（例如恨）。這個模式甚至可以使人去感覺到「比自己眞正的感覺，更不愉快」的感覺。控制自己實際體驗的情緒和預期體驗的情緒之間的差異，並不會改變自己原本的情緒模式。上述研究成果表明，快樂應是「體驗自己應該體驗到的情緒，無論情緒好或不好」。

該研究成果並不支持斯多葛主義、伊比鳩魯主義、佛家思想所提到的內心平靜目標。可是，該研究確實為情緒自制做了強而有力的背書。擁有更強的情緒自我精進能力，可確保你我所體驗的各種情緒，隨著時間越來越符合（對齊）我們的目標與理想。

我不會說負面情緒永遠無法符合我們的目標。但在本章中，我會證明「目標」與「負面情緒」之間的關係並不如你想像的那麼多。哲學主張和主流文化常把苦難理想化，這已對人們造成極大的傷害，因為它將本來該拋在腦後的經歷，變得正常化了，永久烙印在我們心裡。[13]可是，只要你有適合的工具與決心，就可以漸漸擺脫那些困擾情緒。

情緒演算法

人類缺乏調節、控制的力量，我稱之爲「束縛」。因爲，一個受影響的人，不是受他自己所支配，而是受命運所支配。他受到命運支配的力量如此之大，以至於僅管看見對他更有益的事物，卻仍被迫追隨對他最壞的事物。

——**史賓諾沙**《倫理學》（Baruch Spinoza, *Ethics*）

情緒存在的目的，是為了觸發適應行為。這些情緒幫助我們祖先解決衝突，追求伴侶，與盟友合作。情緒如今也幫助我們避開生命中的威脅，幫助我們的親子關係及照顧後代，避免我們與其他人疏離。所有情緒的存在都有原因，無論是為了直接適應環境，或是在其他適應過程中意外衍伸出來的情緒，又或是偶爾派上用場的防衛作用，但就像前幾章說的一樣，生物上的利益和當代人類的利益是有很大的差別。[14]

遠古時代，人類之所以會有情緒是為了繁衍後代。為了繁衍後代而出現的情緒，可能會與現代社會個人追求目標時體驗到的情緒重疊，目前尚未有研究佐證兩者之間必定相關。我們的情緒，只有在追求個人目標時，才算有用。否則，情緒之於我們本身沒什麼用處，甚至也不會提供必要資訊。但情緒可以引導我們朝積極目標前進，教會我們有價值的事，可是，假如你認為情緒每次都能辨到上述事項，那你就誤解了情緒存在的原因。因為情緒也可能對我們的目標、價值觀產生反效果，導致我們誤以為這些目標和價值觀錯了，就像我們先前提到的認知偏差一樣。[15]

> 情緒並非永遠是「對的」，因爲它們是根據機率演化而來的，以確保人類能在各種環境下生存。
>
> ——**詹姆斯．格羅斯**《情緒調節手冊》（James Gross, *Handbook of Emotion Regulation*）

有些哲學流派要我們徹底麻木自我或放棄熱情。但從心智建築的觀點來看，個體情緒反應都是單一事件。我們必須根據具體情況來決定當下哪種情緒最有益。人都喜歡笑，雖說喜樂也可能是適應不良的情緒反應，像是躁症的情況。[16]不過許多人類共有的情緒反應，往往會為人帶來麻煩。

每個負面情緒演算法，我們都可以發展出一些策略來加以反制或移除或取消編程。有些認知能拿來當作焦慮、嫉妒、憤怒的解方，這些認知都已留存至今。我們可以將偉大心智建築思想家們睿智、療癒的金句加以編碼，若你能將這些箴言編碼進入你的軟體中，就能在出現憤怒、嫉妒、悲傷的想法時，自動啟動某些軟體，來抵銷自己接觸到的痛苦反應。

接下來就讓我們一起瀏覽一下，有哪些前人提出的演算法可幫助我們處理特定情緒。下列的情緒僅是冰山一角，每種情緒都會有數百種演算法可以因應，不過我只選一種來說明。另外，我所說的僅是建議，你必須自己決定哪種情緒在何時觸發對你自己最有利。

憤怒與仇恨

當我們發現他人犯錯而使我的目標卡關的話，就會開始暴怒。這是一種社交情緒，可能是人類演化出的一種機制，防止他人做出傷害、羞辱或竊取財物等越界行為。[17]這些嚇阻機制在遠古或許管用，但現今很多時候我們發怒的對象是外在環境或無生命的事物。唯有在我們提醒自己，我們的發怒的對象連個人都不是之後，才會停止生氣，然後清楚了解到，我們的怒意和仇恨只會讓自己受苦。

即使有時候針對他人發怒，這也不是最有效的處理方式，《道德經》也說「善戰者不怒」。動怒到底對我們有什麼好處，往往也想不出來。當我們越了解敵人行動的真正原因和動機，就更不必動用怒氣了。歷史上的偉人們已經想出極佳的策略因應威脅與攻擊。[18]一個人能堅持自身立場，以憐憫、幽默、合理的考量來回應攻擊他的人，反而比那些老是動怒的人更有勝算。[19]

斯多葛哲學家塞內卡在其作《論憤怒》中，深入討論了憤怒的本質，以及如何應對怒氣。他提出了一個反制憤怒的演算法：

> 怒氣的最佳解方是「延遲」：一開始就先請求怒氣賜給你遲延，這樣不是爲了原諒使你生氣的事情，而是爲了讓你對於那件事做出正確判對——延遲發怒，怒氣就會止息。不要想著一次就完全壓下怒氣，因

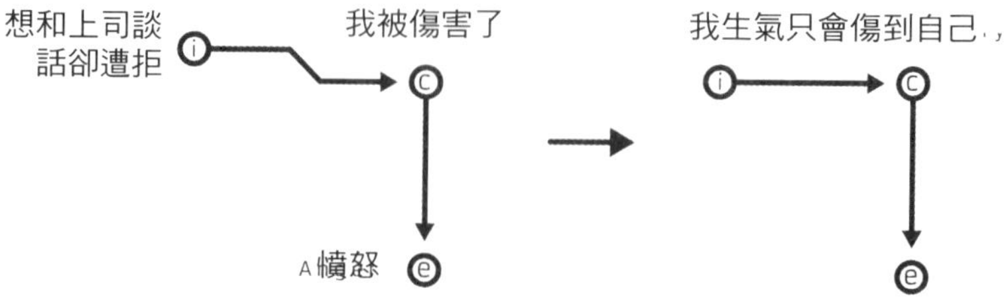
想和上司談話卻遭拒
i
我被傷害了
c
憤怒
e
我生氣只會傷到自己
i
c
e

爲怒氣剛上來總是凶猛如洪水；藉由移除掉一部分怒氣，也等於把整體憤怒一併除去。

——**塞內卡**《論憤怒》（Seneca, *On Anger*）

塞內卡提出對抗憤怒的方法，只要放慢我們對事情的反應，漸漸消除怒氣大爆發的衝動，直到我們能清晰思考。

把怒氣藏在心底最深處，不要被怒氣控制，反要控制怒氣。此外，讓我們把憤怒的一切表現都來個大翻轉：面部表情放鬆，聲音輕柔，腳步更謹慎，漸漸的，讓外部舉止表現帶動內在情緒改變。

——**塞內卡**《論憤怒》

他認為，藉由控制怒氣的表達，我們能把怒氣侷限在一定範圍內，防止它造成傷害，並學著讓我們內在的憤怒感覺符合我們外在平和的表現。[20]如果我們可以編寫出這樣的內心演算法，只要感受到怒氣時就自動啟動，那我們就能逐漸控制憤怒。學會把每一次遇到的挫折，當作心智考驗，就能越來越保持耐心、按捺輕率、控制自己。

尷尬與羞恥

羞恥是一種社會情感，與社會地位和遵守社會規範有關。在感到難堪、冒犯他人、覺得遭他人否定的時候，我們會感到羞恥。羞恥的功能是為了讓我們免於社會地位或者未來擇偶的風險，但羞恥通常弊大於利。[21]無論我們準備得多充分，在演講時就是會感到尷尬；無論他人的指責錯得多麼離譜、有多麼遠離我們的價值觀，被他人指責之後我們還是會耿耿於懷好幾天。

前幾章談過對於自己社會地位不要投入那麼多情感是有好處的，也談過要為自己的認同而活，不是為他人的認同，並且要拒絕「人生就該這麼過」的主

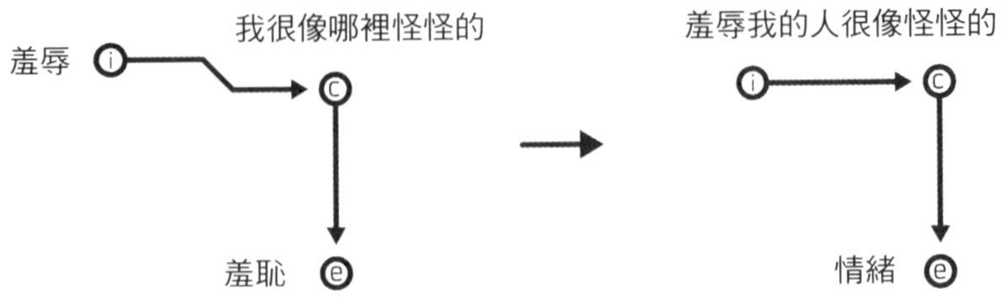

流錯誤觀點。這些都是以正向的方式來因應社會羞恥感，以及獲得他人認可的需求。有個強大的反制演算法，可以降低或消除羞恥帶來的痛楚，據說源自瑜伽大師哈爾巴哈恩·辛格·卡爾莎（Yogi Bhajan）：

如果你願意把他人對你做出的行爲，看作他們與他們自己本身關係的反映，而不是拿來定義你這個人的價值，那麼，他人加諸於你身上的事，久而久之，你就能處之泰然了。

別人的觀點和評論，往往與他們自身的不安全感有關。[22]只有在極少情況下，我們能從他人對我們的羞辱中學習，此時我們能做的就是改變自身行為，而且改變的過程不需摻雜痛苦。

嫉妒與幸災樂禍

嫉妒源自與他人比較，並發現他人擁有我們渴望、或認為理應得到的事物。嫉妒心驅使我們追求更多錢財、更高地位、更多性伴侶。[23]但就在我們嫉妒某人的同時，也失去了欣賞自己擁有事物的滿足感，讓我們陷入永恆的惡性循環，永不滿足。[24]

> 別因渴望自己所沒有的，而忘了珍惜現有。請記住，你現有的，也是昔日你所渴望的。
>
> ——**伊比鳩魯**《主要學説》（Epicurus, *Principle Doctrines*）

無論一個人或整體社會的生活水準進步了多少，嫉妒和比較心態，會讓我們永遠不滿足現狀。[24]爲了要對抗嫉妒和比較心態，我們必須將對我們重要的事物，放進我們的心理軟體中，永遠不要拿這些重要的事

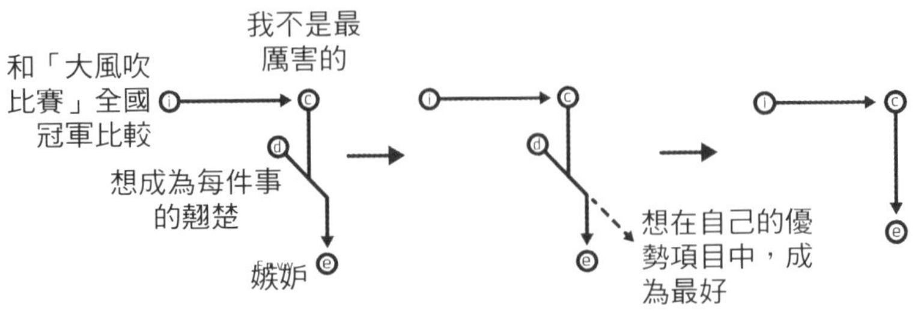
和「大風吹比賽」全國冠軍比較
我不是最厲害的
想成為每件事的翹楚
嫉妒
想在自己的優勢項目中，成為最好

物來和身邊之人做比較。[25]

別當第一，當唯一。

——凱文·凱利（Kevin Kelly）[26]

對付嫉妒的最好方法就是換個角度想，提醒自己只跟自己比。[27]要是你用專屬你的特質和優勢（而非他人的標準）來衡量自我，就不易再遇到有誰值得你嫉妒。

幸災樂禍（schadenfreude）源自德文，指自己因他人的不幸感到開心。許多人樂得看別人損失，他人收穫滿滿就恨得牙癢癢——甚至有時，幸災樂禍的對象還是自己在乎的人。[28]身為一位好友、適應力強的人，應真心替自己身旁朋友大獲成功感到開心。若你把自身的價值當成評判幸福的標準，你唯一該羨慕的人，莫過於比你更像你的人。此時你就會知道自己該往何處努力。

恐懼、擔憂與焦慮

面臨嚴重威脅時，恐懼有益我們反應，因為，我們生活在每個決定都會影響未來目標的世界。我們大多經歷焦慮，那種長期、面對未來的恐懼感。焦慮不但包括對遙遠未來的想法，也會對迫在眉梢的截止日期感到擔憂，或者會有毛髮恐懼症（Chaetophobia）。焦慮是一種預警功能，讓我們知道何時該避免自己的生存及傳宗接代受到威脅，但通常焦慮警報鈴響時都是假警報，毫不管用。[29]

研究演化的精神病學家蘭道夫・內塞（Randolph Nesse）在與記者羅伯特・賴特（Robert Wright）的對談中，解釋了焦慮假警報的原因。他說，人體的威脅偵測系統是自然演化而變得非常敏感，就像其他身體反應一樣。為確保真正需要時會有警告訊號出現，所以預警系統時常過度反應。

> 這就是爲何我們要忍受煙霧偵測器一響再響，我們一輩子可能只會碰到一次警報器響了是眞火災，但它每週都會在吐司烤焦的時候大響特響。
>
> ——**蘭道夫・內塞**[30]

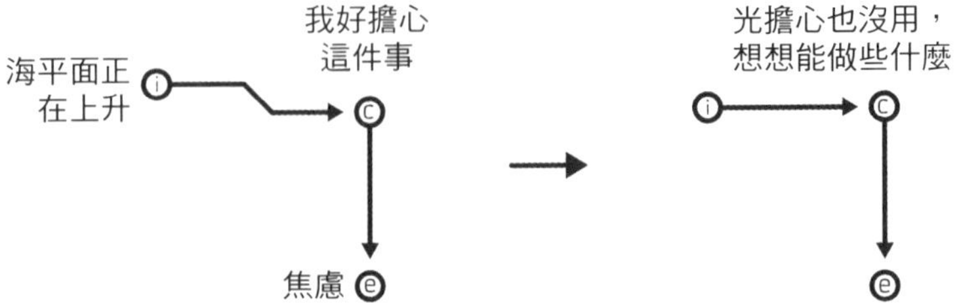

我覺得內塞博士應該別把土司烤得那麼焦，但他的煙霧偵測器理論有效解釋了人為何會感到痛苦，特別是由焦慮所引發的痛苦。我們和祖先的生活差距越來越大，「假警報」也越來越常觸發。今天大多數人要避開危險或趕死線完成事情的時候，都不必讓心中警鈴大響。所以焦慮反而變成一種很大的適應不良反應。

不必要的恐懼可以透過一個「消滅」的過程加以克服，通常是讓當事人漸進式暴露在同樣的環境中，訓練大腦別再把「刺激反應的事物」和「危險」聯想在一起。[31]但長期焦慮就沒有那麼好處理了。

佛家密切探討的「定」（presence）特別有助於因應焦慮。[32]佛陀知道焦慮帶給眾生的痛苦程度，遠大於焦慮想要警告我們的那個「威脅」。

欲害己者，唯有己之思想。

——**釋迦摩尼**《巴利經藏》（Siddhartha Gautama, *Anguttara Nikaya*）

許多人發現，如果把佛家僧人寂天論師的金句謹記在心，那會非常管用：

若事尚可爲，云何不歡喜？若已不濟事，憂惱有何益？

——**寂天論師**《入菩薩行論》（Shantideva, *Guide to the Bodhisattva's Way of Life*）

如果你能編寫自己大腦內的軟體，在憂慮剛發生時就自動告訴自己根本沒必要，那麼就能漸漸把「憂慮」從你的情緒字典裡拿掉了。這種改變會釋出心智的頻寬，讓你得以專注在採取最佳行動上，而不是被憂慮擊垮。

其他情緒演算法

哀戚與傷心

當我們意識到失去重要事物，無論是失去實現目標的機會，失去珍惜的物品還是親密的情誼，都會感受到哀戚與傷心。雖然有些類型的傷心有助於我們學習如何避免不良後果，幫助我們與他人連結，但大多數的哀戚與失落卻無法解釋。我們完全不明白，為何所愛之人離世時，我會感到如此的痛苦。有人認為哀傷是其他情感機制連帶而來的不幸副產品。[33]無論來源為何，哀戚是一種最嚴重且常見的痛苦形式。

內塞博士說，他原本以為那些失去至親後沒有展現太大哀傷的人，應該會在其他情感面承受嚴重損害。但他驚訝地發現，沒有展現太多哀傷的人，身體健康也和那些展現高度哀傷的人一樣健康，社交生活也一如既往。[34]

面對憂傷，佛陀的演算法是這樣的：

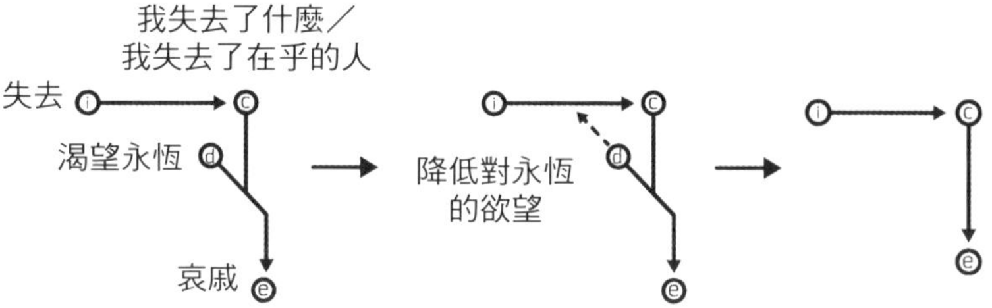

> 世受死亡與腐朽所磨，然智者不傷，乃了然其爲世之本質。
>
> ——**釋迦摩尼**《經集》（*Siddhartha Gautama, Sutta Nipata*）

佛家鼓勵世人換個角度看待自身與我的得失、與我所愛之人之間的關係。[35]當我們了解，萬物都有生滅，就會珍惜與他人在一起的有限時光，而非不斷哀悼那些無常悲劇。

哀戚的力量何其大，因此大部份人無法消除心裡的哀傷，不過或許我們也不想全然無憂。有些人會想在承受失去後馬上繼續向前，但也有人覺得這樣並不符合他們的價值。我曾因失去所愛之人而難過許久，也相信未來遇到同樣情形，我依舊會傷心好一段時間。但只要能

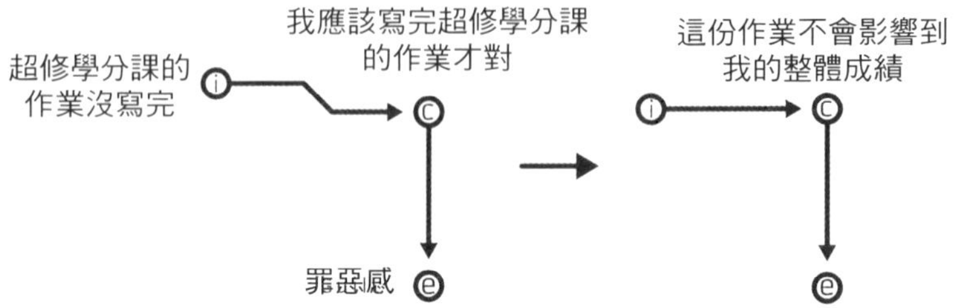

超修學分課的作業沒寫完
我應該寫完超修學分課的作業才對
罪惡感
這份作業不會影響到我的整體成績

理解死亡和失去都是無可避免，我們就可以學會掌握憂傷的程度和時間長短，而不是任情緒牽著鼻子走。

罪惡與懊悔

當我們的行為違背自身價值時，往往會感到罪惡與懊悔。[36]我們不必完全抹滅掉這些感受，因為它們有個用處，就是提升我們的價值，所以不妨善用這股力量，發揮正面功效。但這有個前提：我們必須調整良知的閘門，在對的時間開啟。舉例來說，你現在面臨困境，該是下決心的時刻了。但回想起來，發現自己先前做錯決定，於是一波波愧疚與悔恨如浪潮般襲捲著你，數月，甚至數年都沒消退。

雖然你可能覺得這股悔恨感合情合理，但我認為你的這股悔恨衝動並沒有得到適當的「訓練」。假如你參考可得的所有資訊之後，做了最佳決定，但依舊感到痛苦，這時這股痛苦對你又有何益呢？

懊悔——絕不向懊悔屈服，感到懊悔時就馬上告訴自己：「只不過是在第一次犯傻後，又再犯傻一次——既然你有能力幹出壞事，那更該去做些好事。」

——尼采《流浪者及其陰影》（Friedrich Nietzsche, *The Wanderer and His Shadow*）

前谷歌軟體工程師內特・蘇雷斯（Nate Soares）於其著作《今生，別再懊悔》（暫譯，*Replacing Guilt*）提到一則可以因應的演算法，是我們在履行自身義務時，應對自己說的話：

再也別爲「我應該這麼做」而做，也就是說，別再把「應該」當成是你做事的理由。你唯一的責任就是在現有時間、手上握有的資訊下，找出最好的行動方案。

——**內特．蘇雷斯**《今生，別再懊悔》

如果你實在想不出當初要如何才能做得更好，那也沒必要懲罰自己，只要你是在當下做出當時最好的決定，就不必因結果不如預期而認為該自責。[37] **你的良知，就是衡量工具。你應當這樣訓練自己：唯有在你故意**違背自身價值或利益而行事，才啟動後悔開關。你要訓練自己時時與自己的理想「對齊」，小心地編寫自己的情緒演算法。請下決心，相信的事就去做，做了相信的事就不要責備自己。

嫉妒和占有欲

嫉妒和羨慕相比之下，前者更強調「已擁有、但害怕失去某事物」，例如戀愛關係。嫉妒這個機制存在的原因，就是要避免失去伴侶。[38] 但如同大多數

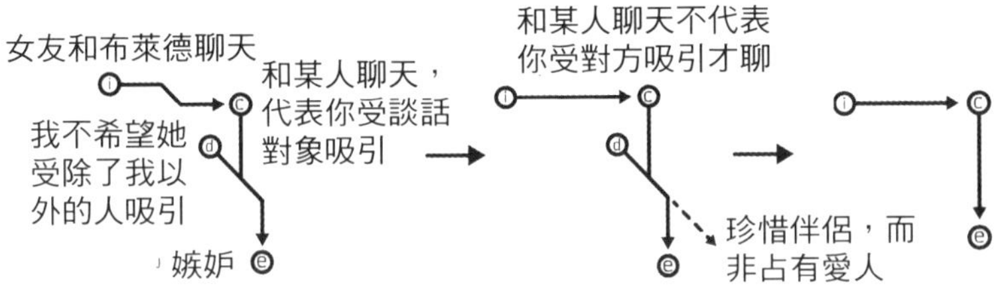
女友和布萊德聊天
我不希望她受除了我以外的人吸引
嫉妒
和某人聊天，代表你受談話對象吸引
和某人聊天不代表你受對方吸引才聊
珍惜伴侶，而非占有愛人

負面情緒，嫉妒這個工具並無法有效達成目標。你的佔有欲或許能讓伴侶與你成功傳宗接代，但若你追求的是一段健康、長久的感情，那麼不讓其他人與你的伴侶接觸，只會破壞你們的關係。[39]你的佔有欲會使另一半遠離你，使彼此感情變得脆弱、不堪一擊。

有很多方法能削弱嫉妒對你的箝制。首先，你可以重新架構人類心理學，改塑自己的信念，降低嫉妒心的敏感度，提醒自己：伴侶和別人聊天，不代表伴侶想離開我。[40]試著告訴自己，你的另一半也是人，會受到旁人吸引，在所難免，沒事的。[41]你也可以試著內化以下想法：要是伴侶決定分手，那也是因為你們倆不適合。[42]我發現，針對嫉妒心最有用的演算法是「要知道，人並不是被另一個人所擁有」。此想法源自奧修上師的一段話：

倘若你愛著一朵花，請不要摘它，因爲一旦你摘了，它就會枯萎，就不再是你所愛的模樣。所以，如果你愛一朵花，就讓它在原地綻放。愛，不是占有，而是珍惜。

你不妨做個改變：全力珍惜和對方相處的時光，但永遠不要認定對方屬於你。**假如你愛一個人，就不會想要佔有對方，而是會希望能他能夠盡情放光。**若你擁有這種無私的珍惜，就會讓你成為更有吸引力的伴侶。若關係中的雙方都能珍惜彼此，沒有強迫羈絆，就能讓彼此都有所成長、發光。[43]

愛、同情與同理

人雖有競爭和侵略的天性，但也有許多有益於群體與他人的傾向與情感。我們生來就是要關心所愛之人，同理他人的苦，也想要幫助同個群體的人。[44]大家都認為同情心和同理心是普世的正向特質，其實它們也有黑暗面。心理學家保羅・布倫（Paul Bloom）在《失控的同理心》一書（*Against Empathy: The Case for*

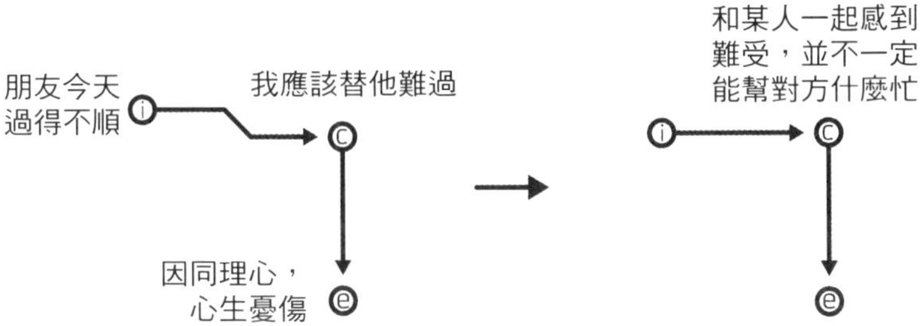

Rational Compassion）當中就對同理心的價值提出質疑。

他認為，同理心往往和我們個人利益背道而馳，為我們帶來不必要的痛苦，也無法驅策我們持續解決問題。有些人太有同理心了，使得自己常無端替他人受痛苦，要不然就是自己陷入太深，反而妨礙了當事人。儘管對方向我們訴苦的目的可能只是想討拍，但身為一個關心朋友的人卻可能親自跳下來替朋友解決問題，而不是單單提供情感支持。布倫指出，我們認為變態人格者是缺乏同理心，其實他們缺乏的是克制衝動的能力；而那些非常利他的人，則可能本身的自制力還高於同理心。[45]

那些大力鼓吹同理心的人要記住，無論同理心看起來有多高尚，終究是一種情緒。同理心本身不會考慮事實或後果，假如你不能好好控制自己的同理心，那麼同理心可能就無法發揮作用。[46]有效的利他主義會鼓勵人們思考：採取行動後能帶來多少益處，而非僅僅被廣告感動就捐錢或投入時間付出。[47]若能按照這個原則行事，或許有時會讓你看似冷漠，但請記得，要更聰慧、有效利用情緒，就須先馴服自身情緒。

保羅·布倫認為，我們不是要告訴大家，要把人類全體都當作一家人——這根本不可能。我們該說的是，就算我們無法同理距自己十萬八千里遠的陌生人，他們也和我們所愛的人一樣，具有同等價值。[48]

當然，我們也能反向操控同理心，以便讓這股情感發揮正面效益。佛陀、耶穌及其他偉大的思想家都鼓勵人們要愛護他人，要用同情心及寬恕來面對世人，就算對方是仇人。[49]這種普世的同情心，對於幸福和社會公益能發揮正向作用，[50]可以加深社交關係，消除我們的負向仇恨，鼓勵人們拿出有益社會的行動來改善社會。[51]今日的社會對於「博愛」這個概念已耳熟能詳，但最早宣揚博愛的偉大思想家，在他們的年代卻被認定為激進分子。而**實際上，普世同情心是一個看似違背天性，其實非常有力量的工具。**

你們倒要愛仇敵，也要善待他們，並要借給人不指望償還。

——**耶穌基督**《聖經新普及譯本》〈路加福音〉第六章第三十五節

從生物角度來看，人類的同理心是為了用在家庭成員和所屬小群體的人上，但我們可能為了自己認同的價值，而把同理心「誤用」在其他群體成員身上，甚至是那些我們壓根不喜歡的人。我們可以藉由編寫出「泛愛世人」的演算法，來調降一些負面情緒如憤怒、仇恨等。梅塔冥想（Metta）又稱慈悲冥想，是培養這種普世同情心的一種方法，內容通常包括不斷為他人祝禱，先從自己和身邊所愛之人開始，祝福對方快樂，能從折磨的束縛中解脫，然後再及於其他難搞的人、敵人，最終祝福天下萬人。[52]

什麼是平靜

最能證明自己強大的證據，莫過於達到不爲俗情所擾的境界。

——**塞內卡**《論憤怒》

韌性（resilience）已成為大眾心理學的熱門關鍵字，其來有自。畢竟，學會從無可避免的挫折中迅速恢復，遠比試著避免受挫更實在。擁有高度韌性的人，面對壓力的應變能力較佳，憂鬱相關症狀較少，壽命較長，身體也較健康。[53][54]不過，我們可以把目標提高一點。如果韌性指的是「一開始被擊垮，而後站起來」的力量，那麼，情緒韌性就是「一開始就不被擊垮」。

一個有韌性的穩健心智，擁有強大的免疫系統——能承受更多外力而不彎曲。此外，我們增強心靈的力量，並非為了避開威脅，而是為了承受挑戰。我們藉著迎向困境來自我精進，讓心智學會有效因應困境；我們藉由辨識、重編日常事件可能觸發的情緒演算法，優化我們的心理軟體。

情緒是非常精準的工具，可以用來成就大業。但假如你對情緒的控制有限，那麼內心互相衝突的熱情只會讓你的努力大打折扣。儘管負面情緒偶爾對我們有利，可幫助我們校準價值觀，但研究已證明，情緒穩定且可控制自身情緒的人，比那些情緒劇烈起伏的人，心理健康的多。[55]而且如果你的情緒完全跟遠古人類祖先的被動本能反應一樣，那麼你想達成目標恐怕只有靠運氣了。

相信人們能善加利用某種情緒是一回事，能做到又是另一回事。如果你無法控制情緒，你就沒有善加利用它，而是它在利用你。假如你無法克制自己不發脾氣，你就有個大弱點；倘若你無法克制嫉妒心，那問題就不在於你的伴侶，而在於你自己。還有，倘若你無法控制對他人的同理心，這也是你的缺點，而且你的這份同理心還對任何人都沒幫助。你必須先學會穩定自身情緒，才能駕輕就熟善用它們。

在第四、五、六章所談的中心思想是，你可以重新編寫某個讓你一直撞牆的負面情緒反應演算法，但這樣說還太簡單。經過我長期不斷的自我試驗，把情緒演算法視為人生許多問題的根源，我最後發現，這些負面情緒反應根本能夠全部消除。每個不必要的情緒反應都需要獨特的解決方法，有些情緒反應很難克服。不過我還是要強調，追求心緒寧靜的最大阻礙，就是屈從於各種負面情緒。

你不想要的情緒，就是軟體中的 bug。凡是會使你做出違背自身價值觀行為的情緒，凡是會使你覺得違背了自身價值的情緒，都展現了你心理編碼的弱點。當今的主流文化要我們相信，感到受傷或沮喪都是OK的。這點當然沒錯，但同時這種說法也很像告訴一位工程師說：「你寫的程式有錯，但沒關係。」對啊，的確無傷大雅，太放在心上只會徒增更多問題。但現在偵錯的時間到了，該debug了。你的思維和情緒都是可以訓練的，不管你有沒有開始訓練它們。你遇到的問題，都是因為你有部分心智軟體尚未優化。

當我們的目標是優化自己的情緒時，就必須努力培養平靜的心緒。所謂平靜，指的是一種不受外界干擾的寧靜和心理的平穩。幾乎在每一種實踐哲學及宗教中都能找到相近的概念，如希臘斯多葛學派、伊比鳩魯學派、佛家等。[56]擁有寧靜心緒的人，即始面對巨大逆境，內心的平衡也不受動搖。平靜是心理韌性和控制力的巔峰。[57]

> 平靜是心智平衡、心智不可撼動的自由，也是一種內心的平衡狀態，
> 不因得失、榮辱、褒貶、苦樂而感到沮喪。
>
> ——**菩提比丘**《邁向理解的門檻》

（Bhikkhu Bodhi, *Toward a Threshold of Understanding*）

人們往往認為，只有先聖先賢才能達到這種精神目標，但你可能低估了自己也有能力辦到。回想一下五年前你正在處理的難題，不難發現，這些困擾對現在的你，大多已不痛不癢。無論有哪些情況導致你動怒、害怕、焦慮或難過，這些源頭很可能都已改變，這些難題已不像昔日一般折磨著你。從你現在的立場來回顧，常會覺得過往的困擾在如今顯得微不足道，回首以前讓你喪氣的事情，現在或許還會覺得荒唐呢。問題往往會船到橋頭自然直，或者，更好的情況是，一開始根本就不是個問題。你或許還會對一路走來的掙扎心懷感激，感謝它們造就了你。

平靜，是你站在現在回首五年前問題的那種感覺，也是你應該對眼前問題抱持的感覺。換句話說，這些問題要不就根本不是問題，要不就會自行找到出口，又或是這些問題其實會讓你成長。這種狀態，是透過一步步辨識那些阻礙你的情緒反應，使用重構和調控策略來修正，而後重新編程各種情緒演算法，直到無論處境為何，你的內心都接近全然平靜。

像一塊海岬岩一樣，海浪不停向它拍打，但依舊屹立不搖，接著，周圍波濤的海水回歸平靜。

——**奧理略**《沈思錄》（Marcus Aurelius, *Meditations*）

你一旦學會怎麼培養平靜、維持內心安定，就準備好去學習善用平靜，朝著正確方向前進。下一章開始，我們就要談談怎麼控制、掌握我們的行為、行動、習慣。

本章重點

- 認知的自我精進，基礎在於理性與內省，而這兩者也同樣是情緒自我精進的基石。
- 心智建築師會設法去體驗正確的情緒（不管是正面還是負面情緒），而非單單經歷人生正向或平靜的情緒。這才是幸福。現代研究已證實，這個方法是深度幸福感的較佳指標。問題從「我們該體會到哪種情緒」，變成「理想自我應該體會到的，是什麼情緒？」
- 學會把每次遇到的挫折當作是心智考驗，這樣就能越來越沉穩，不再輕率，更善於克制自己。當你以自己的價值當成評判幸福的標準，此時你唯一該羨慕的人，莫過於比你更像你的人。此時你會知道，自己該往哪個方向努力。

✦ 當我們的目標是優化自己的情緒時，就必須努力培養平靜力。平靜，是你站在現在回首五年前問題的那種感覺，也是你該對眼前問題抱持的感覺。

✦ 你一旦學會怎麼培養平靜、維持內心平定，就準備好去學習如何善用平靜，朝著正確方向前進。

第8章 關於行為：自我引導與阻礙

渴望導致的威脅

想快樂的人，顯然必須追求、練習自制。

——**柏拉圖**《高爾吉亞篇》（Plato, *Gorgias*）

我們每天都面臨無數次內心衝突。該讀書還是打電動？要去運動還是待在家吃格子鬆餅？是要去酒吧還是陪陪孩子們？這每一條叩問都象徵內心在兩個或更多的力量之間拔河，而這些力量在拉扯之間，不斷勝出的驅力最後會決定我們未來成為什麼樣的人。我們把自我精進三角當中的「行為」留在本書最後一個部份來討論，是因為從許多方面來看，「認知、情緒」這兩個領域都是讓我們採取最佳「行為」的工具。我們能否達成終極的價值觀目標，取決於理想與行為兩者是否能配合。

自我控制，又稱自我管控，是「行為」這個領域的最高點，也是自我精進的最後一塊拼圖。在你學會如何將目標與價值對齊，又能擁有穩定的內心情緒力量之後，接下來要做的，就是把自己的行為**引導至目標之上**。要達成這個目的，你必須有能力可以抵抗衝動（衝動就是指那些違背既定目標的行為），你也要有能力鼓勵自己朝既定目標前行。

我們討論自制的時候，通常都會提到某些人缺乏自制。一談到酗酒者、暴力罪犯、過動兒，自制一詞概念就會浮現。與自制有關的書籍往往都在寫管控飲食習慣和成癮。接下來我們當然會討論管控飲食與成癮等議題，但也會聊聊一些安逸生活當中會出現的誘惑。我們會一起審視那些讓我們卡在常態、卡在平庸的成癮，也會學習如何終止一些行為——這些行為限制了我們的人格，阻礙我們成為理想的自我。若我們能意識到，自制並不單單意指克制自己別吃太多美味甜食，我們就能理解：自我管控應行為應該是人類最強大的力量之一。

> 長久以來我們都在想，是什麼促進個人與文化上的成功？或許答案就是自我管控。成功的自我管控所能帶來的好處極大，而失敗的代價也可能極其嚴重。自我管控失敗，是許多人和社會的問題根源，比方說，

人際暴力、弄巧成拙的種種行爲、藥物濫用、身體欠佳、低成就、肥胖等問題。

——**羅伊・鮑麥斯特**《自我管控手冊》（Roy Baumeister, *Handbook of Self-Regulation*）

自制力高的人，往往擁有我們都渴望的特質。他們吃得較健康，[1]更常運動，[2]睡眠品質更好，[3]很少衝動購物，[4]少抽煙少喝酒，[5]而且一般而言身心都更為健康。[6]自制力低弱則與許多精神障礙息息相關，像是慢性焦慮、瞬間暴怒、憂鬱、妄想症、心理病態、飲食失調、強迫症，[7]還有一些問題行為如暴力與犯罪。[8]

自制力也是大學成績的最佳預測指標，甚至還比智商或升大學考試成績來得準。[9]自制力高的人擁有更穩定、充實的人際關係、[10]財務狀況較佳，[11]生活幸福滿意度也更高。[12]他們的生活甚至更有樂趣，因為經常被誘惑吞沒的人會經歷更多消極情緒與內疚。[13]如果你能隨口說出一個你生活中的正面事情，那很可能這件事與自制力高度相關。[14]

想當然，培養自制力是個相當值得的目標，而了解自制背後的機制，對於培養自制和建立好習慣，可說是至關重要。可是，在我們能開始展現自制、控制自己的行為之前，**必須先知道有哪些潛在威脅會控制我們，奪走我們自我引導的能力。**

我們的每一個習慣，都是一則行為演算法，但「行為演算法」也包含那些單一的行為。所有的行為都是習慣的產物，是深深嵌入我們生物構造裡的，是演算而出的反應。壞習慣會讓我們偏離自己的目標，好習慣助我們邁向目標。行為演算法會隨著環境輸入因子的差異，導出相對應的行為產出。[15]

說到底，欲望是行為的驅力，所以為了要啟動一則行為，必須由「觸發因子」產生一個欲望，而在本書中「欲望」與「驅力」或「渴望」等詞是交互共用的。[16] 壞習慣之所以會產生，是因為一個「觸發因子」產生出與你我理想行為相衝突的欲望。

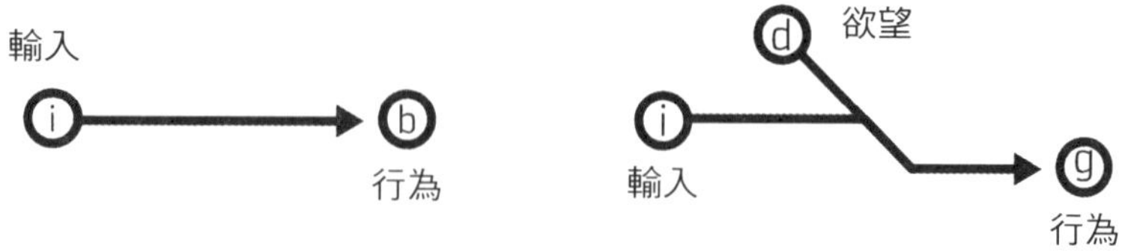

一個「觸發因子」產生了一個與你理想對齊（符合你理想）的欲望，久了之後好習慣就養成了。如同先前章節所述，一條金色的直線代表著驅使你的種種欲望已經與行為對齊了。

我們必須了解我們驅力與欲望的本質，以及為何它們在現代社會造成許多麻煩。到現在我們應該已經學到，遺傳自祖先基因的演算法會阻撓我們追求幸福，而且這些問題在現代社會更加嚴重。最明顯的例子就是化學藥癮。合成物質（像是古柯鹼）會直接進入我們大腦獎勵機制迴路，帶給我們連祖先都無法得到的快樂，這種快樂感受原本是為了加強人類的適應行為，但這類藥物引發的快樂感受，反而只讓人想要不斷取用這些藥物。[17]

「成癮」並不是唯一阻礙人們進步的一種現代享受。我們今日的世界，可說是各大企業塑造的，它們盡一切力量有效率地滿足我們的欲望；今日經濟制度所提供的誘因，又以「推動世界進步」之名而導致人們不斷出現新的成癮。[18]最後導致「成癮」變成一種適應不良行為，控制著人，而不受人控制。成癮往往會妨礙人類的適應行為，使人無法建立健康的生活方式與人際關係，阻礙人們體會真正的滿足感。[19]而且很多時候所謂**美好的感受，實際上是不好的成癮。**

我們天生就渴望攝取高糖、高鈉、高脂肪食物，因為上述成分能提供我們的祖先足夠能量及重要營養，儲存足夠的脂肪挺過食物短缺的時期。對於老祖先而言，盡可能多吃這些食物是好事，因為這些食物很難取得。[20]但現代社會已然破壞老祖先的食物獎勵機制系統，大量生產這些會讓人成癮的食材，把成癮程度推高到極致。再加上現代人的久坐生活型態，這些化學成分不再發揮本應具備的功能，反而造成疾病與肥胖。[21]

同理，我們天生就期待獲得他人認同，今日的社群媒體公司徹底濫用這種渴望，調整了平台上的演算法，讓人們盡可能成癮。內塞博士稱此現象為「社交肥胖」（social obesity）。[22]與人類祖先相比，我們有更多機會能獲得社會認同和娛樂。在虛擬線上的社群按讚，提供和真實社會互動完全同類型的獎勵效果，[23]雖然網路社群認同表面上是為了增進人際連結，但這些成癮會阻礙現實生活中的社會人際關係。[24]

我們在電玩、串流媒體平台、線上色情網站、網購中，見到了同樣會讓大腦上癮的把戲。各平台提供人們新誘惑，讓我們更難管理好時間。[25]**現在社會問題**就在於：社會優化了人類驅動力，但沒有優化我們的價值觀。假如 YouTube 演算法是為了要讓你看到理想自我想看的影片，而不是憑藉你常點哪部影片然後推播類似影片給你，那麼 YouTube 就完全會是積極正向的工具。但當我們周遭世界已被規劃成要極大化我們的欲望時，我們就很容易放任居心不良的他人來設計我們的生活型態。於是那些想要從我們身上榨取利潤的企業，就塑造了我們。

僅管我語帶批判，但其實當代的科技創新在本質上是沒有問題的，你不必真的刪掉臉書帳號，正如你不必燒掉家裡儲藏的糖包，只因你害怕自己隨時可能把糖塞進嘴裡。照理說，科技提供人們有用的功能，只要好好善用科技，不讓科技綁架我們的判斷，其實沒什麼問題的。

這個世界讓人越來越容易成癮，我們能與之抗衡的最佳工具，就是培養自我精進的能力。[26]我們一定要有意識地去設計自己的生活型態，把時間與精力都花在反思自我價值觀與設定目標上面。我們必須學會如何強化自我控制，而且強化自我控制的關鍵並非「適度」，而是「刻意去做」。

下一章會詳細討論自制，但我們在這裡先從廣義的策略和自覺切入。設計行為的第一步，就是要先意識到我們現在是怎麼過生活的，收集和分析我們行為、生活型態的數據。而這種仔細的監測，對於改變行為和習慣來說是不可或缺的。[27]

請做出一個列表，上有你想要和不想要的習慣，例如一天想要睡幾個小時、一天要跑多少公里、吃進多少卡路里。你的列表當中可能包含自己多常講廢話、多常抱怨、多常在消費時沒有堅持維護自己權益。你甚至還可以追蹤自己的碳足跡。[28]在不良的行為上，則紀錄自己每週所犯次數。光是簡單記錄下來，有時就足以戒掉一個習慣。

你也該好好研究一下你的週末是怎麼度過的。說不定你會感到驚訝，原來你居然每週花那麼多時間在打電動或觀看魔術影片。最好使用工具來記錄，因為你別相信自己的直覺。畫一張圓餅圖來呈現本週的時間分配，然後根據你的理想生活方式來分配各項目理想的時間長度，並且不斷找機會達成理想的時間分配。

當你決定要改善某個特定項目時，最好使用「**執行意圖**」（implementation intention）這個方法在事前就明確列出自己要做的事。[29]或許你會覺得，光是列出「如果X成立，就會得出Y」這個條件句，就可以成功訓練我們的腦內演算法，這也未免太簡單。但實際上這個方法極其管用。人想要培養某種習慣的時候，常會說自己想要「想少抽點煙」或「想要早點睡」，但就是因為缺乏具體的計畫，所以在執行的時候就會消耗更多意志力。

所謂的執行意圖，就是**列出想做的具體事項、時間和地點**。與其說「今年我會增加寫作量」，不如說「每天我下班回家後都要坐在電腦前，寫五百字」。你在編程電腦軟體的時候並不是命令它「更經常做某事」，而是告訴電腦在特定的觸發因子與明確的指令之下，什麼時候要做什麼事。同理，你也應如此建構自己的心理軟體。

你我都懂，想要在一夜之間生活型態大轉變，是不太可能的。反之，漸進式、百分之一的微小行為改變，才能一步步更靠近自己的理想生活。這種逐步優化的過程，會讓你在前進的路途上收穫更多，到最後有一天你一起床就發現壞習慣都消失了，正面的好行為自動出現，每週所有的時間全都積極用在落實自我理想上面。

順從的風險

> 無法聽命於己者，將受命於他人。
>
> ——尼采《查拉圖斯特拉如是說》（Friedrich Nietzsche, *Thus Spoke Zarathustra*）

先天上，我們很容易受他人影響。一旦缺乏認知上的自我精進，別人的意見就會深深影響、操控我們的想法，使我們陷入僵固的教條信念中。這些信念或許有些正確，但也有很多是錯的。這些聽來的意見也會要我們相信，生命只有特定幾條路會通往幸福，而實際上這些路徑全部都只會通往乏味的人生。一旦缺乏情緒上的自我精進，他人的話語和想法就會折磨我們。我們完全把自己交付他人宰制，無法靠自身力量得到滿足。一旦缺乏行為上的自我精進，他人的行動和態度迫使你我順從，即使我們明明知道這樣不好。[30]

年輕時只要一聽到「同儕壓力很危險」這種說法我們就嗤之以鼻，然候繼續按照我們的方式過生活。等我們長大，同儕壓力換湯不換藥變成了社會壓力，依舊潛伏於生活中。[31]

Netflix 特輯《達倫・布朗：逼迫》（*The Push*）的主題是心靈魔術師達倫・布朗（Derren Brown）做的一項不可思議心理實驗。他讓受試者們相信，他們正在幫助一項真正的慈善活動，但之後事情發展越來越不對勁。實際上，這些受試者被一群演員包圍，演員對受試者們施壓，讓他們做出越來越可疑、荒謬的行為。我們在影片中看到的那位主要受試者，漸漸開始為不良食材辯解，協助藏匿屍體，假扮慈善家，還做出更多脫序行為。

發展到最後，這位受試者相信，為了避免自己坐牢，唯一的方法就是把一個無辜的人（演員喬裝的）從屋頂推下去摔死。實驗中的群演都有事先接受高壓特訓，可以迫使該位受試者做出「把他人從屋頂推下」的行為。可是演員說服受試者必須這麼做的原因實在漏洞百出，只要當事人頭腦清醒一點思考，就能發現明顯破綻。

主角受試者後來不肯把無辜男子下屋頂摔死，儘管在這之前演員已成功說服他，把一具「屍體」推下樓梯，偽裝成受害者是自己摔死的樣子。但出乎意料的是，另有三位不幸的實驗者，都被演員成功說服，把無辜男子推下屋頂（當然下方有秘密安裝保護網，確保演員毫髮無傷）。然後節目組才告知受試者們，整個情境都是劇本。實驗尾聲，布朗說：

> 重點是，我們都很容易受到這種影響。但只要明白我們是如何受外界操縱，就能使我們更堅強，能夠拒絕，也能反擊。[32]

我們常常對自己的性格有堅強而積極的想法，認為自己不會受外界影響。事實上，我們的行為廣泛受到周遭社會力量影響，和理想自我差距甚大。要是布朗的心理實驗是真實事件，那麼把無辜男子推下屋頂的人們，就犯了謀殺。

但就算生活中的事件不像影片裡那麼誇張會害死人，也不代表後果就不重要。

人人皆知，我們深受歸屬感和獲得他人接納的欲望所驅使，這本身沒什麼問題，但他人很容易利用這種欲望來虐待我們，導致我們做出違背自身意願的行動。社會順從（social compliance）是指，他人言行對我們造成決定的影響。雖然未必是有意的，但我們的親人、朋友常想透過潛移默化的方法影響我們做出決定。[33]

最容易影響我們的團體，是與我們接近、與我們類似，或者力量強大、人數眾多的群體，使我們容易順從這些人施加在我們身上的壓力。[34][35]假如有人請你完成一個小任務，那個人可能是你的同事、銷售員、某個組織，然後接著再向你提出一連串的要求，越來越過份，那麼他們可能正對你使用**得寸進尺法**（foot-in-the-door technique），此技巧用在說服別人去做他們通常不會同意的事時，非常有效。[36]另一方面，**以退為進法**（door-in-the-face technique）則是先提出一個很大的請求，遭拒絕後，再提出一個小一點的請求。[37]

奉承法（ingratiation）指的是透過討好對方，說服他接受或完成特定行為。[38]一種常見的奉承方法是說服對方說，某個想法本來就發自他的內心，這

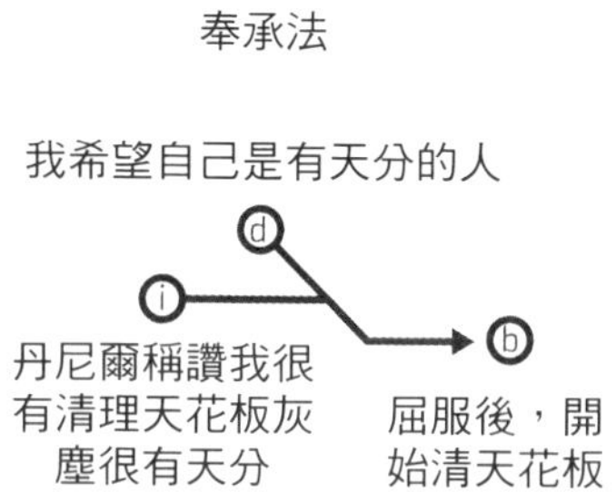
奉承法
我希望自己是有天分的人
d
i
丹尼爾稱讚我很有清理天花板灰塵很有天分
b
屈服後，開始清天花板

樣對方就更有可能支持此想法。

互惠法（reciprocity）是在要求他人回報前，先施以小惠。此法善用人以生俱來的互惠意識，我們的遠古祖先經由互惠，維持自己良好的社會地位。[39]

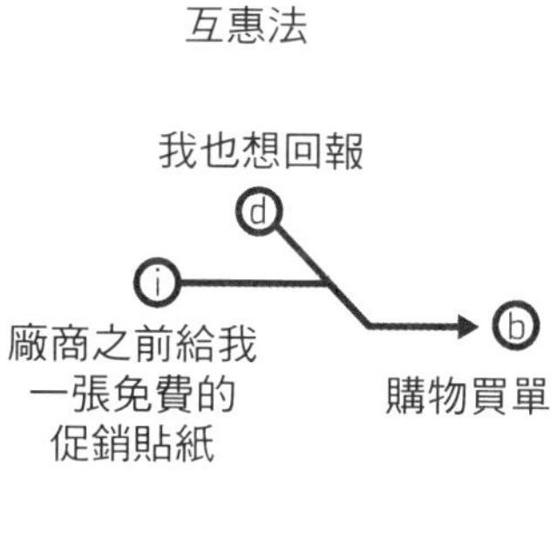
互惠法
我也想回報
d
i
廠商之前給我一張免費的促銷貼紙
b
購物買單

對方也可能祭出**認同法（identification）**，引誘你做出某個決定，或是暗示「像你這樣的人」或「你夢想成為的人」都這麼做。[40]廣告商善用人類「想要像自己尊敬、景仰的人一樣」的欲望，利用外在的社會證明來賦予產品可信度。名人代言、「某某產品是熱銷款」的說法，對我們價值認知影響甚大。厲害的行銷人深知，許多購買行為都來自於人們受到「想融入特定族群的」欲望所驅使。而這樣往往會使我們做出不好的決定。[41]

廣告商常採**限時**或**限量**手法（**急迫 urgency**）和（**稀缺 scarcity**），引誘客人衝動購物。折扣和優惠則利用人們喜歡從價格來判斷產品價值（**錨定效應 anchoring**），而如果在亞馬遜專屬會員日購物就能享原價九折優惠，等於撿到便宜（即使商品不好）。由於**對比效應（contrast effect）**的緣故，餐廳菜單上出現一份價格高得嚇人的餐點時，我們就更有可能點價格第二高的菜餚。[42]

上述任何手段是否曾經說服你採取某個行動？又，是什麼原因，讓你決定買下這本書呢？請記住，選擇不買或是因為有人推銷所以你就故意不買，同樣屬於他人對你的操縱。**抵抗（reactance）**現象是一種唱反調傾向，故意做出和試圖影響你的人意見相反的決定。[43]抗拒法仍屬於「受到外在原因影響而使你做出特定決定，並非根據自己對商品價值判斷而做出決定」。因此抵抗法仍是一種認知偏誤。

然而，並非每個受外人影響而做出的決定都是不好的，重點在於，我們有沒有根據自己的利益來做出決定。透過培養對各操縱手段的免疫力，我們就可以自由地依據自己的利益做決定，而非依據他人期望。你可以把「免疫」這個概念編寫進去自己的心理軟體程式，從此對他人的遊說和操縱免疫（這和免於認知偏誤的情形一樣）。老話一句，這個過程，從熟悉運作原理開始，要研讀各種操縱策略，但目的不是要操縱他人，而是當他人想操縱你的時候，你知道怎麼防衛。如此一來就能好好利用下一章要介紹的方法，來修補你的程式漏洞。[44]

若我們允許自己被別人牽著鼻子走，違背自己的願望、目標與理想，就等於把我們的幸福交給那些不關心我的幸福的人；當我們害怕把事情鬧大而不敢站出來捍衛自己，我們就偏離了自己的理想；當我們被嫉妒我們的朋友所說服，而放棄了夢想，我們就和自己的理想背道而馳；當我們為了獲得他人喜愛而無法作自己，我們離理想又遠了一步。

> 個體總得不斷掙扎，掙扎著不要被群體所壓制。要是你不想被群體吞沒，往往會感到孤單，有時還會害怕。但爲了擁有自我的權利，付出任何代價都不嫌高。
>
> ——**吉卜林**（Rudyard Kipling）與阿瑟．戈登（Arthur Gordon）的訪談

舒適是危險的

有三種成癮害人最深：海洛因、碳水化合物、月薪。

——**納西姆．尼可拉斯．卡雷伯**（Nassim Nicholas Taleb）

《黑天鵝語錄：隨機世界的生存指南，未知事物的應對之道》

（*The Bed of Procrustes*）

人都喜愛過著舒適的生活。「舒服」本身沒什麼錯，但舒適生活絕不是美好生活的同義詞。舒適可說是強大的催眠藥，使我們感到自滿，讓我們很難邁開腳步，去做明知道自己應做的事。

打從出生的那一刻開始，我們就離開了溫暖的庇護所，展開混亂、令人迷惘的掙扎。我們的早年生活都在掙扎。童年可說是一個人突然離開舒適圈的一系列過程，接著是第一次上學、離家過夜、加入球隊、初次約會、第一份工作等等。年輕人每一年都被迫脫離原本習慣的生活，脫離他們成長過程中，習以為常相處的人；脫離他們自認原本屬於自己的身分。

改變，本身就是痛苦的，如果能夠選擇，我們往往不太會選擇改變。[45]人都喜歡「內環境穩定（homeostasis）」的狀態，而當我們打破這種狀態，常會覺得很可怕。但往往人生在某個階段是沒得選擇的，只能打破眼前穩定的狀態。成長和適應的壓力，大到難以抵抗，而少數不願意或無法適應的人，就會被視為不成熟或有缺陷。[46]打破了穩定狀態之後，會經歷一段痛苦的轉換期，通常持續數月。我們昔日的支援力量已經消失，而新的又還來不及進入我們的人生，來取代過往資源。

但只要挺過這段轉換期，就會迎來一段黃金期，開始適應這種新生活，處處是新奇，新的機會出現，最初的陌生感消失了。剛開始還很疏遠的新朋友，現在你喜歡和他們相處了。自發能力取代了慣性，我們開始用新的眼光看待自己。我們的性格和新刺激之間的相互作用，讓我們看到自己早已遺忘或新鮮的一面。我們發掘出自我理想，找到實現理想的新道路，而這就是所謂的「成長」。[47]

這種循環在相當長的一段期間算可靠，僅管有些人每次都試著與之抗爭，但有些人學著去愛上改變。無論是上大學、搬到新城市住、開始新工作，我們都抱持一股信心迎向未知，相信終究會走出一條路。似乎在多數情況下，跨出舒適圈、擁抱未知的這項決定，會讓人得到豐厚的回報。

> 大自然喜歡勇氣。你做出承諾，大自然就會回應你，爲你剷除看似不能迴避的阻礙……這就是大自然的奇妙。你把自己扔進一座深淵，發現那根本不是深淵，而是一張舒服的羽絨床。
>
> ——**泰瑞斯．麥肯南**（Terence McKenna）
> 《石頭的奧秘》（*Unfolding the Stone*）

可是等到人成年了，就會發生一件怪事：生活的齒輪停止轉動，往日推你不斷向前的湍流，如今卻成了一攤池水，以前你想要的東西全在這裡。當然，生活偶爾會出現意料之外的動盪，但多數時候，你仍舊四平八穩。更奇怪的是，生活彷彿把你往反方向推；昔日迫使你做出改變、適應的社會壓力與生物壓力，現在突然迫使你決定要安定下來了，是時候該找個穩定伴侶了，[48]是時候該找個不錯的城市定居，找個不錯的工作，安頓一個不錯的家。在這個階段還要堅持繼續改變或成長的人，反而成了怪胎。是時候該做出穩定的承諾了。

最終你會發現，舒適圈不該繼續擴大，所以你安頓下來，發現沒那麼糟。你遇到在一起很開心的人，開始計畫一起生活，買了不錯的房，做一份不討厭的工作。於是你成功了，你成功獲得人人想要的生活，是青春期無法擁有的生活。一種再也不逼你改變的生活形式，讓你待在舒適圈中的溫暖庇護所，再也不會把你丟進一團混亂中。

> 你我都喜歡舒適感。我們喜歡最先進的訓練設備、有橡木板的邊間辦公室、一塵不染的更衣室、蓬鬆的浴巾。眞是可惜，因爲奢侈是勇往直前的麻醉劑：它向我們的潛意識發出訊號，告訴我們不用那麼努力。奢侈在我們耳邊竊竊私語：「放輕鬆，你已經成功了。」
>
> ——**丹尼爾．科伊爾**（Daniel Coyle）《天才小書》（*The Little Book of Talent*）

當你達到這種穩定狀態時，你即將經歷更微妙的一種演化。它極其緩慢，幾乎察覺不到。樂趣、挑戰、興奮感慢慢消失，過個幾年又會再流失一次。一切事物都淡化了，尤其是你自己。你忘掉自己大部分的性格；忘卻自己的潛力；也忘記「自己已經忘記了」這件事。這個過程，就是衰退。

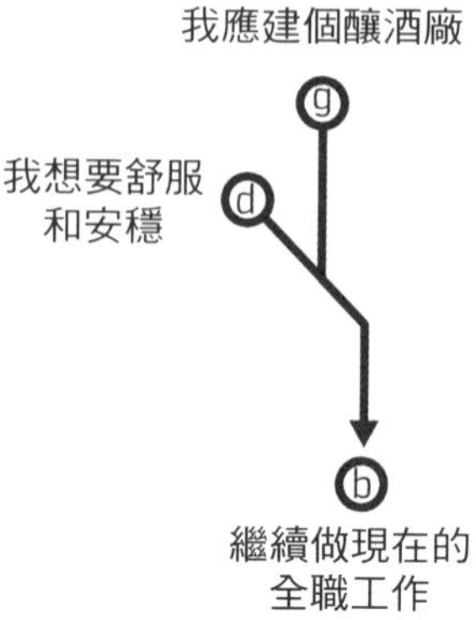
我應建個釀酒廠
g
我想要舒服
和安穩
d
b
繼續做現在的
全職工作

尼采認為，成就偉大的關鍵在於苦難。或許他的想法有點偏頗，但如果我們用「不適」來取代「苦難」，或許更容易理解。約翰·凱格《在阿爾卑斯山與尼采相遇》一書指出，常有人批評尼采哲學不夠成熟，只適合青少年，但凱格認為尼采的許多思想適合大人，而且年輕人可能會看不懂。[49]

我不知道這個世界有時竟如此無趣，待在山谷裡，安於平庸是多麼容易啊！或者說，生活隨時處在警惕狀態，又是多麼困難……當個負責任的大人往往意味著，屈服於一種「不符合昔日或現在的期待與潛力」的生活。

——**約翰・凱格**（John Kaag）《在阿爾卑斯山與尼采相遇》

儘管尼采的許多思想太過浮誇，但它們也是極為有力的提醒，提醒一個人在成就大業的過程中必須選擇忍受其中的不適。尼采對於偉大人生的定義是一個人克服種種阻力之後的人生——克服自己對快樂、舒適的欲望。一個人若能培養自制，整合心靈，就能對自己的行為擁有自主權，引導心靈走向自己的最崇高目標。一個人能成為一股創造的力量，以一種肯定自我本性、鼓勵自我成長的方式生活。[50]

人類爲自己確立目標的時候到了；人類爲自己播種崇高期望種子的時刻到了，趁土壤夠肥沃，讓其萌芽。未來某天，土壤會變得貧瘠、發不了芽，再也無法培育參天大樹……聽我說：人必須維持自己的混沌，才能從中誕生一顆耀眼新星。

——尼采《查拉圖斯特拉如是說》

一般人都相信，滿了三十歲之後個人進步、成長就大勢已定。但這其實是所謂的自我應驗的預言（self-fulfilling prophecy）。多數人到了三十歲大關，已經把自己的生活安排到沒有成長空間，只能接受現行生活。此種停滯狀態其實可以避免，但你必須養成習慣持續突破自我，持續擴大舒適圈，防止人生就此擱淺。[51]

待在舒適圈裡生活，幾乎肯定會阻礙你發揮潛力。畢竟你無法透過逃避現實，來打造一個發達心智。前幾章已討論，每當事情不按計畫進行就避開讓自己不適的環境，這樣只會讓你更脆弱。[52]躲開讓你不舒服的事，會使你的思考無法自由奔放，會阻撓你成為自己想成就的樣子；避開不舒服的信念，會讓你遠離真相；避開不舒服的環境，阻礙會默默出現，讓你甚至永遠無法得知自己原本能成就的樣子。[53]你必須學會做你害怕的事。

凡殺不死我們的，必使我們更強大。

——這句也是**尼采**講的啦！[54]

另一個強力支持「人應選擇成長，而非恐懼」的人是心理學家馬斯洛。但他卻也廣傳了一個會妨礙成長的障礙：需求論。馬斯洛的需求金字塔告訴我們，人人都有特定的心理需求，要是需求不滿足，人就不完整或有缺陷。要滿足馬斯洛所提出的心理需求，那是非常不容易的，但卻是很輕易就會需求不滿足。許多人因為害怕失去能滿足他們需求的人和事，所以選擇不要冒險，但事實是，你根本沒有「非滿足不可的需求」。若你的渴望得有到滿足，並不代表你有缺陷——事實上，不可能全部的需求都能得到滿足啊！馬斯洛是這樣說的：

人可以走回頭路，退回到安全；也可以前進，邁向成長。你必須一次又一次選擇成長；一遍又一遍克服恐懼。

——**馬斯洛**《科學心理學的再興》（暫譯，*The Psychology of Science*）

要明白，你的心智不是一台精細、不可以受壓迫也不可以改變的機器。**人的心智經歷壓力之後，將會更加昇華。**[55]當你強迫自己踏出舒適圈，就能得到參考的經驗，你就會了解原來那些使你害怕的東西，並沒那麼糟。你必須不斷擴大自己的舒適圈，直到剷除所有妨礙你價值觀的障礙。

隨著年紀漸長，選擇改變和成長就越需要決心，就越難下定決心犧牲安定、舒適、秩序。選擇成長以外的任何道路，肯定會通往後悔，而允許舒適的渴求阻擋你發揮特殊潛能，則是最常見的障礙，害你無法過著原本可能享有的最佳生活，也無法對齊你的理想。

切勿把「安逸的生活」和「美好的最佳生活」混為一談。美好的最佳生活，是不斷突破自我界線、持續克服自我、追求卓越——無論美好對你而言是什麼。那些沒有經歷過不適而獲得的快樂，是平庸的快樂。過好自己的生活，不要把生活當作是在囤積寶物，而是要把生活當成是寫自傳：透過每一個決定，寫下自己的自傳——因為，你就是傳奇！

墮落所帶來的風險

別表現得你要活個一萬年似的。死神隨時在你左右，所以活著的時候，還有能力的時候，當個好人。

——奧理略《沉思錄》

奧理略是羅馬五賢帝中的最後一位，也是斯多葛學派的偉大哲人。今日世人引用他的每句話，都出自其著作《沉思錄》——本書蘊含了豐富的哲學智慧。但它之所以成為雋永經典，並非提出了創新的真知灼見或聰慧的論點。它雋永之處在於，它原是一本羅馬皇帝的私人日記，不是為了公開而寫。《沉思錄》是由當時世界上最有權勢之人所寫，唯一目的是每日提醒自己斯多葛智慧和原則，來幫助自己活得更好。[56]

這種著作之所以不凡，是因為我們都知道，對於一位坐擁大權的人來說，極其容易就過著沒有品德的生活。我們期待看到權勢使人腐敗，期待看到政治人物掌權後背棄承諾。我們預設公司發展到一定規模後老闆就會把它賣掉，我們也不斷見證有些朋友獲得較高的社會地位後，就失去了自己的原則。而我們也常會經歷，只要不再堅守自己的價值觀，就會慢慢偏離這些價值觀。

倘若我們不提高警覺，人格上的負面習慣就會逐漸跑出來。我們可能會習慣了公開羞辱他人，會在別人背後說壞話，會想方設法為自己的行為開脫——儘管我們厭惡他人同樣替自己行為開脫。

人格的墮落是非常真實可見的現象。雖然奧理略本人證明了「絕對的權力，未必導致絕對的腐敗」，但要讓一個人的行為墮落，容易至極。[57]

> 沒什麼比發揮權力更能顯露出一個人的人格。弱者會展現溫柔，多數人能忍受逆境，但要是你希望真正了解一個人的為人，給他權力，就能見到真相。
>
> ——**羅伯特．格林．英格索爾**（Robert Ingersoll）
>
> 《羅伯特．格林．英格索爾作品集》（暫譯，*The Works of Robert G. Ingersoll*）

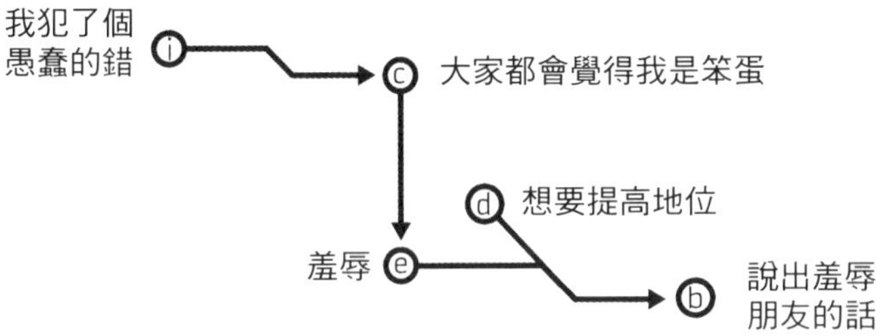
我犯了個
愚蠢的錯
大家都會覺得我是笨蛋
想要提高地位
羞辱
說出羞辱
朋友的話

你，和別人相同，都曾有想做壞事的衝動，這些事可能不只違法，更重要的是，還違背你的個人價值觀。而你只是想想，卻沒有付諸行動，原因絕對在於你自我調控行為的能力——你有能力引導你的衝動，而不是任由自己的衝動行事。[58]

誰沒想過要背叛另一半、酒駕危害他人呢？許多人不僅受過誘惑，更屈服於諸如此類的誘惑。我沒有資格告訴你哪些事該做哪些不該做，這是你個人價值觀的工作。但是一旦人有了衝動（區動力），且又沒有被抓或受罰的風險，人就會按照自己本色行事，全然把價值觀晾在一旁。

關於戰勝自己先天的行為舉止，有一個很少被討論的關鍵：身分。人類天生就是會對自己保持正向看法，[59]儘管這種傾向會導致扭曲的個人認知和自戀，但也是人類達成一些偉大成就的關鍵。從許多方面來看，**我們的認同感，塑造出我們的行為，以及習慣。**[60]一個人相信自己正在學彈其他，或者相信自己是個音樂家；抑或一個人相信自己正在戒酒，與相信自己不是酒鬼，這兩者是非常不同的。

傑出之作《原子習慣》（*Atomic Habits*）作者詹姆斯．克利爾（James Clear）於書中論及人的身分與行為之間的關係，他表示：「你採取的每個行動都像是一張選票，投給你想要成為的那種人。」

> 想要成爲最好的自己，就要持續編輯、修訂你的信念，升級並拓展你的身分認同。
>
> ——**詹姆斯．克利爾**《原子習慣》

自我認同和行為之間的關係是雙向的。你的身分認同會形塑你的行為，反之亦然。[60]儘管我們都自認很了解自己，但我們了解自己的方式，和了解別人一樣：透過觀察我們的行為。[61]自我訊號（self-signaling）是指，我們傾向於向

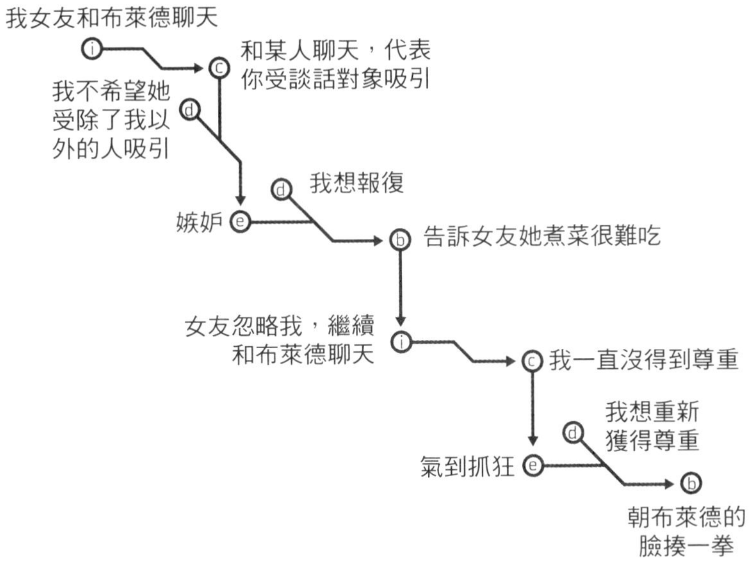
我女友和布萊德聊天
i
c
和某人聊天，代表
你受談話對象吸引
d
我不希望她
受除了我以
外的人吸引
d
我想報復
嫉妒
e
b
告訴女友她煮菜很難吃
女友忽略我，繼續
和布萊德聊天
i
c
我一直沒得到尊重
d
我想重新
獲得尊重
氣到抓狂
e
b
朝布萊德的
臉揍一拳

自己發送某些特定信號，來塑造自我認知。我們透過反覆做出的外在行為，向自我發出訊號「這就是我的個性」，而這點對於我們追求理想的自我，可說是影響極大。雖然我們能一時騙過自己，但其實我們無時無刻都在監看自己的行為，並依據行為做出自我評估，就算在我們沒有意識到的時候依舊如此。[62]

在心理治療上，也能看到上述現象與人類幸福感的關聯。認知行為療法之所以會包含「行為」，是因為若僅僅告訴自己

「某件事是假的／真的」，這樣還不夠。我們必須親自證明才行。憂鬱的人自尊心普遍很低，甚至連起床這種簡單任務都很難辦到。對憂鬱症患者來說，最常見的練習就是訂定每日活動行程表，患者寫出一張清單，列出要做的事像是洗澡或散步，接著逐一完成。一段時間下來，再把任務難度提升，直到患者能過著正常生活以及維持健康的自我形象。事實上，這種行為療法在治療憂鬱症方面十分有效，證明了我們的幸福感和行為緊密相連。[63]

我們的行為習慣就是證據，證明了我們的為人，而證據又會成為動力，繼續鞏固該習慣。要是我們啥都不做，就沒證據來顯示我們的為人；要是我們不斷做出理想自我會做的事，就會收集到所需的全部證據。這個觀點再度連結回到亞里斯多德對人格的看法——是人一切行為的總和。我們的行為，是神經可塑持續不斷的增強作用，編輯我們的心理軟體，而此軟體正是我們習慣的來源。**因此，除非我們積極編寫自己的軟體，否則我們究竟是誰、我們與理想自我差多遠，都將純粹只是偶然結果。**

打造自我身分時須小心，若只把你的身分認同集中在某些特質的話（就算這些是正面的特質），那就很危險。例如你有某種天賦，它是你的優勢，而且絕對會成為你身分的一部份。於是你的自我價值就會依附在這項特質上，無論此特質是吸引力、智力，還是幽默。接著你又會在這項特質上投入更多，其他的特質則投入較少，導致其他領域的發展不足。倘若你認定的特質屬於不勞而獲、無法控制的類型，那它們將無法正向塑造你的人格。而只要這個優勢令你失望或消失，你的整個自我形象就會崩塌。[64]

單獨一次的經驗帶來的效果容易消逝，習慣的效果卻會隨著時間增強——也就是說，習慣提供了大多數可以形塑身分的證據。這樣看來，養成習慣的過程，其實就是成爲自己的過程。

——**詹姆斯．克利爾**《原子習慣》

如今人們普遍越來越擔心，如果沒有客觀道德來控制，那麼人將不再為自己的行為負責。要是你不相信有個無所不知的審判者一直看著你，不相信有因果循環的業力在審視你的言行，人為何還要做對的事？為什麼不跟著欲望走就好？要是得接受教條規則卻不用承擔後果，那麼正直又是何物？

但是從我們追求自己價值觀的角度來看就很清楚：後果完全真實且準確。**就算沒旁人在看，你的所作所為也要合乎你自己價值的原因在於，有個最重要的人一直盯著你，那就是你自己。**你一直用自己的行為來衡量自己，即使你可能一時故意欺騙自己，去相信你已經符合標準了，你也無法在各方面都騙得過自己。[65]為了讓你的言行對齊你的價值觀，你的行動和理想都須名副其實。

無論做什麼事的時候，就算除了自己沒有他人知道，都要捫心自問：要是全世界的人都看著，我會怎麼做？然後，按此行事。盡量培養德性，只要有機會就展現德性。要不斷實踐這些德性，使德性更加強化，如同身體，只要常動常用，就會成爲習慣。

——美國總統**湯馬斯．傑弗遜**（Thomas Jefferson）

寫給教育家暨政壇人物彼得．卡爾（Peter Carr）的信件內容美德、正直、品德等概念，現代人聽起來感覺枯燥又過時，因為一聽到這些詞，人們就會與古老、傲慢的教條聯想在一起。可是美德、正直等觀念不只是明確的要求而已。人生最可怕的地獄，是成為一個連自己都不喜歡的人；人生美好生活的極致，是成為一個自己真正喜愛也尊敬的人，而不僅僅是一個自傲的人。假如你珍惜你的價值觀，你就能得到最有力的理由，來按自身價值觀而活。你既是自己生命中的主角，也是觀眾，你對觀眾造成的吸引力有多大，就是衡量你是否幸福的標準。

本章重點

- 行為的自我精進是指能有效引導自己的行為朝目標前進。而行為的自我調控，或稱自制，是人類最大的力量之一。我們的每一個習慣，都是一則行為演算法，但「行為演算法」也包含那些單一的行為。當觸發因子啟動了欲望或驅力時，就會產生行為。

✦ 我們的渴望會使我們偏離理想的自己，但當代社會誇大了這渴望，使我們越來越難抵抗。

✦ 社會順從指的是他人言行對我們的決定所產生的影響。我們的親人、朋友常常有意或無意想要默默影響我們做出某種決定。

✦ 舒適可說是強大的麻醉藥，使我們產生自滿，讓我們很難邁開腳步去做明知自己應做的事。而讓我們放棄舒適、擁抱未知的那個決定，通常會為我們帶來豐厚的獎勵。

✦ 倘若我們不提高警覺，人格的陋習就會慢慢出現。就算沒有旁人在看，你的所作所為也要合乎自身價值觀，原因是有個最重要的人一直盯著你，那就是：你自己。

第9章

行為演算法與自我控制

行為、自制、意志力

人之初，性本善；性相近，習相遠。

——《三字經》

前面討論過若要過著自我精進的生活會遇到哪些重大障礙。接下來，就讓我們一起研究「心智建築」在行為層面的具體細節。有些人有能力常常克服自我衝動，他們似乎對於自己的衝動發揮了超人般的控制力，一生都堅持朝目標邁進。不過這群人並不是天生具有超人的意志力，他們使用的克制衝動策略，你也可以學會，而且他們的秘密，可能還會讓你大吃一驚。[1]

我們都有機會成功克服負面行為，擺脫壞習慣，為了目標而拿出行動。但我想你也了解，你有許多遠大目標，缺的只是沒意志力去實踐。你想打破那些阻撓自己實現理想的壞習慣，想要找到動力朝夢想更近一步，做那些必要的事。可是有時候，你雖然知道，但就是辦不到，因為你根本無法集結自己的力量。

中古世紀以來人們一直認為，自制力關鍵在於意志力所蘊含的特殊力量。[2]我們內在這股自我克制的神秘能量，讓我們能抵抗內心最強烈的渴望，朝著重要之事努力。人們常說「意志力，就像肌肉一樣」，在使用時同時也會消耗力量，而長遠來看，我們對它的要求越多，它就會變得越強大。但這種觀念在當代的思潮與研究中已經算式微了。[3]

事實證明，意志力肌肉可比喻為一個人血液中的葡萄糖百分比。沒錯，就像肌肉一般，葡萄糖也會耗盡，而人抗拒衝動的能力也會隨之耗盡。雖然暫時喝一杯含糖飲料可以補充能量，但這麼做的代價是犧牲長期自制力。意志力與肌肉不同的是，表面上看只要飲食健康睡眠充足，好似能增加意志力，但多多運用意志力並不一定會讓你的意志力變多變強。[4]「意志力是自制關鍵」的概念，最大的問題出在：**自制力最高的人，甚至壓根沒用到意志力。**[5]

我們都聽過這句鼓勵人的話：我們必須克服欲望，去做理性之事。但說這話時我們沒意識到，克服欲望不太可能，其實我們不會去抵抗欲望。無論做何事，我們總是妥協於強烈的欲望。雖然這並不代表我們無法控制自己，但這的確意味著，假如我們想駕馭「自制力」這股力量，就必須先改變看法。

尼采認為，所有生命都能視為眾多驅力（欲望）的總和——這些欲望彼此競爭、互相衝突、為了奪權而鬥爭。他不認為人擁有一個統一意志，可以克服這些驅力。反之，尼采表示，最強大的驅力總是取得最後勝利，決定你我的後續行動。照他來看，自我精進的關鍵不在於用理智或意志力來征服驅力，而是調和這些內在驅力，來構築自己的理想。理想狀態是：人把自己的熱情組織起來，導向自己最崇高的目標。[6]

尼采對驅力的論點，今日依舊有效。採取正確行動，避開錯誤之路，今日觀之是一個需要創意的設計過程，而不是一場可怕的意志之戰。我們有些驅力樂意與我們的理想對齊，想要幫我們實現目標，只是這些驅力在人先天的預設上，並不是最強而有力的驅力。倘若我們想要讓這些驅力勝出，就必須馴服更強烈的欲望，消除內在的噪音，這樣才能聽到內在價值的低語。自制與養成好習慣的關鍵在於，如何管好、訓練好這些欲望。

為了要替我們的行為重新編程，最主要的支點就是「最初觸發因子」。[7]

為了讓一個觸發因子進一步產生驅動力，我們必須要將這個觸發因子解讀為「這是我想要的」。我們的行為受到自我認知和情緒的調控，因此我們可以利用外在的因素，例如我的想法或情緒，來為自己的習慣重新編程。[8]

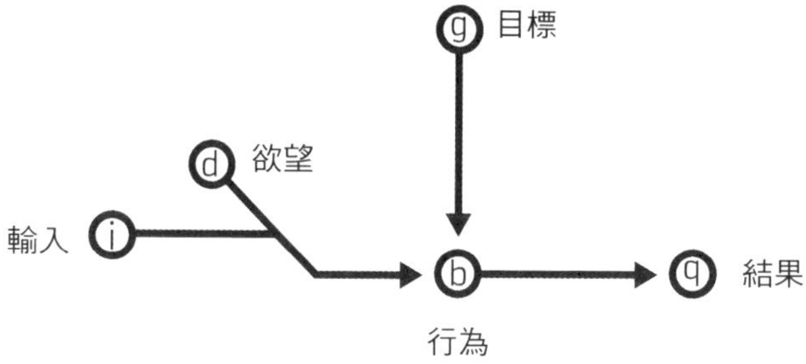

某個特定行為帶來的立即結果，對於習慣的養成也很重要，還可以用來設計如何改變習慣。驅力的強度，取決於我們對該觸發因子產生反應後，所產生的立即獎勵有多大的強度。好比說，我們看到一袋糖果，想吃糖果的渴望驅使我們拿一顆來吃。立即獎勵的力道，強化了輸入和輸出之間的連結。這種獲得獎賞（或沒得到獎賞）的機制，稱為「結果」（consequence）。[9]

多數情況下，只要重新評估和調整目標，就可以讓那些原本和我們作對的欲望，推動我們朝目標前進。[10]這樣可使我們有機會替自己的行為重新編程——透過調節、啟動、使用我們的欲望。

自制的關鍵在於，能否使用上圖來調控我們的欲望。透過採取更聰明的策略，加上調控早已存在的欲望和情緒的力量，我們就可以確保我們的目標有效且輕易達成。[11]我們會漸漸熟練使用內在驅力來引導我們朝向正確方向前進，不讓驅力害我們走偏。我們已經知道不要誤信驅力可以引領我們通往美好的生活。而我們也已學到，調控情緒的能力，是帶來情緒平靜的關鍵。現在，是時候學習如何駕馭這些驅力了。

設計你的輸入

> 我們打造出我們所生活的世界，但世界卻將人們一軍、反過來設計我們的生活。
>
> ——**安妮．馬里．威利斯**（Anne-Marie Willis）
>
> 《本體論之設計》（暫譯，*Ontological Designing*）

或許不久之後，虛擬實境將凌駕現實世界，成為我們體驗的主要場域，這意味著未來我們所生活的一切環境，都是由某個人創造的。[12]即便在今日，也很難找到一個不是由人刻意打造出的環境。本體論設計（ontological design）的概念認為，我們在設計環境的時候，其實是在設計我們自己，因為人類心智大多是由經驗塑造而成。因此人與其所處環境之間，存在一個彼此不斷形塑的循環。[13]

想要塑造自己的行為演算法，想要改變行為，**首先可以從主動建構所處環境為起點**。建構環境讓我們可以刻意消除「會觸發不良行為的輸入」，或確保納入「會觸發優良行為的輸入」。然而環境設計的目的不單單在於避開負面信號，也是要利用信號來控制我們的習慣，讓我們在無可避免的威脅出現時，能免於傷害。我們顯然可以透過選擇環境來影響自己的行為。例如酗酒者可以一開始就決定不踏進酒吧半步，愛吃垃圾食物的人可以選擇不要買特大罐的 Nutella 巧克力醬，或至少不要把它放在方便取用的地方。[14]

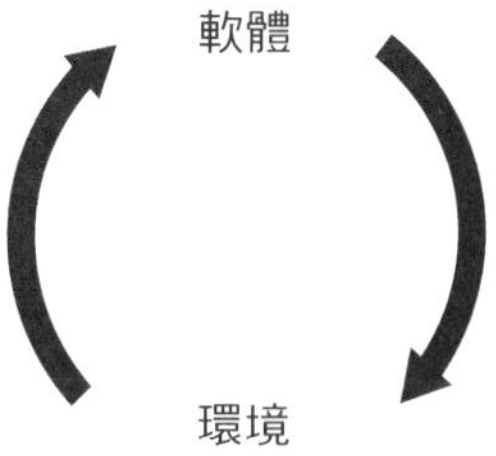

斯多葛學派或許會認為環境條件不重要，毋需在意。但若忽視環境對人的影響，就等於把自己擺在不利的情況中。雖然我們最需在意的可能是內心世界，但外在環境對人絕對有影響。我們周遭的環境正以強大的方式在形塑你我。我們可以抗拒他人對我們的操控，但無法消除周遭環境對我們的一切影響。對我們來說，環境是形塑人類心智軟體的一項強大工具。

假如你想改寫你自己的軟體，最重要的是自問：「改變環境對我有沒有用？」倘若你的目標是做完更多需要專注力的事，那就把工作環境打造成不受干擾的空間；

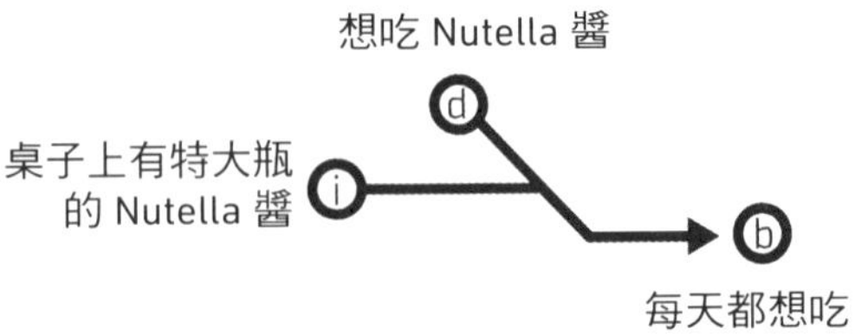
想吃 Nutella 醬
d
桌子上有特大瓶
的 Nutella 醬
i
b
每天都想吃

如果你想要學冥想，那就去一個冥想處，把自己隔離在一個空間，幫助你培養更強大的習慣，這樣會比在房間閉關有用。從很多方面來看，設計自己所處的環境，就是自我設計的過程。

你把自己栽種在特定的環境中，譬如你讀的書、體驗的事物、身邊的人，就能在內心的花園裡播下特定種子。

——**班傑明・哈迪**（Benjamin Hardy）《意志力沒屁用》（*Willpower Doesn't Work*）

透過環境來設計自己的關鍵方法是，想擁有什麼特質、能力或目標，就讓自己和擁有這些的人相處。統計上來看，你的社交圈裡體重過重的人越多，你越有可能也跟他們一樣過重。[16] 所以，如果想要身材纖瘦，卻不主動把自己擺在一個容易變瘦的環境，或沒有和喜歡減重的人交朋友，你就等於是和社交主流逆著走。你身邊人的個性特質也會影響你，所以那些誠實的、自戀的、無私的、愛操縱的人，都會逐漸帶著你朝著那個特質發展。[17]

看看你自己的生活空間安排。這種安排，促發哪些行為？阻礙、忽視了哪些行為？你覺得你花時間生活的這個實體空間，是否能反映出你嚮往成為的樣子嗎？而數位社群空間也會形塑你這個人。常瀏覽的網站、訂閱的播客、手機

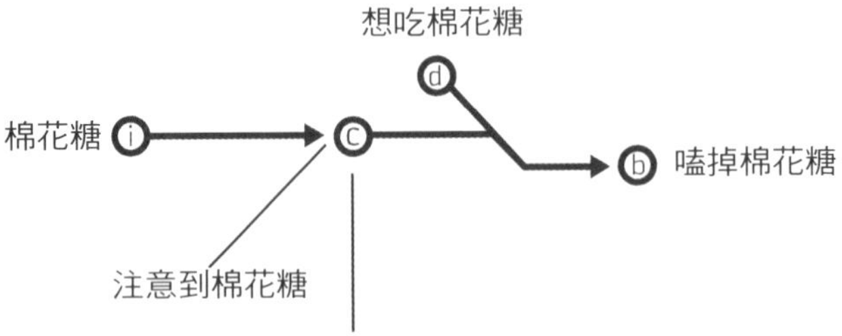

棉花糖誘惑的考驗：
糖果之神帶來垂涎三尺的禮物

上的應用程式也會影響你。倘若想減少分心，那就應當關閉通知、退訂電子報，把那些沒有推動你往理想邁進的事物給阻斷，並且訂閱對你有用的。

想要改變行為的第二個方法，是利用我們的注意力和思維。正如先前討論情緒層面的章節說的一樣，來自外部的體驗通常會先經過我們思維（或想法）的過濾，然後才能觸發行為。這代表著，我們的想法和專注力，高度影響了我們會採取什麼行動。

我們都聽過棉花糖實驗——史丹佛心理學家沃爾特・米歇爾（Walter Mischel）的經典研究，探討自制與延遲享樂的關聯。實驗人員要求受試的孩子坐在棉花糖面前，接著盡量抵抗「想吃棉花糖」的誘惑，但不能離開實驗空間。

成功通過考驗的小孩，並不是咬緊牙抵抗想吃的衝動、拼命壓制渴望或試圖用意志力勝過自己的衝動與渴望。凡是採用這些方法的小孩，堅持的時間都不長。反觀成功通過實驗的孩子，採用的是認知策略，降低自己對棉花糖的欲望，繞過了使用意志力的需求。[18] 事實上，你可以用很多方法來設計你的輸入，從而設計自己的行為。

透過設計輸入來設計自己行為的方法包含：**注意力分配**（attentional deployment）——就是想辦法讓自己分心。許多研究指出，不要向欲望屈服的不二法門，就是注意力分配和「面對誘人刺激時分散注意力」的自動習慣。[19] 在棉花糖實驗中，面對棉花糖的誘惑時選擇跑去玩玩具，或假裝自己在玩玩具的孩子，抵抗棉花糖誘惑的時間較長。如果你發現自己受某事物誘惑，試著提醒自己的既定目標；要是誘惑物是個具體可見的物品，就不要去看它，轉移注意力。另一點要注意的是，如果你正在做的事，是屬於很吸引人的事，那麼此時分心反而會阻礙你的自制——吃東西時分心的

輸入設計

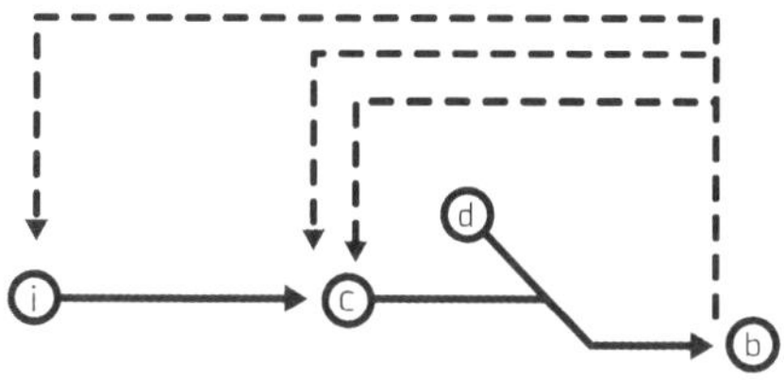

人，往往記不得自己吃多少，所以比起專注吃東西的人，分心者吃更多。[20]

另一使用注意力的方法，就是練習**正念覺察（mindfulness）**。受過正念覺察訓練的人，能意識到身體正在渴望某事物，接著從一個既不依戀也不辨識的角度來觀察這些渴望，直到渴望消退。[21]這是讓正念覺察在不同演算法的夾縫中發揮作用，降低我們的渴望與行為之間的連結，讓我們在做決定時有更多的選擇。

還有一個非常管用的方法叫做**認知再評估**（cognitive reappraisal），這個方法先前已在情緒相關章節討論過。正如我們能重新定義情緒上的刺激，我們也能重新定義誘惑型刺激，以便削弱它對我們的控制。那些認定棉花糖是美味點心的孩子，更有可能失去自制火速吃掉棉花糖；而那些假裝棉花糖是假的，或把它們類比成一朵朵膨膨雲朵的孩子，更能有效澆熄自己想吃的欲望。[22]同理，我們可以用一個新的框架來看待誘人的食物，視為是會造成堵塞動脈的脂肪；而上癮的媒體平台就是對我們心靈的有害噪音。至於而藥物、酒精，就是可怕的毒藥。

我們也能重新評估有益的事，讓它們更令我們嚮往。與其認定運動是痛苦、疲累的事，不如想像每跑一圈、每次鍛鍊，都能使我更強壯；我們可以設想健康食品的營養成分滲入了身體和心靈，帶給我們活力；我們可以預設每一塊省下來的錢，就能為我們帶來多一點的自由。

棉花糖誘惑的考驗：
由細胞組織和氣體糊成一團的
組織黏著劑

想要改變行為的第三個方法，是透過情緒的輸入來改變行為。有時候我們做出的行為，實際上是一種應對的機制，用來處理棘手的情緒，[23]酗酒、性成癮、線上購物等行為都能作為暫時麻痺情感痛苦的鎮靜劑，但無法有系統地解決問題。有時候這些應對機制不起眼，例如偶爾聚會缺席，或到速食店多點一份奶酪玉米捲餅。但有些應對的行為則嚴重得多，甚至會危及生命。

辯證行為治療（DBT）源自認知行為治療（CBT），常用來治療像成癮、自殘、自殺念頭和行為等的有害行為。治療的其中一個核心方法就是「行為鏈分析」（behavioral chain analysis）。分析過程中，病患會研究是什麼導致自己做出目標行為，以及有哪些支點能防範未然。[24]下圖是個嚴肅且複雜的真實病患案例，摘自雪玲·里茲維（Shireen Rizvi）博士《辯證行為治療的鏈鎖

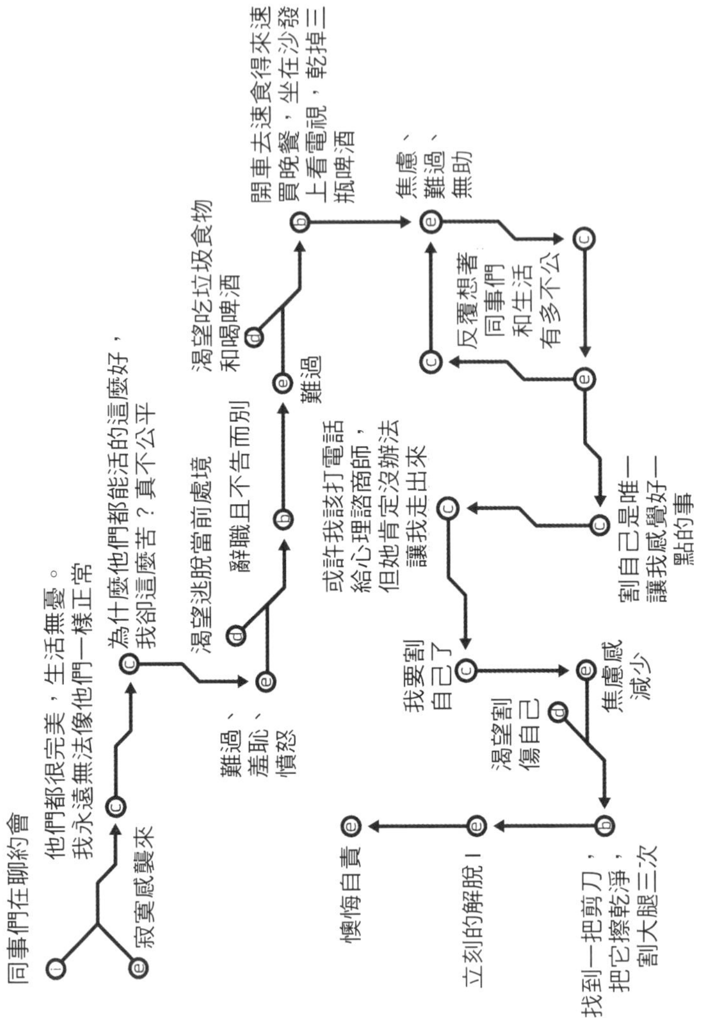
同事們在聊約會
寂寞感襲來
他們都很完美，生活無憂。
我永遠無法像他們一樣正常
為什麼他們都能活的這麼好，
我卻這麼苦？真不公平
難過、
羞恥、
憤怒
渴望逃脫當前處境
辭職且不告而別
渴望吃垃圾食物
和喝啤酒
難過
開車去速食得來速
買晚餐，坐在沙發
上看電視，乾掉三
瓶啤酒
焦慮、
難過、
無助
反覆想著
同事們
和生活
有多不公
割自己是唯一
讓我感覺好一
點的事
或許我該打電話
給心理諮商師，
但她肯定沒辦法
讓我走出來
我要割
自己了
焦慮感
減少
渴望割
傷自己
找到一把剪刀，
把它擦乾淨，
割大腿三次
立刻的解脫！
懊悔自責

分析》（暫譯，*Chain Analysis in Dialectical Behavior Therapy*）。

上面提到的所有方法都能有效調控情緒，以改變行為。而上圖中的案例病患，他的認知評估高度扭曲了，而要改變他的問題行為，有個方法在第五章彈過，就是認知重建法。同樣值得注意的是，並非所有人在面對孤獨、焦慮的時候，都會採取自殘等極端行為。

基本上，一個習慣就是一個「連結到上游輸入因子的行為」，所以改變習慣有個好方法，就是在輸入發生時，用另一個反應來取代。[25]想像一下，如果上述案例的病患能用「運動」來取代「割自己」，那可以減少多少悲劇。又例如你發現自己忍不住想吃 Nutella 醬的原因是感覺無聊，那問題就解決一半了。先發現問題源頭，接著就有機會可以改變這項行為，例如：把 Nutella 醬用另一個相似、但健康一點的零食取代（像是優格）。你可以改變從情緒連接到行為的路徑，把行為引向更健康的境界。

設計你的結果

想要塑造行為，也可以從「改變行動結果」來下手。一個外在的輸入會連結到一個行為，而這個連結的強度是由行為帶來的獎勵所決定。[26]假如我們在吃角子老虎贏了一筆錢，這個獎勵會控制且強化「聽到賭場鈴響→在吃角子機前坐下→拉吧」等行為之間的連結。獎勵機制也會增加我們下次想賭一把的欲望，讓賭博行為更成為習慣。不幸的是，輸掉一大把錢後回家的感覺的確很糟，但還是比小贏一把的影響還要小，因為最直接、立即獎勵的力量更大。跑完一場馬拉松的滿足感力度，還不及馬上吃垃圾食物帶來的滿足大。

幸好我們可以善用獎勵機制的編程力量，來替我們的行為設計結果。有一種方法叫做**預先承諾**（pre-commitment），就是在碰到誘惑與懈怠之前，預先設下獎懲機制。[27]

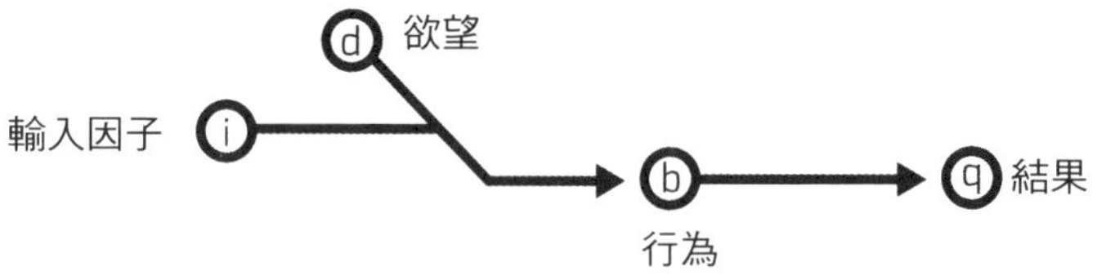

例如，你可以善用「想要累積財富」的驅力，告訴朋友，假如自己沒有每天練習想學好的樂器，就每天給他錢。可以先把一筆錢借放在值得信賴的朋友那裡，唯有自己達到特定的行為目標後，才能把錢拿回來。你也可以建立一個零用錢制度，每次完成一個想辦到的行動，就「付給自己」一筆零用錢犒賞自己。但別把自己搞到存款見底就行了。透過這種「付錢」的承諾，你可以為那些本來會默默消失的理想行為，預設有意義的結果。[28]

有許多方法能幫助你借用社會驅力，使你設下的目標更吸引你，或萬一沒達到目標時懲罰力道更大。包含公告你想要做出的行為改變，就能提高若失敗時得面臨的風險。如此一來你就巧妙運用了「我不想遭社會否定」的心態，規避失敗風險，幫助自己達標。[29]替自己找位私人教練或健身夥伴，你就能對自己的習慣增加責任感，因為假如你沒去約定好的

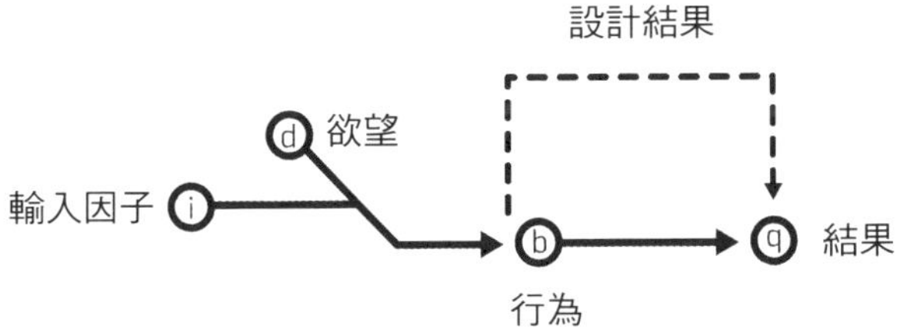

健身房，就會讓對方失望。我們也能要求身邊親近的人，在我成功達標後加以稱讚。[30]

還有研究顯示，制定一份實質的契約，明確列出我們想做的事，然後簽名，有助提高達成率。因為人天生討厭違背承諾，所以**承諾越正式，違背承諾所帶來的厭惡感越強。**[31]

我撰寫本書的時候，使用了 Focusmate 這個線上虛擬協作工具。[32]運作的規則是，一群想要達成各自目標的陌生人相約用視訊工作，每次大約一小時，工作時不可說話，只有在視訊一開始的時候要解說自己當日的工作目標，並在視訊結束之際回報工作成效。Focusmate 是個出奇有效的生產力工具，非常好用，因為它改變了我們的驅力，讓我們更堅持目標，期盼達標後，獲得社會認同（其他陌生人的認同），幫助我們有效省時達成個人目標。

此外還有許多科技能替我們的行為創造立即的獎勵或懲罰。雖然獎勵往往比懲罰還有效，但假如鬧鐘響你還賴床，或是你吸煙、去吃速食，那麼 Pavlok 這類的穿戴式裝置就會給你電擊，幫你戒除上述壞習慣。[33]有證據顯示，連微

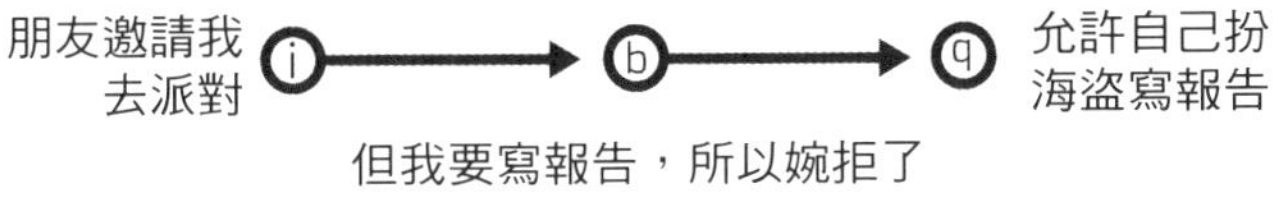
朋友邀請我去派對
i
b
q
允許自己扮海盜寫報告
但我要寫報告，所以婉拒了

笑這種簡單的舉動，都能作為一種獎勵，所以你可以訓練自己，完成一項正向行為後，馬上給自己一個微笑。[34]

而**誘惑綁定法**（temptation bundling）讓我們把有趣的活動附加在我們想達成的目標上。你可以設定計畫，允許自己只有在完成一項特定、安排好的事情後，才能做一件你喜歡的事。如此一來，就會慢慢把正向行為和享樂活動聯想在一起，直到你開始發自內心渴望去完成目標。[35]

有一種有趣的善用獎勵方法，是建立自己的**代幣經濟**（token economy）。你先創造某種代幣，譬如說撲克牌籌碼、迴紋針，或是筆記本上的打個勾都行。接著賦予該種代幣一個價值，每當自己每次完成一預定好的事後，馬上頒贈給自己一個代幣。比如說一個代幣等同於一杯咖啡、一場演唱會，或是你喜歡的直播節目其中一集。久而久之，該代幣就會與獎勵息息相關，甚至光是擁有代幣本身，就等同是種強大的獎勵。[36]

強制運作（forcing function）指的是一種自我施壓的環境，強迫你執行原本很難或幾乎辦不到的舉動。你預先承諾要達到某個目標，然後把自己鎖在一個難以逃出的正向循環中。舉例來說，現在有很多免費的線上資源能教你寫程式，但光靠這些資源，還是無法達到大學教育程度的寫程式能力，只因為免費課程缺乏強制運作功能。進入大學上課，你得付學費，要顧慮到同學和老師對你的尊重，以及成績和學位等等。而這些顧慮（就是動機），在提升技能的程度上，遠比純靠意志力還有效且省時得多。

如果你能具體說出一種渴望或一種帶有愧疚感但你又喜歡做的事，那你很有可能可以找到一種對應的方法，把這種渴望運用到另一個對你有益的行為或習慣上，以強化新行為、習慣。你是否能找個方法，把自己對糖分的渴望，轉作為邁向目標之路的動力？如果能好好利用想躺平的渴望呢？又或是性慾呢？天馬行空想想看——每個你擁有的驅力都是一種工具，可以讓你輕鬆朝著理想推進。找個方法來使用你現有的驅力，讓它們能層層疊疊在那些較弱的驅力上，來誘發你做出好行為。假如你能強化自身動機而完成任務，該項行為就會開始自動化，往後就不需使用意志力了。

有時，培養習慣的最佳方法就是善用現有驅力來使得行為看似自然發生。我們可以直接調節驅力，強化或削弱「觸發因子」和「欲望」之間的連結。第六章提到的許多調升或調降我們情緒的方法，也能用在行為上。例如禁欲能用來削弱欲望對我們的控制，消除把我們困在壞習慣中的軟成癮（soft addiction，泛指對身心無害的壞習慣）。塞內卡曾說，禁食是讓人不要對正餐太過成癮的方法：

> 我非常堅決，想測試你的心智有多堅定。我從偉人的教誨中獲得教訓，決定也該教你一課：挪出幾天時間，在這幾天裡要對於粗茶淡飯、粗布麻衣感到知足，同時捫心自問：「這是我該感到害怕的處境嗎？」
>
> ——**塞內卡**〈來自一位斯多葛主義者的信〉（Letters from a Stoic）

尼采也曾提及增強自制力的一個方法，與塞內卡不謀而合，就是禁食和禁欲。另一種方法則是安排特定時段來滿足某些渴望，而在這些排定的時間之外，一律嚴格禁止。如此一來就能確保欲望獲得適度的排解，不會失控。

尼采還提出了另一個有趣建議：我們可以把某個痛苦或不愉快的想法（或者一個快樂的想法），連結到某一個行為上面。時間久了，這個行為和那個（痛苦或快樂的）想法就會交織在一起，於是我們的欲望就會推動著我們前進。假如某些情緒能和一個行為連結在一起，這些情緒就能幫助我們促進或屏除該行為。[37]所以，哪些行為最能讓你動力滿滿呢？

當你的能力被他人質疑的時候，你就可以善用這股挫敗感來鞭策自己前進，但別忘了控制住怒氣，以免因憤怒而衝動犯錯。你可以善用自尊，培養正向的習慣：練習樂器時，想像自己在最想讓他們驚豔的那群人面前表演。從這些根本不存在的觀眾獲得的自尊心，依舊是真實的自尊，這股自尊心仍然能成為進步的動力。讀完一本書後，把它放在書架上或是放在 Goodreads 書評網平台的讀者推薦上。看到自己達成的成就，將有助於增加動力；而與他人分享自己的成就，會好好把你綁牢在正向的習慣上。[38]

捐款給慈善機構的主因，或許是想讓朋友知道你有多慷慨。如果你認清這點，就可以善用這個社會驅力，來激發出符合你價值觀的行為。你可以利用社會驅力，來把你自己與符合你價值觀的個人目標牢牢綁定在一起。不妨想像一個虛擬的委員會，裡面成員都反映了你的價值觀，當你需要做決定時，就諮詢這個腦海中的委員會。

設計你的目標

我們的目標再也不是一般人所說的奮鬥，而是要發展。我們的目標將以自己的方式不斷成長，直到完美，盡一切可能展現風采。凡人的動力就是努力滿足他們所缺乏的基本需求。

——**馬斯洛**《動機與人格：馬斯洛的心理學講堂》（*Motivation and Personality*）

驅動力的主要來源之一，是我們選擇了自己真心認為有價值且真實的目標。雖然前面談過，設定外部獎勵來鼓勵正向行為是很重要的，但如果把外部獎勵用在思考、創意類的動力來源，就會帶來弊端。馬斯洛觀察到，那些發展較先進、較能實現自我的人都有一個特質，就是透過內部的獎勵機制當動力，譬如成長、探求、創造力，而不是「奉承、掌聲、名氣、地位、聲望、金錢、榮譽等」。[39]

今日有更多證據可以支持馬斯洛的這個觀點。多項研究指出，內部動機，亦即去做我們覺得喜歡、想投入的事，比外部獎勵更有力。[40]要是選擇「我們早有強烈欲望想要的目標」，又遠比「獎勵自己去抵抗欲望」來得更有效。有壓倒性的證據指出，用外在獎勵當激勵不只成效有限，實際上還會削減我們的動力，使我們的表現遠不及受內在動力驅使來得好。[41]

一項研究發現，學校環境裡外在動機越少，學生二十年後取得高成就的機率越高。令人訝異的是，「對外部獎勵缺乏興趣」反而與「獲得外部獎勵」呈正相關。具有更強烈內在動機的藝術類學生，更有可能創作出得到外界認可、高評價的作品。[42]

《驅力：激勵我們動機的驚人真相》（*Drive: The Surprising Truth About What Motivates Us*）作者丹尼爾·平克（Daniel Pink）列出了七個外部獎勵機制的缺點：

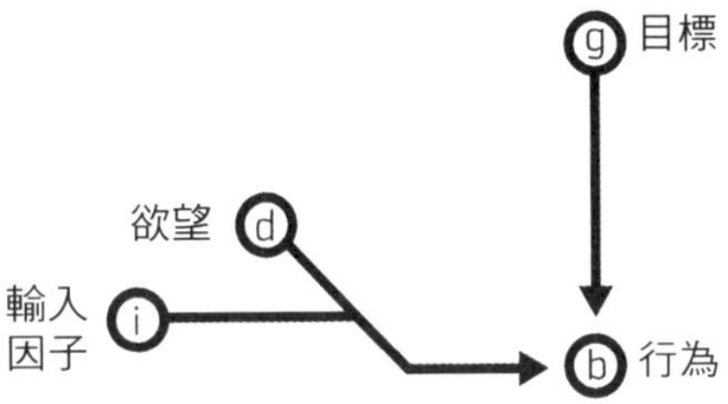

1. 使內在動機熄滅了
2. 降低表現
3. 扼殺創意
4. 阻礙良好行為
5. 鼓勵作弊與不道德行為
6. 讓人成癮
7. 養成短視近利的思維[43]

今日越來越多人理解了外在獎勵機制的缺點。隨著自動化裝置正在處理越多日常工作，獎勵機制對於確保完工能發揮的效用越來越小。有越來越多像維基百科這種「靠著內容貢獻者的內在驅動力來完成工作」的產品不斷出現。儘管許多人期盼快點退休不用再工作，但事實是，人類天性並非不想工作，反而是想發揮創意，從事有挑戰、有意義的工作。隨著人工智慧發展指日可待，未來人類的工作更可能完全依靠內在動機。

平克闡述了內在動機的三個特性：自主（autonomy）、精進（mastery）、使命（purpose）。如果一件事能挑戰我們的創意，且具有意義，這就比得到外部獎勵還要更能帶給人動力。但值得注意的是，就算不涉及創意的重複性質任務，人們依舊受外部獎勵激勵。[44]由於我們希望培養的許多行為與習慣，都屬於重要的日常任務，所以善用外部獎勵機制在這類事上，仍有必要。但對那些能為我們帶來自主、進步、使命感的重要事情，我們就應該提防外部獎勵，要努力培養內在動機作為驅動力。一位擁有高度自制力的人，會在關鍵處設計獎勵，並讓內在驅力推動他在別的方面更加精進。

我們常會把努力工作、完成大事與辛苦壓力連結在一起，但這些精進的驅動力卻能消除這些辛苦壓力。如果我們要費好大力氣才能驅動自己往目標前進，那問題可能出在我們所選的目標並不符合我們的熱情與價值觀，也有可能是這個目標不符合我們所挑戰的「適居帶」（Goldilocks zone），所以才會這麼辛苦。設定的目標不應該不切實際或者太難實現，但也不要太簡單以至於缺乏挑戰性。[45]

無論你正在培養運動習慣、學樂器還是創業，都必須要能夠看見或量化進步的幅度，才能保持前進動力。[46]若你的運動計畫長期停滯或沒有進步，那麼運動就變成你的苦差事；若你學音樂時停止挑戰自我，那就需要費更多力氣來維持原有的水準；一旦你的事業沒有起色，無論對你來說成功的標準為何，事業就會變成一種義務。內在驅動力的根基在於打造出意志力，所以若你想不通為何自己無法勝任一份工作、培養一個興趣、完成一個專案，那麼問問自己：你是否覺得你正著手打造某個有意義的事。倘若你被誘惑擊敗，也沒迎接新挑戰，又看不到顯著進步，那你缺乏動力，也就不奇怪了。

如果想要有很強的動力，就必須找到方法來連

內在目標的設計

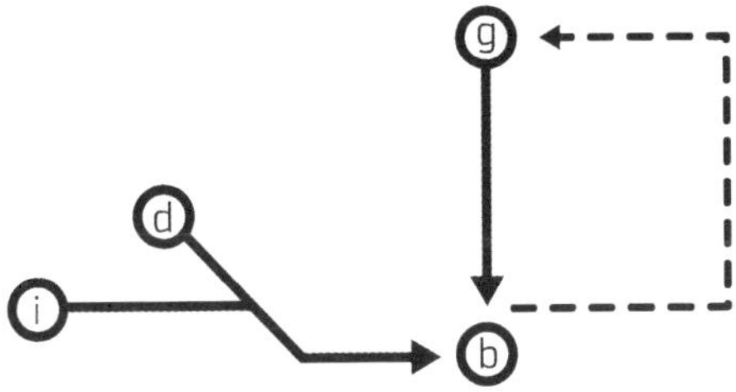

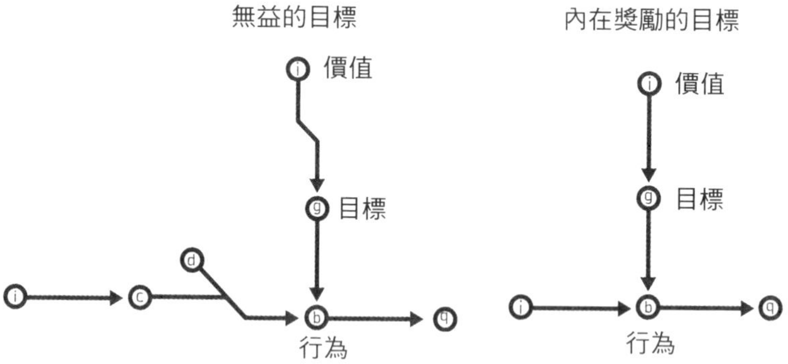

接你的目標和內在的渴望。

要是你設定的所有目標都和你的熱情背道而馳，那應該回頭翻閱本書第五章，去檢視自己的目標是否一開始就沒設好。滿足感並非出現在達到目標的時候，而是在追求目標的過程中。因此邁向目標之路上的每一步，都應充滿樂趣。[47]最優秀、產量高的藝術家、作家、建築師，最終都能達標，是因為他們找到方法善用他們所愛的事物。快開始設定適合你、能從中享受、珍視的目標吧。

如果想身材變好，卻討厭慢跑，那不如開始打網球吧！慢跑和打網球，同樣對體能要求很高，但後者能讓你享受樂趣、享受投入之後帶來的挑戰；倘若目標是創業，那就把事業與你真正關心的事連結起來，而不是用它來追求外在獎勵。當你的驅力對齊了目標，那麼努力工作的感覺就與玩樂的感覺及高度專注帶來的心流很接近了。你設下的目標，並非不參雜欲望，而是與欲望不衝突的體驗。你希望你的欲望帶你走到夢想之地，而方法幾乎毫不費力。當你生命羅盤的指針與驅力同一個方向，那麼所有事物都會水到渠成。

本章重點

- 許多人以為，自己之所以輸掉了內在的自制力戰爭，是因缺乏意志力。事實上，最有自制力的人，甚至根本沒使用到任何意志力。
- 為了啟動一個行為，必須要有觸發點，或稱輸入因子。請注意輸入因子，把它視為「我想要的」。驅動力的強度，取決於行為帶來的立即獎賞（或者沒有獎賞），稱為結果。獎賞機制讓我們重新替自己的行為編程。

- 我們的環境，對於形塑內心軟體來說，影響甚大。你可以設計自己的實體和數位環境，還有圍繞在身旁的人，來幫助你設計自己的內心軟體。
- 注意力分配、正念覺察等方法可以提高或降低對欲望的關注，從而改變欲望。認知再評估，可透過改變我們對欲望的解讀方法，來增加或減少其力道。
- 我們還能設計特定行為帶來的後果，因為正是這些後果，編寫了你我的欲望。雖然在特定情況中外部獎勵制度十分管用，但在其他條件下，外部獎勵不只成效有限，還會削減我們的動力，讓表現不及受內在動力驅使來得好。

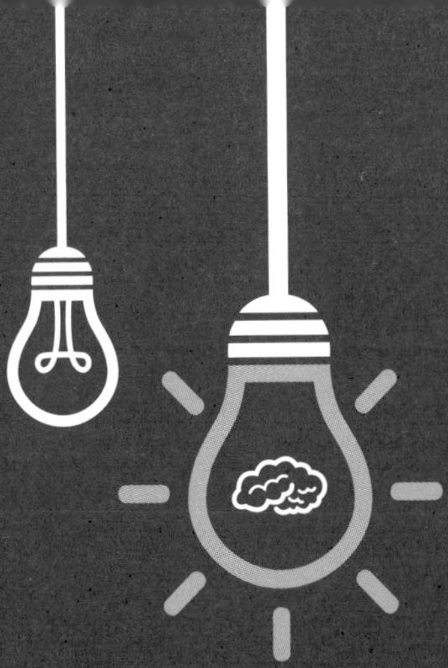

第10章 自我精進

自我精進三角

我們的職責不是寫書、得勝，而是塑造品格；不是攻城掠地，而是從行爲中得到秩序和寧靜。人生中偉大又光榮的傑作是活得適當，其餘之事譬如統治、積囷、建構，頂多是生活裡小小的附屬道具罷了。

——**蒙田**《蒙田隨筆全集》（*The Complete Essays*）

現在，我們來到自我精進三角的尾聲了。當我們把行為結合到認知與情緒，就能看見自我精進的全貌。行為、認知與情緒等領域，代表你有能力成就最理想的自我，你可以抵抗那些誘偏離方向的阻力。

自我精進代表著你與自己的理想差距多遠。換言之，是你成為偉大自己、過著美好生活的能力。不管是哪種形式的自我精進，在其中出現的能力（包含智慧、平靜、自制等）不僅是重要的美德，也是進一步展現更多優點的先決條件。[1]

本書內容是心智建築，我所介紹的內容都以自我精進為目標。

彼於戰場上，雖勝百萬人；未若克己者，戰士之最上！

——**釋迦牟尼**《法句經》

你的力量在於內心，而非外在環境。參透此理，就能找到力量。

——**奧理略**《沉思錄》

君子求諸己，小人求諸人。

——**孔子**《論語》

智慧的主要用途，在於教會我們全面善用自身熱情，並懂得巧妙控制熱情，使熱情不要造成太多禍害，甚至令熱情成爲我們快樂的泉源。

——**笛卡兒**《論靈魂之情》（*The Passions of the Soul*）

別再重視外在事物，別讓自己全然淪爲物質的奴隸，也別受那些可以決定給或不給你物質的人操控……只要我對貧困、疾病、失業抱持正確看法，就夠了：這麼一來，所有挑戰只對我有益。既然這樣，我就不該再於外在環境中尋找好壞。

——**愛比克泰德**《論說集》（*Discourses*）

勝人者有力，自勝者強。

——**老子**《道德經》

最聰慧之人，如同最強壯之人般，能在他人看見災難處尋到幸福；他們的快樂源於自我精進……他們把艱鉅的任務視爲榮幸；對他們而言，玩弄能壓垮他人的負擔，是種消遣。

——**尼采**《敵基督》

上面這幾句名言所蘊含的獨特寓意是，它們否定了「人很早就定型了」的假說，而且衡量人生成功的最佳標準與達到成功的最佳途徑，是透過我們的生活環境與成就。這些古代哲人對於如何到達理想，或許看法不一，但他們一致認為，最好的生活狀態不是透過外求，而是透過個人思想來實踐。他們的目標是戰勝自己，而非世界。套用心智建築的說法，他們都是軟體優化大師。信奉這些哲學的人，並不是為了彌補自己生活中的不足，而是為了要增強、主宰他們的生活。

「真正的快樂，源自內心」這句老話其實模稜兩可，讓太多人落入精神陷阱，最後一場空。為了真正落實這句話的意義，需要結合理性的方法，「從心」重新編寫我們的心理軟體。本書中我已為你起了個頭，但最重要的心態依舊是要理解、要內化、要全然投入。

心理的幸福是一種心智的系統特性，無法贈予任何人，也沒人能從你身上奪走。當今社會有許多人看似生活富足，但最終仍舊悲苦；而有許多人面臨極大逆境，卻能獲得真正的滿足。你的大腦如何編程，你就是那樣的人。換句話說，或許你感到滿足，但那股滿足感其實是虛幻的，隨時都會消失。假如你因為失去了財富、優勢、社會地位、人際關係而不快樂，那麼一開始的那個「快樂」，就根本不是快樂。

你的身體會隨歲月衰老，人際關係會來來去去，物質成就可能倏忽即逝。這些事物之於你的幸福，必然是錦上添花。生活中所獲得的一切都不屬於你，你擁有的是心理軟體。心理軟體，是你能做的最好投資——是少數你現在就可以開始發展並終身受用的資產。當外在世界一片混亂，你可以專注在內心世界，使心靈成為你的避風港，是一座清澈平和的宮殿，隨時恭候你拜訪。

我和許多人聊過，發現有些人甚至從沒質疑過「外在世界就是人生一切」這個看法——他們相信，自己之所以一敗塗地，是因為生活條件未達期望；另一些人過得滿足，也很得意，因為他們有張亮眼的履歷，買了漂亮的房子。

若你還沒有獲得夢幻物質生活，請別讓世俗流行的說法來說服你是魯蛇。如果你已用盡全力卻沒成功，世界會告訴你，你有多麼不足，還會說只要你在財務、專業、社會生活有匱乏，你就沒有價值。世俗言論會試著說服你，這一切和內在的自我精進無關。這種話，你可千萬別信。永遠別羨慕那些擁有耀眼專業證照、社交媒體帳號的人，除非你有理由相信，他們的內在成就和外在成就一樣多。只有那些在心智上取得偉大成就的人，才值得我們的深深敬重。

如果你的事業沒達到預期，經濟能力有限，朋友又不多，並不代表你就是魯蛇，除非你也同時欠缺智慧、正直和自我精進。但請小心，也別把外在失敗看得太淡。儘管外在世界的生活不如心靈重要，但事出必有因，你的環境、生活型態、人際關係會形塑你的心智，會改變你，這是無可避免的。如果你把自己的生活看得太浪漫或過於合理化，就等於把自己困在對你有弊無利的一個空間裡。

倘若你在物質生活有了成就，恭喜你，你正在贏得人生這場偉大的遊戲，但也請保持警惕。你所處的文化會告訴你，你成功了，但自滿和腐敗也會在你以為大功告成的那一刻，悄然而至。請向自己喊話：「現在，真正的工作才要開始。」並且離開那場物質拼鬥的人生遊戲，開始優化你的心智吧！

我的生活處境還算幸運，但我並不是要輕視那些生活更坎坷的人。倘若你正忍受著痛苦的處境，我發自內心深感遺憾，但也請捫心自問，是否每個人遇到和你同樣的狀況，就舉白旗投降？是否有人忍受同樣程度或更苦的處境，卻成功克服且成長？

啟發我寫此書的古聖先賢，有些是孤兒，[2]有的是身體殘疾的奴隸，[3]還有集中營囚犯。[4]有人終身飽受疾病所苦，[5]有人痛失愛子愛女。[6]前蘇聯古拉格勞改營的囚犯索忍尼辛（Aleksandr Solzhenitsyn），也是《古拉格群島》（*The Gulag Archipelago*）的作者提醒我們：「塵世存在的意義，並非我們一般所想，不在於持續欣欣向榮，而在於靈魂的蓬勃發展。」[7]

自我奴役假說

自我精進並不僅是與你的快樂有關，自我精進的反義詞也不純粹是無能，而是自我奴役。當你缺乏自我精進的能力，就會被自己的思想所俘虜。你的基因預設程式告訴你該想些什麼、怎麼感受、怎麼行動、怎麼度過人生。你被原始軟體設定牽著走。不僅是你，也有許多人處在相同狀態中。

有個古老的觀念如今依舊流行，它告訴我們，那些具破壞力、反社會的行為，是邪惡的產物，是某種神秘的心理傾向導致人做出可怕之舉。可是，這些人似乎也是心理層面最貧窮的一群人。反過來說，最幸福的人會表現出最無私的行為，也並非巧合。[8]事實是，世上許多所謂的惡人缺乏的只是自我精進能力。只要有足夠資訊、理解和正確的動機，我們就能了解、治癒那些想行凶的精神病患、殘忍獨裁者、校園槍擊犯、好鬥的偏執狂，針對他們心理軟體的弱點來改善。

我們已經知道，那些在行為層面無法自我精進的人，更有可能暴怒、做出暴力犯罪行為。實際上，自制力最低的那群人中，有百分之四十的人在三十二歲之前已有犯罪前科。[9]他們和每個人一樣，時不時有暴力衝動，但他們無法克制自己，而且往往在行動後馬上後悔。他們目光短淺，屈服於眼前欲望，行事方式既違反法律也違背自身價值觀。[10]

那些內心沒有平靜的人，在情緒層面缺乏自我精進能力，會為了反抗世界而策畫暴力殺人行動。這種人經常把痛苦發洩在無辜的人身上，因為他們無法以健康的方式處理自己的問題和欲望。殺人魔往往覺得世界傷害了他們，自己才是被害者，他們的殺人計畫常常是為了報復那些他們以為的加害人。[11]他們生命中經常飽受虐待，長期被人拒絕，自己又欠缺情緒復原力與平靜，最後使得他們無法以健康的方式處理問題。[12]不受控的情緒懲罰著他們，因為這些人缺乏有效策略來處理情緒。[13]

當有些人無法做到他們渴望的事，就會忿忿喊道：「毀滅吧，這世界！」如此厭惡的情緒，是嫉妒的巔峰，背後含義是：「假如我不能得到某事物，別人也休想得到，任何人都不能有所成就！」

——尼采[14]

許多大災難及未來風險，都源自缺乏認知層面的自我精進能力。羅伊．鮑梅斯特（Roy Baumeister）在《邪惡：人類內心的暴力與殘忍》（暫譯，*Evil*）一書指出：「有些特別邪惡的行為，出自那些在行為當下，相信自己在做善事的人之手。」從恐怖份子、刺客到獨裁者，都奉崇高理想與美好未來之名，行可怕罪行之實。[15]

許多戰事、種族屠殺及恐攻都是因肇事者欠缺批判思考技能與智慧。希特勒、史達林、薩諾斯相信自己正在做必要的事，來打造更美好的世界。我們稱他們為惡魔的原因，是因為**他們錯得離譜**。而他們的錯誤，源自於不正確的、極度偏頗的信念，以及對這些信念抱持的過度自信。他們經常毫不遲疑接受毫無根據的意識型態，抱持著僵固、扭曲的價值體系。他們無法清晰思考和反省，這樣的侷限使得他們短視、愚蠢及腐敗。[15]

那麼，虐待狂和心理變態，又該怎麼解釋呢？人都會有些許反社會或甚至虐待的衝動，無論我們是否願意承認。但這並不一定就是邪惡。如先前所述，我們有許多驅動力無法與自己的價值觀對齊，但優良選擇的真正指標是價值觀，而非驅動力。許多連環殺人魔都曾表示，雖然他們期待殺人行為能讓他們極度滿足，但實際下手卻感覺非常失望，[16]於是他們繼續殺人，即便換來一次次失望，還是無法停下。這代表他們缺乏智慧，是屈服於不符合價值觀的欲望，才做出的決定，而不是受欲望驅使而行動。這代表行為人缺乏智慧或自制。

人們一直認為，心理變態的核心特質是缺乏同理心，但心理變態者也能夠體會到另一人的痛苦。這代表著，心理變態者有能力隨時「開啟」自己的同理心開關，正如許多人在必要時也能降低自己的同理心。[17]研究發現，比起同理心，自制力更適合作為反社會行為的判斷指標。[18]儘管人們對心理變態的刻板印象是狡詐聰慧和精於算計，但與心理變態相關的正式診斷——反社會人格障礙，已證明是和衝動行為、短期思考、情緒失調相關。[19][20][21]換言之，心理變態往往缺乏行為、情緒、思考這三個層面、也就是全部的自我精進能力。

我確實認為，世界上會有這種人：他能夠敏銳思考，可以清晰內省，秉持智慧設下目標，有效控制自己的情緒與行為，但最後依舊選擇幹下破壞社會的毀滅行為。雖然我還沒有找到有力證據來證明這類人曾經存在。我研讀過的每一個所謂心理變態者的案例，都可見到犯案人的心理軟體內至少有一個領域存在著極度的脆弱和自我奴役。最重要的是，理論上每一個案例都能透過重建心理軟體改善。我們必須要把關注的焦點，從浮面的事件與行為轉移到這種人的心智建築基礎之上，也需要深入研究人性善惡背後的演算法模式。

亞里斯多德認為，一個人的教養、財富、個人優勢，對於活出一個美好的生活會發揮重大作用。[22]但世人一直誤解他這個看法，以為教養、財富等等其實是障礙，使得窮人、不幸或沒吸引力的人無法過著快樂、合乎道德的生活。但亞里斯多德的論點有更適切的解讀：我們的基因、教養、與生俱來的優勢、早年生活塑造了一個人獨特的心理軟體，直到我們發展出自主的能力，可以來檢視與自行形塑我們的心智軟體。教養、財富等等只是我們的初始設定，只是我們心智建築的起點。

如果一個人的軟體天生內建了神經質或暴力傾向、童年坎坷，或者經歷過嚴重創傷，那麼他要建構自身心智以符合理想的自己，要走的路或許會比他人還漫長。創傷、失去、虐待會被嵌入、會適應心智演算法的整個網絡，如此一來，可能對這位心理建築師構成巨大挑戰，而這些挑戰對某些人來說可能會大到難以消化。可是，從心智建築的角度來看，唯一真正無法越過的阻礙，是人不願意面對挑戰。

軟體優化

你的一生，都在腦海裡的軟體中運行——所以，竭盡所能去優化自己的軟體，難道不是一件令人著迷的事嗎？然而大多數人不僅對優化與趣缺缺，甚至不了解我們自己有哪些軟體、運作方式與原理。

——**提姆．厄本**[23]

本書為心智演算法提供了一個新模型，闡明了各種心理現象之間的關係，而這點到現在為止依舊鮮為人知。但這個模型與其說是理論，它更是一種功能介面。雖然心智演算法模型的基礎是大量的心理學研究，但它並不是心理軟體結構的終極版，而且心智演算法極其複雜，難以用單一的功能模型來涵蓋。

這個模型的價值在於，提供了一個具體的軟體框架形式，使讀者可以藉由演算法來思考心理問題。想想你的認知、欲望、情緒、行為如何相互影響，而它們又如何連結到外部的輸入。這些不同變因會相互影響與交織，而後形成我們的世界觀、行為模式和情緒障礙；但演化後的特徵、品格力量與智慧也可以交織而形成網絡。我們要明白，有一些確切可用的支點，可以把負面行為模式重新編程，成為正向的行為。

每個設計過程，不管是土木建築還是心理軟體架構，都是要替一個系統或物品發展出藍圖，引領我們從現況走向未來願景，而旅程中的指引則是我們共同的價值觀和原則。凡曾進行過心智建築的人都知道，看著自己的作品越來越完美，滿足感何其大。

隨著你越來越接近你的理想，你可以滿意地回顧自己的軟體一路走來的足跡，又興奮地看著它未來還有好長的路要走。你的理想自我是什麼樣子呢？這個理想的自我，會展現什麼樣的最高價值及原則呢？他的心理軟體是什麼模樣？還有，最重要的是，他的心理軟體，與你現在的心理軟體，有什麼差別？若你能回答上述問題，就可以開始一步步朝著理想的自我邁進了。

一名心智建築師乃是存活在一種永恆的成長狀態中——用他的心智不斷做實驗、重塑自我、漸漸提升了他的存在。他理解了有益的心智狀態為何物，他也實踐了有益的心智狀態。

一名真正的心智建築師的生活，是一種後設存在（meta-existence）的狀態。他持續以人的身分存活於世，但在某種意義上，他的心智高於世俗，開始成為他自己的心理軟體設計師；開始看穿自己預設性格呈現出的幻象，也看穿他人所表現出的社會現實。他的認知自動構築出一個敘事，而不是屈從於現實。他的痛苦情緒，就是他對這些敘事所編程出的回應。

一名心智建築師是適應心理機制的收集者——也是關鍵心理結構的大師。他開始將不必要的負面情緒，視為程式編寫效率低下的結果；他將睿智的思維與準則看作是開放的原始碼；他為自己天生的缺點與偏見負責，並透過重新編程心理程式來消除缺點與偏見。心智建築是一種心理狀態，讓你越來越喜愛人生，它幫助你跳脫自己的侷限，剷除人生的障礙，讓你能充分欣賞這個美好的世界。

你曾否見過所向無敵的超人？無論發生何事，他永遠能維持平衡；會讓別人崩潰的事，他一笑置之，能把每次挫折化為勝利，從不屈服於外在環境。一位飽經歷練的心智建築師，彷彿他的心理軟體從未寫入人類的苦與痛，天生冷靜自在。但實際上，這種人很可能是經過了一番刻骨銘心的奮鬥，移除了他不喜歡的心理程式，最後才變成這樣。

當你首度成功重編一條程式，好比說昔日的痛點、自我侷限的信念或問題行為，不僅會讓你感覺自己能更好地應對人生，也讓你感覺替自己開啟了一扇門，通往一種新的生活方式。每當你解鎖了一個新工具，就會爬上一座更高的高處，轉頭俯視原來的問題，對於曾經困擾你的往事，一笑置之。

超越人類的條件

這幅畫——我們人類稱之爲生命和經驗——已漸漸生成，實際上，也仍然還在轉變的過程中，因此，不該將它視作已定型之物。

——**尼采**《人性的，太人性的》（*Human, All Too Human*）

如果每一個人都能擁有一系列強大的心理科技，足以理解、優化自己的心智功能，那會是什麼情況？倘若每個人的最高目標都是攻克己身，叫身服我，而且竭力建造最優秀的心智，那麼對社會的整體影響會有多大？心智建築的目的並非只是減少痛苦，而是追求偉大、正向的蓬勃發展。我感興趣的主題是超乎現有規範的心理發展——人類潛能開發。而且我相信，今日大部份人都遠遠落後他們自己理想的價值，而且原因完全是人類可以克服的。

今天人類的「技術」和「智慧」之間有一道巨大、還不斷在擴大的鴻溝——這道鴻溝越來越危險。[24]現代文化過於強調外在條件，我們選出的領導人表面看似有能力有成就，我們太過關注他們的表面，卻忽略了探究他們的實質。因此，我們的世界漸漸落入那些最沒智慧、最貪權之人手中。

當人想要改善人生的時候會向外探求，會問別人該如何提升自己的生活型態、地位或資產。當我們談到生活技能時，多數人以為這指的是怎麼求職、怎麼求偶或管理錢財。這些當然是令人稱羨的技巧，但也都是次要的。每個外在條件的盡頭都會通往一個內在終點，而許多我們內心深處的內在目標其實可以直接達成。今日許多人想要過著更好的生活，這意味著我們需要智慧、品格與幸福。而這些技巧，學校沒教。

各大企業說它們會給我們幸福世界，[25]只要我們使用它們的創新裝置與服務，但這些產品往往只會阻礙我們獲得幸福。我堅定相信科技的前途無量，只要發展方向正確，可以為世人帶來真正美好的世界。但我也預估，今日百分之九十九的技術發明只會衍生出新的成癮。這些技術號稱「改善」我們的生活，但這樣只是給我們帶來更多的期待，最終無法使我們真正滿足。

有些技術的確能改善人們的生活，例如醫療技術。但真正能有效改善人類生活的，是「心理技術」。我們需要工具與方法，來培養堅強的幸福感和自我精進能力；也需要找到通往繁榮的關鍵，減少對外在事物的依賴。假如我們想真正改善這世界，需要的是訓練人們有系統地建構出更好的心智，把焦點從「讓人快樂」轉換成「打造出快樂的人」。

我想努力推動一個世界，裡面的成員都是能看穿幻象的人。這些人不再被世俗的虛榮指標和坑殺觀光客的陷阱所愚弄；他們能放慢自己的判斷速度，辨別出虛假的表象與人心，然後直指最關鍵的問題核心。他們的第一目標是培養更好的心智，他們這樣做不只是因為「培養更好的心智」很重要，更因為「更好的心智」乃是一切事情的根本。

我希望能建立一個工具包，從而激勵且幫助人改變自己的心智，但這個工具包還不完整，本書只是個起點。所以我希望能盡可能引起大家對心智建築的興趣，影響越多人越好。如此一來，人人都能打造專屬於自己的工具，使這個工具包更完整。

> 基本上，我們沒有理由不把以下條件設爲人類天生的預設心態，凡是想要的人都可擁有：樂趣、興奮、深刻的幸福、活著的單純快樂。
>
> ——尼克・博斯特羅姆（Nick Bostrom）26

「超人類」的願景提醒我們，未來的人類能比今日更強大（儘管現在關於超人類的敘述，都是關於未來科技、肉身強化、距今太遙遠的事件等）。但是超人類的願景也使我們知道，人類的狀況是一件「未完待續」的作品，是一件曠世偉大作品的初期或非常粗略的草稿階段。社會進化的起點是個人心智的進化，我們不能把這項進化交給運氣決定，必須是人類深思熟慮之後的設計成果，朝著人類內心最高價值前進。心智建築的軟體架構及原理是最基礎的心理技術，若每個人都把這個基礎加以內化，那就能大幅度地加速人類演進。

本書的目的不僅僅是一部心智建築手冊。它的基礎是超越時空的永恆智慧，但這一部手冊仍是有待升級的初版。我寫這本書的目的是重新發揚歷世歷代具有遠見的心智建築師所提出的指引：你必須先成為心理軟體優化者，然後才能優化你的環境。請把你的心智發展擺在人生首位，以心智建築為人生最高優先，並密切觀察自己的體驗、生活與變化。無論你是誰，現在從哪起步，要知道，你有能力轉化自己的軟體，達到自我精進。你，就是自己的心智建築師。

免費索取心智建築工具組＋自我精進手冊

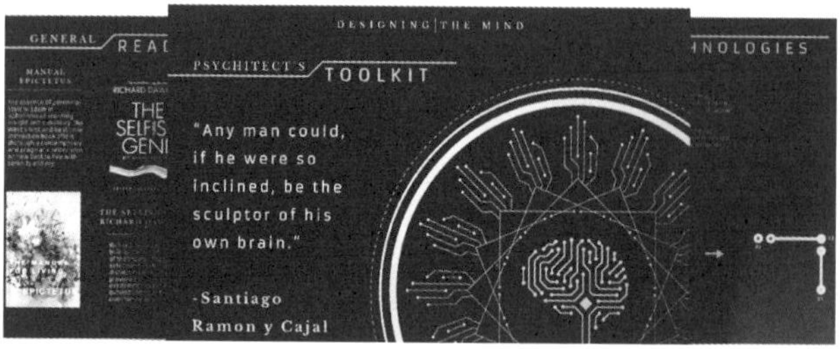

你已經讀到本書的尾聲。如果你覺得本書有用，而你想回饋的話，歡迎上網寫出簡短、誠實的評論。

除了本書之外，獲認定的讀者可以加入心智建築師群組，並免費下載一本五十頁的《心智建築工具組》（*Psychitect's Toolkit*）。這是一本五十頁的實用指南，還有一份六十四本書的推薦書單，可供延伸閱讀之用。

我也會送你一本免費的《自我精進手冊：關於學習、改變、自我精進的永恆金句》（*The Book of Self Mastery: Timeless Quotes About Knowing, Changing, and Mastering Yourself*）

欲索取《心智建築工具組》及《自我精進手冊：關於學習、改變、自我精進的永恆金句》，請至 designingtehmind.org/psychitecture

註釋

第1章

1. Joseph LeDoux, *The Deep History of Ourselves: The Four-Billion-Year Story of How We Got Conscious Brains*, Illustrated edition (New York City: Viking, 2019).
2. Colleen A. McClung and Eric J. Nestler, "Neuroplasticity Mediated by Altered Gene Expression," *Neuropsychopharmacology* 33, no. 1 (January 2008): 3-17, https://doi.org/10.1038/sj.npp.1301544.
3. Sibylle Delaloye and Paul E. Holtzheimer, "Deep Brain Stimulation in the Treatment of Depression," *Dialogues in Clinical Neuroscience* 16, no. 1 (March 2014): 83-91.
4. Akhlaq Farooqui, "The Effects of Diet, Exercise, and Sleep on Brain Metabolism and Function," 2014, 1-42, https://doi.org/10.1007/978-3-31904111-7_1.
5. Jon Kabat-Zinn, "Mindfulness-Based Interventions in Context: Past, Present, and Future," *Clinical Psychology: Science and Practice* 10, no. 2 (2003): 144-56, https://doi.org/10.1093/clipsy.bpg016.
6. "13 Effects of Transcranial Direct Current Stimulation (TDCS)," *SelfHacked* (blog), December 17, 2019, https://selfhacked.com/blog/tdcs-benefits/.
7. L-S Camilla d'Angelo, George Savulich, and Barbara J Sahakian, "Lifestyle Use of Drugs by Healthy People for Enhancing Cognition, Creativity, Motivation and Pleasure," *British Journal of Pharmacology* 174, no. 19 (October 2017): 3257-67, https://doi.org/10.1111/bph.13813.
8. Michael Pollan, *How to Change Your Mind: What the New Science of Psychedelics Teaches Us About Consciousness, Dying, Addiction, Depression, and Transcendence*, Softcover large print edition (New York: Penguin Press, 2018).
9. "What Is Transhumanism?," What is Transhumanism?, accessed November 25, 2020, https://whatistranshumanism.org/.
10. "Six Paths to the Nonsurgical Future of Brain-Machine Interfaces," accessed November 25, 2020, https://www.darpa.mil/newsevents/2019-05-20.
11. "Home," Neuralink, accessed November 25, 2020, https://neuralink. com/.
12. Eberhard Fuchs and Gabriele Flügge, "Adult Neuroplasticity: More Than 40 Years of Research," *Neural Plasticity* 2014 (2014), https://doi. org/10.1155/2014/541870.
13. Norman Doidge, *The Brain That Changes Itself: Stories of Personal Triumph from the Frontiers of Brain Science*, n.d.
14. Melanie J. Zimmer-Gembeck and Ellen A. Skinner, "Review: The Development of Coping across Childhood and Adolescence: An Integrative Review and Critique of Research," *International Journal of Behavioral Development* 35, no. 1 (January 1, 2011): 1-17, https://doi.org/10.1177/0165025410384923.
15. David Whitebread and Marisol Basilio, "The Emergence and Early Development of Self-Regulation in Young Children," *Profesorado: Journal of Curriculum and Teacher Education* 16 (January 1, 2012): 15-34.
16. Malcolm Gladwell, *Outliers: The Story of Success*, n.d.
17. Carol S. Dweck, *Mindset: The New Psychology of Success*, n.d.
18. David Buss and Martie Haselton, "The Evolution of Jealousy," *Trends in Cognitive Sciences* 9 (December 1, 2005): 506-7; author reply 508, https:// doi.org/10.1016/j.tics.2005.09.006.
19. Cory J. Clark et al., "Tribalism Is Human Nature," *Current Directions in Psychological Science* 28, no. 6 (December 1, 2019): 587-92, https://doi. org/10.1177/0963721419862289.
20. Tammy Saah, "The Evolutionary Origins and Significance of Drug Addiction," *Harm Reduction Journal* 2 (June 29, 2005): 8, https://doi. org/10.1186/1477-7517-2-8.
21. "Definition of ALGORITHM," accessed November 25, 2020, https://www.merriam-webster.com/dictionary/algorithm.
22. "The Thing We Fear More Than Death," Psychology Today, accessed November 25, 2020, http://www.psychologytoday.com/blog/the-real-story-risk/201211/the-thing-we-fear-more-death.
23. David L. Watson and Roland G. Tharp, *Self-Directed Behavior: Self-Modification for Personal Adjustment. Chapter 1: The Skills of Self-Direction*, 10th edition (Australia: Cengage Learning, 2013).
24. Warren Tryon, *Cognitive Neuroscience and Psychotherapy: Network Principles for a Unified Theory. Chapter 3 Core Network Principles: The Explanatory Nucleus*, 1st edition (London, UK ; Waltham, MA, USA: Academic Press, 2014).
25. Aaron T. Beck, *Cognitive Therapy and the Emotional Disorders. Chapter 2: Tapping the Internal Communications*, n.d.
26. "Emotional Competency-Human Nature," accessed November 25, 2020, http://www.emotionalcompetency.com/human percent20nature. htm.
27. David D. Burns, *Feeling Good: The New Mood Therapy. Chapter 1*, n.d.
28. Carey K. Morewedge et al., "Debiasing Decisions: Improved Decision Making With a Single Training Intervention," *Policy Insights from the Behavioral and Brain Sciences*, August 13, 2015, https://doi. org/10.1177/2372732215600886.

29. Benjamin Gardner and Amanda L. Rebar, "Habit Formation and Behavior Change," Oxford Research Encyclopedia of Psychology, April 26, 2019, https://doi.org/10.1093/acrefore/9780190236557.013.129.
30. Aristotle, *Nicomachean Ethics*, trans. C. D. C. Reeve, n.d.
31. "A Philosophical Approach to Routines Can Illuminate Who We Really Are - Elias Anttila | Aeon Ideas," Aeon, accessed November 25, 2020, https://aeon.co/ideas/a-philosophical-approach-to-routines-can-illuminate-who-we-really-are.
32. John H. Flavell, "Metacognition and Cognitive Monitoring: A New Area of Cognitive-Developmental Inquiry," *American Psychologist* 34, no. 10(1979): 906-11, https://doi.org/10.1037/0003-066X.34.10.906.
33. Jon Kabat-Zinn, "Mindfulness-Based Interventions in Context: Past, Present, and Future," *Clinical Psychology: Science and Practice* 10, no. 2 (2003): 144-56, https://doi.org/10.1093/clipsy.bpg016.
34. Shian-Ling Keng, Moria J. Smoski, and Clive J. Robins, "Effects of Mindfulness on Psychological Health: A Review of Empirical Studies," *Clinical Psychology Review* 31, no. 6 (August 2011): 1041-56, https://doi. org/10.1016/j.cpr.2011.04.006.
35. Sam Harris, *Waking Up: A Guide to Spirituality Without Religion. Chapter 1*, n.d.
36. "Meditation Trains Metacognition-LessWrong," accessed November 25, 2020, https://www.lesswrong.com/posts/JMgffu9AzhYpTpHFJ/ meditation-trains-metacognition.
37. Peter Sedlmeier et al., "The Psychological Effects of Meditation: A Meta-Analysis," *Psychological Bulletin* 138, no. 6 (November 2012): 1139-71, https://doi.org/10.1037/a0028168.
38. "A Map of Bay Area Memespace-LessWrong," accessed November 25, 2020, https://www.lesswrong.com/posts/WzPJRNYWhMXQTEj69/a-map-of-bay-area-memespace.
39. Tim Buschmann et al., "The Relationship Between Automatic Thoughts and Irrational Beliefs Predicting Anxiety and Depression," *Journal of Rational-Emotive & Cognitive-Behavior Therapy* 36 (July 1, 2017): 1-26, https://doi.org/10.1007/s10942-017-0278-y.
40. Paradigm, "Mindfulness & Bias: Literature Review," Medium, May 8, 2017, https://medium.com/inclusion-insights/mindfulness-bias-literature-review-3e4a9993cb41.
41. Diana J. Burgess, Mary Catherine Beach, and Somnath Saha, "Mindfulness Practice: A Promising Approach to Reducing the Effects of Clinician Implicit Bias on Patients," *Patient Education and Counseling* 100, no. 2 (February 1, 2017): 372-76, https://doi.org/10.1016/j.pec.2016.09.005.
42. Richard F. Gombrich, *Theravada Buddhism: A Social History from Ancient Benares to Modern Colombo*, 2nd edition (Routledge, 2006).
43. Yair Dor-Ziderman et al., "Mindfulness-Induced Selflessness: A MEG Neurophenomenological Study," *Frontiers in Human Neuroscience* 7 (2013), https://doi.org/10.3389/fnhum.2013.00582.

第2章

1. Atsuo Murata, Tomoko Nakamura, and Waldemar Karwowski, "Influence of Cognitive Biases in Distorting Decision Making and Leading to Critical Unfavorable Incidents," *Safety* 1, no. 1 (December 2015): 44-58, https://doi.org/10.3390/safety1010044.
2. Kevin N. Ochsner and James J. Gross, "The Cognitive Control of Emotion," *Trends in Cognitive Sciences* 9, no. 5 (May 2005): 242-49, https:// doi.org/10.1016/j.tics.2005.03.010.
3. Hedy Kober et al., "Regulation of Craving by Cognitive Strategies in Cigarette Smokers," *Drug and Alcohol Dependence* 106, no. 1 (January 1, 2010): 52-55, https://doi.org/10.1016/j.drugalcdep.2009.07.017.
4. Robert Alan Burton, *On Being Certain: Believing You Are Right Even When You're Not*, Reprint edition (St. Martin's Press, 2008).
5. Alfred Korzybski, *Science and Sanity: An Introduction to Non-Aristotelian Systems and General Semantics* (International Non-Aristotelian Library Publishing Company, 1933).
6. Henry Markovits and Guilaine Nantel, "The Belief-Bias Effect in the Production and Evaluation of Logical Conclusions," *Memory & Cognition* 17, no. 1 (January 1, 1989): 11-17, https://doi.org/10.3758/BF03199552.
7. Steven Novella and Yale School of Medicine, *Your Deceptive Mind: A Scientific Guide to Critical Thinking Skills* (the great courses, 2012).
8. Mark P. Mattson, "Superior Pattern Processing Is the Essence of the Evolved Human Brain," *Frontiers in Neuroscience* 8 (August 22, 2014), https:// doi.org/10.3389/fnins.2014.00265.
9. Scott D. Blain et al., "Apophenia as the Disposition to False Positives: A Unifying Framework for Openness and Psychoticism," *Journal of Abnormal Psychology* 129, no. 3 (2020): 279-92, https://doi.org/10.1037/abn0000504.
10. Alexander Alvarez, "Destructive Beliefs: Genocide and the Role of Ideology," 2008.
11. "Cognitive Bias," in Wikipedia, November 24, 2020, https://en.wikipedia.org/w/index.php?title=Cognitive_bias&oldid=990416478.
12. Buster Benson, "Cognitive Bias Cheat Sheet, Simplified," Medium, April 2, 2019, https://medium.com/thinking-is-hard/4-conundrums-of-intelligence-2ab78d90740f.
13. "The Illusion of Transparency: Biased Assessments of Others' Ability to Read One's Emotional States.-PsycNET," accessed November 25, 2020, https://doi.apa.org/doiLanding?-doi=10.1037 percent2F0022-3514.75.2.332.
14. "Reducing Implicit Racial Preferences: II. Intervention Effectiveness across Time.-PsycNET," accessed November 25, 2020, https://psycnet.apa.org/doiLanding?doi=10.1037 percent2Fxge0000179.
15. Paradigm, "Mindfulness & Bias: Literature Review," Medium, May 8, 2017, https://medium.com/inclusion-insights/mindfulness-bias-literature-review-3e4a9993cb41.

16. Daniel Kahneman, *Thinking, Fast and Slow*. Chapter 23, 1st edition (New York: Farrar, Straus and Giroux, 2013).
17. Anne-Laure Sellier, Irene Scopelliti, and Carey K. Morewedge, "Debiasing Training Improves Decision Making in the Field:," *Psychological Science*, July 26, 2019, https://doi.org/10.1177/0956797619861429.
18. Carey K. Morewedge et al., "Debiasing Decisions: Improved Decision Making With a Single Training Intervention," *Policy Insights from the Behavioral and Brain Sciences*, August 13, 2015, https://doi. org/10.1177/2372732215600886.
19. Vasco Correia, "Contextual Debiasing and Critical Thinking: Reasons for Optimism," *Topoi* 37, no. 1 (March 1, 2018): 103-11, https://doi.org/10.1007/s11245-016-9388-x.
20. Wayne Weiten, *Psychology: Themes and Variations, Briefer Version*, n.d.
21. Thomas Mussweiler, Fritz Strack, and Tim Pfeiffer, "Overcoming the Inevitable Anchoring Effect: Considering the Opposite Compensates for Selective Accessibility," *Personality and Social Psychology Bulletin* 26, no. 9 (November 1, 2000): 1142-50, https://doi.org/10.1177/01461672002611010.
22. Martie G. Haselton, Daniel Nettle, and Paul W. Andrews, "The Evolution of Cognitive Bias," in *The Handbook of Evolutionary Psychology* (John Wiley & Sons, Ltd, 2015), 724-46, https://doi.org/10.1002/9780470939376. ch25.
23. Ma gorzata Kossowska, Aneta Czernatowicz-Kukuczka, and Maciek Sekerdej, "Many Faces of Dogmatism: Prejudice as a Way of Protecting Certainty against Value Violators among Dogmatic Believers and Atheists," *British Journal of Psychology (London, England : 1953)* 108 (February 19, 2016), https://doi.org/10.1111/bjop.12186.
24. Melvin J. Lerner, "The Belief in a Just World," in *The Belief in a Just World: A Fundamental Delusion*, ed. Melvin J. Lerner, Perspectives in Social Psychology (Boston, MA: Springer US, 1980), 9-30, https://doi. org/10.1007/978-1-4899-0448-5_2.
25. Zick Rubin and Anne Peplau, "Belief in a Just World and Reactions to Another's Lot: A Study of Participants in the National Draft Lottery1," *Journal of Social Issues* 29, no. 4 (1973): 73-93, https://doi.org/10.1111/j.1540-4560.1973. tb00104.x.
26. Susan T. Fiske, "Intent and Ordinary Bias: Unintended Thought and Social Motivation Create Casual Prejudice," *SocialJustice Research* 17, no. 2 (June 1, 2004): 117-27, https://doi.org/10.1023/B:SORE.0000027405.94966.23.
27. Shelley E. Taylor and Jonathon D. Brown, "Positive Illusions and Well-Being Revisited: Separating Fact from Fiction," *Psychological Bulletin* 116, no. 1 (1994): 21-27, https://doi.org/10.1037/0033-2909.116.1.21.
28. Aaron M. Scherer, Paul D. Windschitl, and Andrew R. Smith, "Hope to Be Right: Biased Information Seeking Following Arbitrary and Informed Predictions," *Journal of Experimental Social Psychology* 49, no. 1 (January 1, 2013): 106-12, https://doi.org/10.1016/j.jesp.2012.07.012.
29. Giovanni Luca Ciampaglia US Filippo Menczer,The Conversation, "Biases Make People Vulnerable to Misinformation Spread by Social Media," Scientific American, accessed November 25, 2020, https://www.scientificamerican.com/article/biases-make-people-vulnerable-to-misinformation-spread-by-social-media/.
30. Agnes Makhene, "The Use of the Socratic Inquiry to Facilitate Critical Thinking in Nursing Education," *Health SA = SA Gesondheid 24* (April 23, 2019), https://doi.org/10.4102/hsag.v24i0.1224.
31. Carl Sagan and Ann Druyan, *The Demon-Haunted World: Science as a Candle in the Dark. Chapter 2: Science and Hope*, n.d.
32. "Alternative Medicine Kills Cancer Patients - Science-Based Medicine," accessed November 25, 2020, https://sciencebasedmedicine.org/alternative-medicine-kills-cancer-patients/.
33. Naomi Oreskes and Erik M. Conway, *Merchants of Doubt: How a Handful of Scientists Obscured the Truth on Issues from Tobacco Smoke to Climate Change. Chapter 6: The Denial of Global Warming*, n.d.
34. Roy F. Baumeister Ph.D and Aaron Beck, *Evil: Inside Human Violence and Cruelty. Chapter 6: True Believers and Idealists* (New York: Holt Paperbacks, 1999).
35. Seán Ó hÉigeartaigh, "Technological Wild Cards: Existential Risk and a Changing Humanity," SSRN Scholarly Paper (Rochester, NY: Social Science Research Network, October 5, 2016), https://papers.ssrn.com/abstract=3446697.
36. "The Cook and the Chef: Musk's Secret Sauce," Wait But Why, November 6, 2015, https://waitbutwhy.com/2015/11/the-cook-and-the-chefmusks-secret-sauce.html.
37. J. Lambie, *How to Be Critically Open-Minded: A Psychological and Historical Analysis. Chapter 6: Effects of Open-Mindedness on Decision Making, Morality, and Well-Being*, 2014th edition (Palgrave Macmillan, 2014).
38. Maryam MALMIR, Mohammad KHANAHMADI, and Dariush FARHUD, "Dogmatism and Happiness," *Iranian Journal of Public Health* 46, no. 3 (March 2017): 326-32.

第3章

1. Lauren B. Alloy and Lyn Y. Abramson, "Learned Helplessness, Depression, and the Illusion of Control," *Journal of Personality and Social Psychology* 42, no. 6 (1982): 1114-26, https://doi.org/10.1037/0022-3514.42.6.1114.
2. "Predictability: Does the Flap of a Butterfly's Wings in Brazil Set Off a Tornado in Texas? | Weather Forecasting | Weather," Scribd, accessed November 25, 2020, https://www.scribd.com/document/130949814/Predictability-Does-the-Flap-of-a-Butterfly-s-Wings-in-Brazil-Set-Off-a-Tornado-in-Texas.
3. "2.4.1 Swimming Headless Part 1 | AlanWatts.Org," accessed November 25, 2020, https://

www.alanwatts.org/2-4-1-swimming-headless-part-1/.
4. Timothy Wilson and Daniel Gilbert, "The Impact Bias Is Alive and Well," *Journal of Personality and Social Psychology* 105 (November 1, 2013): 740-48, https://doi.org/10.1037/a0032662.
5. Daniel Gilbert, *Stumbling on Happiness*. Part III: Realism (New York: Vintage, 2007).
6. Daniel Gilbert, *Stumbling on Happiness*. Part IV: Presentism (New York: Vintage, 2007).
7. Daniel Gilbert, *Stumbling on Happiness*. Part V: Rationalization (New York: Vintage, 2007).
8. Tasha Eurich, *Insight: The Surprising Truth About How Others See Us, How We See Ourselves, and Why the Answers Matter More Than We Think*, Reprint edition (New York: Currency, 2018).
9. Kieran C. R. Fox et al., "Meditation Experience Predicts Introspective Accuracy," PLOS ONE 7, no. 9 (September 25, 2012): e45370, https://doi.org/10.1371/journal.pone.0045370.
10. Marcus Johansson, Terry Hartig, and Henk Staats, "Psychological Benefits of Walking: Moderation by Company and Outdoor Environment," *Applied Psychology: Health and Well-Being* 3, no. 3 (2011): 261-80, https://doi.org/10.1111/j.1758-0854.2011.01051.x.
11. Eugene T. Gendlin, *Focusing*, n.d.
12. Christopher R. Long and James R. Averill, "Solitude: An Exploration of Benefits of Being Alone," *Journal for the Theory of Social Behaviour* 33, no. 1 (2003): 21-44, https://doi.org/10.1111/1468-5914.00204.
13. Inge Huijsmans et al., "A Scarcity Mindset Alters Neural Processing Underlying Consumer Decision Making," *Proceedings of the National Academy of Sciences* 116, no. 24 (June 11, 2019): 11699-704, https://doi.org/10.1073/ pnas.1818572116.
14. Pamela Tierney and Steven M. Farmer, "Creative Self-Efficacy Development and Creative Performance over Time.," *Journal of Applied Psychology* 96, no. 2 (2011): 277-93, https://doi.org/10.1037/a0020952.
15. Edward P. Lemay and Noah R. Wolf, "Projection of Romantic and Sexual Desire in Opposite-Sex Friendships: How Wishful Thinking Creates a Self-Fulfilling Prophecy," *Personality and Social Psychology Bulletin* 42, no. 7 (July 1, 2016): 864-78, https://doi.org/10.1177/0146167216646077.
16. Abraham H. Maslow, *Toward a Psychology of Being*. Chapter 1: Introduction: Toward a Psychology of Health 3rd Edition, n.d.
17. David Moshman, "Cognitive Development beyond Childhood," in *Handbook of Child Psychology: Volume 2: Cognition, Perception, and Language* (Hoboken, NJ, US: John Wiley & Sons Inc, 1998), 947-78.
18. Christopher Peterson and Martin Seligman, *Character Strengths and Virtues: A Handbook and Classification*, 1st edition (Washington, DC : New York: American Psychological Association / Oxford University Press, 2004).
19. Bertrand Russell, *The Problems of Philosophy*, n.d.
20. Albert Speer, *Inside the Third Reich*, n.d.
21. Stephen J. Whitfield, "Hannah Arendt and the Banality of Evil," *The History Teacher* 14, no. 4 (1981): 469-77, https://doi.org/10.2307/493684.
22. Daniela Barni et al., "Value Transmission in the Family: Do Adolescents Accept the Values Their Parents Want to Transmit?," *Journal of Moral Education* 40, no. 1 (March 1, 2011): 105-21, https://doi.org/10.1080/03057240.2011.553797.
23. Christopher Peterson and Martin Seligman, *Character Strengths and Virtues: A Handbook and Classification*, n.d.
24. Donald Robertson, *The Philosophy of Cognitive Behavioural Therapy: Stoic Philosophy as Rational and Cognitive Psychotherapy*, 1st edition (London: Routledge, 2010).
25. "5 Steps to Define Your Core Values: A Compass for Navigating Life's Decisions," Mindful Ambition (blog), June 8, 2017, https://mindfulambition.net/values/.
26. Carl Rogers and Peter D. Kramer M.D, *On Becoming a Person: A Therapist's View of Psychotherapy*, 2nd ed. edition (New York: Mariner Books, 1995).

第4章

1. George Benson et al., "Cultural Values and Definitions of Career Success," *Human Resource Management Journal* 30 (March 1, 2020), https:// doi.org/10.1111/1748-8583.12266.
2. "HAMER PEOPLE: THE ETHIOPIAN TRIBE WITH THE FAMOUS BULL JUMPING CEREMONY," HAMER PEOPLE (blog), accessed November 25, 2020, https://kwekudee-tripdownmemorylane.blogspot. com/2012/10/hamer-people-ethiopian-tribe-with.html.
3. Marsha L. Richins, "Social Comparison and the Idealized Images of Advertising," *Journal of Consumer Research* 18, no. 1 (June 1, 1991): 71-83, https:// doi.org/10.1086/209242.
4. Monique Boekaerts, Paul R. Pintrich, and Moshe Zeidner, eds., *Handbook of Self-Regulation. Chapter 1: Self-Regulation of Action and Affect-Charles S. Carver, Michael F. Scheier*, n.d.
5. Jonathan Gutman, "Means-end chains as goal hierarchies," *Psychology & Marketing* 14, no. 6 (1997): 545-60, https://doi.org/10.1002/(SICI)15206793(199709)14:6<545::AID-MAR2>3.0.CO;2-7.
6. "Are Animals Stuck in Time?-PsycNET," accessed November 25, 2020, https://doi.apa.org/doiLanding?doi=10.1037 percent2F0033-2909.128.3.473.
7. Richard Dawkins, *The Selfish Gene: 30th Anniversary Edition--with a New Introduction by the Author. Chapter 1: Why Are People?* , n.d.
8. Ted Chu, *Human Purpose and Transhuman Potential: A Cosmic Vision of Our Future Evolution* (San Rafael, CA: Origin Press, 2014).
9. Ran R. Hassin, John A. Bargh, and Shira Zimerman, "Automatic and Flexible," *Social Cognition* 27, no. 1 (2009): 20-36.
10. Plato, *Phaedrus*, trans. Alexander Nehamas and Paul Woodruff, UK ed. edition (Indianapolis:

Hackett Publishing Company, Inc., 1995).

11. W. Mischel, Y. Shoda, and M. I. Rodriguez, "Delay of Gratification in Children," *Science* 244, no. 4907 (May 26, 1989): 933-38, https://doi. org/10.1126/science.2658056.
12. David Hume, *A Treatise of Human Nature*, n.d.
13. Antonio Damasio, *Descartes' Error: Emotion, Reason, and the Human Brain*, n.d.
14. Antonio R. Damasio, "A Second Chance for Emotion," in *Cognitive Neuroscience of Emotion*, ed. Richard D. R. Lane et al. (Oxford University Press, 2000), 12-23.
15. Kevin Simler and Robin Hanson, *The Elephant in the Brain: Hidden Motives in Everyday Life. Chapter 5: Self-Deception*, n.d.
16. Claire Matson Cannon and Richard D. Palmiter, "Reward without Dopamine," *Journal of Neuroscience* 23, no. 34 (November 26, 2003): 10827-31, https://doi.org/10.1523/JNEUROSCI.23-34-10827.2003.
17. Zachary B. Bulwa et al., "Increased Consumption of Ethanol and Sugar Water in Mice Lacking the Dopamine D2 Long Receptor," *Alcohol (Fay-etteville, N.Y.*) 45, no. 7 (November 2011): 631-39, https://doi.org/10.1016/j. alcohol.2011.06.004.
18. Wilhelm Hofmann and Loran F. Nordgren, eds., *The Psychology of Desire. Chapter 6: Motivation and Pleasure in the Brain-Morten L. Kringelbach, Kent C. Berridge*, n.d.
19. Daniel Gilbert and Timothy Wilson, "Miswanting: Some Problems in the Forecasting of Future Affective States.," October 11, 2012.
20. Raymond G. Miltenberger, *Behavior Modification: Principles and Procedures. Chapter 4: Reinforcement*, 6th edition (Boston, MA: Cengage Learning, 2015).
21. Rupert Gethin, *The Foundations of Buddhism. Chapter 1: The Buddha: The Story of the Awakened One*, 1st edition (Oxford: Oxford University Press, 1998).
22. Walpola Rahula, *What the Buddha Taught: Revised and Expanded Edition with Texts from Suttas and Dhammapada*, n.d.
23. Steven M. Emmanuel, ed., *A Companion to Buddhist Philosophy*, n.d. Robert Wright, *Why Buddhism Is True: The Science and Philosophy of Meditation and Enlightenment. Chapter 1: Taking the Red Pill*, n.d.Daniel Kahneman, Edward Diener, and Norbert Schwarz, eds., *Well-Being: Foundations of Hedonic Psychology*. Chapter 16: Hedonic Adaptation, First Paperback Edition (New York, NY: Russell Sage Foundation, 2003).
24. Abraham H. Maslow, Toward a Psychology of Being, 3rd Edition. Chapter 1: Introduction: Toward a Psychology of Health, 3rd edition (cNew York: Wiley, 1998).
25. Joachim C. Brunstein, "Personal Goals and Subjective Well-Being: A Longitudinal Study," *Journal of Personality and Social Psychology* 65, no. 5 (1993): 1061-70, https://doi.org/10.1037/0022-3514.65.5.1061.
26. Michael Siegrist and Bernadette Sütterlin, "Human and NatureCaused Hazards: The Affect Heuristic Causes Biased Decisions," *Risk Analysis* 34, no. 8 (2014): 1482-94, https://doi.org/10.1111/risa.12179.
27. Antonio R. Damasio, "A Second Chance for Emotion," in *Cognitive Neuroscience of Emotion*, ed. Richard D. R. Lane et al. (Oxford University Press, 2000), 12-23.
28. Richard Garner, *Beyond Morality*, n.d.
29. Sam Harris, *Lying*, ed. Annaka Harris, n.d.
30. Igor Grossmann et al., "A Route to Well-Being: Intelligence vs. Wise Reasoning," *Journal of Experimental Psychology. General* 142, no. 3 (August 2013): 944-53, https://doi.org/10.1037/a0029560.

第5章

1. Psychology, "5 Skills to Help You Develop Emotional Intelligence," Mark Manson, April 11, 2019, https://markmanson.net/emotional-intelligence.
2. James J. Gross, ed., *Handbook of Emotion Regulation, Second Edition*, Second edition (New York, NY: The Guilford Press, 2015).
3. Ellen Leibenluft, "Severe Mood Dysregulation, Irritability, and the Diagnostic Boundaries of Bipolar Disorder in Youths," *The American Journal of Psychiatry* 168, no. 2 (February 2011): 129-42, https://doi.org/10.1176/appi. ajp.2010.10050766.
4. Jaak Panksepp, *Affective Neuroscience: The Foundations of Human and Animal Emotions. Chapter 13: Love and the Social Bond: The Sources of Nurturance and Maternal Behavior*, Illustrated edition (Oxford: Oxford University Press, 2004).
5. Randolph M. Nesse MD, *Good Reasons for Bad Feelings: Insights from the Frontier of Evolutionary Psychiatry. Chapter 4: Good Reasons for Bad Feelings*, n.d.
6. "Emotional Suppression: Physiology, Self-Report, and Expressive Behavior.-PsycNET," accessed November 25, 2020, https://psycnet.apa. org/doiLanding?doi=10.1037 percent2F0022-3514.64.6.970.
7. James J. Gross, ed., *Handbook of Emotion Regulation, Second Edition. Chapter 1: Emotion Regulation: Conceptual and Empirical Foundations*, n.d.
8. "Total Control vs. No Control Theory of Emotions: Can You Control Your Emotions or Not?," Psychology Today, accessed November 25, 2020, http://www.psychologytoday.com/blog/ambigamy/201006/totalcontrol-vs-no-control-theory-emotions-can-you-control-your-emotionsor.
9. Ravi Thiruchselvam, Greg Hajcak, and James J. Gross, "Looking Inward: Shifting Attention Within Working Memory Representations Alters Emotional Responses," *Psychological Science* 23, no. 12 (December 1, 2012): 1461-66, https://doi.org/10.1177/0956797612449838.
10. James J. Gross, ed., *Handbook of Emotion Regulation, Second Edition. Chapter 32: Mindfulness Interventions and Emotion Regulation*, Second edition (New York, NY: The Guilford Press, 2015).

11. Pritha Das et al., "Pathways for Fear Perception: Modulation of Amygdala Activity by Thalamo-Cortical Systems," *NeuroImage* 26, no. 1 (May 15, 2005): 141-48, https://doi.org/10.1016/j.neuroimage.2005.01.049.
12. Matthew Dixon et al., "Emotion and the Prefrontal Cortex: An Integrative Review," *Psychological Bulletin* 143 (June 15, 2017), https://doi. org/10.1037/bul0000096.
13. Richard S. Lazarus and Susan Folkman, *Stress, Appraisal, and Coping. Chapter 2: Cognitive Appraisal Processes*, 1st edition (New York: Springer Publishing Company, 1984).
14. E. Diener and F. Fujita, "Resources, Personal Strivings, and Subjective Well-Being: A Nomothetic and Idiographic Approach," *Journal of Personality and Social Psychology* 68, no. 5 (May 1995): 926-35, https://doi. org/10.1037//0022-3514.68.5.926.
15. Keimpe Algra et al., eds., *The Cambridge History of Hellenistic Philosophy*, n.d.
16. William J. Prior, *Virtue and Knowledge: An Introduction to Ancient Greek Ethics*, n.d.
17. William B. Irvine, *A Guide to the Good Life: The Ancient Art of Stoic Joy*, 1st edition (Oxford University Press, 2008).
18. Donald Robertson, *The Philosophy of Cognitive Behavioural Therapy: Stoic Philosophy as Rational and Cognitive Psychotherapy*, 1st edition (London: Routledge, 2010).
19. Aaron T. Beck, *Cognitive Therapy and the Emotional Disorders* (New York, N.Y.: Plume, 1979).
20. Judith S. Beck, *Cognitive Behavior Therapy*, 3rd edition (The Guilford Press, 2021)
21. David D. Burns, *Feeling Good: The New Mood Therapy*, Reprint edition (New York: Harper, 2008).
22. Elizabeth V. Naylor et al., "Bibliotherapy as a Treatment for Depression in Primary Care," *Journal of Clinical Psychology in Medical Settings* 17, no. 3 (September 1, 2010): 258-71, https://doi.org/10.1007/s10880-010-9207-2.
23. James J. Gross and Oliver P. John, "Individual Differences in Two Emotion Regulation Processes: Implications for Affect, Relationships, and Well-Being," *Journal of Personality and Social Psychology* 85, no. 2 (August 2003): 348-62, https://doi.org/10.1037/0022-3514.85.2.348.
24. Tianqiang Hu et al., "Relation between Emotion Regulation and Mental Health: A Meta-Analysis Review," *Psychological Reports* 114 (April 1, 2014): 341-62, https://doi.org/10.2466/03.20.PR0.114k22w4.
25. James J. Gross, *Handbook of Emotion Regulation, Second Edition. Chapter 1: Emotion*, 2nd edition (The Guilford Press, 2013).
26. Shengdong Chen et al., "Automatic Reappraisal-Based Implementation Intention Produces Early and Sustainable Emotion Regulation Effects: Event-Related Potential Evidence, " *Frontiers in Behavioral Neuroscience* 14 (July 1, 2020): 89, https://doi.org/10.3389/fnbeh.2020.00089.
27. Justin K. Mogilski et al., "Jealousy, Consent, and Compersion Within Monogamous and Consensually Non-Monogamous Romantic Relationships," *Archives of Sexual Behavior* 48, no. 6 (August 1, 2019): 1811-28, https:// doi.org/10.1007/s10508-018-1286-4.
28. Jessica L. Jenness et al., "Catastrophizing, Rumination, and Reappraisal Prospectively Predict Adolescent PTSD Symptom Onset Following a Terrorist Attack," *Depression and Anxiety* 33, no. 11 (2016): 1039-47, https:// doi.org/10.1002/da.22548.
29. "Sonja Lyubomirsky," accessed November 25, 2020, http://sonjalyubomirsky.com/.
30. Debra A. Hope et al., "Automatic Thoughts and Cognitive Restructuring in Cognitive Behavioral Group Therapy for Social Anxiety Disorder," *Cognitive Therapy and Research* 34, no. 1 (February 1, 2010): 1-12, https:// doi.org/10.1007/s10608-007-9147-9.
31. "Cognitive Restructuring (Guide)," Therapist Aid, accessed November 25, 2020, https://www.therapistaid.com/therapy-guide/cognitive-restructuring.
32. David D. Burns, *Feeling Good: The New Mood Therapy. Chapter 3: Understanding Your Moods: You Feel the Way You Think*, Reprint edition (New York: Harper, 2008).
33. "CBT's Cognitive Restructuring (CR) For Tackling Cognitive Distortions," PositivePsychology.com, February 12, 2018, https://positivepsychology.com/cbt-cognitive-restructuring-cognitive-distortions/.
34. Aaron T. Beck, *Cognitive Therapy and the Emotional Disorders. Chapter 2: Tapping the Internal Communications*, n.d.
35. Patrick B. Wood, "Role of Central Dopamine in Pain and Analgesia," *Expert Review of Neurotherapeutics* 8, no. 5 (May 2008): 781-97, https:// doi.org/10.1586/14737175.8.5.781.
36. R. C. Lane, J. W. Hull, and L. M. Foehrenbach, "The Addiction to Negativity," *Psychoanalytic Review* 78, no. 3 (1991): 391-410.

第6章

1. William B. Irvine, On Desire: *Why We Want What We Want. Chapter 7: The Biological Incentive System* (Oxford University Press, 2005).
2. Epictetus, *The Discourses of Epictetus: The Handbook, Fragments*, ed. Christopher Gill and Richard Stoneman, trans. Robin Hard, 2nd Original ed. edition (London : Rutland, Vt: Everyman Paperbacks, 1995).
3. Bhikkhu Bodhi, *The Noble Eightfold Path: Way to the End of Suffering. Chapter 1: The Way to the End of Suffering*, n.d.
4. Walpola Rahula, *What the Buddha Taught: Revised and Expanded Edition with Texts from Suttas and Dhammapada. Chapter 4: The Third Noble Truth*, n.d.
5. Epicurus, *Principal Doctrines*, n.d.
6. Epictetus, *Enchiridion*, trans. George Long, unknown edition (Mineola, NY: Dover Publications, 2004).
7. Marie-Aurélie Bruno et al., "A Survey on Self-Assessed Well-Being in a Cohort of Chronic Locked-in Syndrome Patients: Happy Majority, Miserable Minority," *BMJ Open* 1, no. 1 (January 1, 2011): e000039, https:// doi.org/10.1136/bmjopen-2010-000039.

8. "Personal Strivings: An Approach to Personality and Subjective Well-Being.-PsycNET," accessed November 25, 2020, https://psycnet.apa. org/doiLanding?doi=10.1037 percent2F0022-3514.51.5.1058.
9. Wilhelm Hofmann and Loran F. Nordgren, eds., *The Psychology of Desire. Chapter 3-Desire and Desire Regulation*, Reprint edition (New York, NY: The Guilford Press, 2016).
10. Lotte Dillen, Esther Papies, and Wilhelm Hofmann, "Turning a Blind Eye to Temptation: How Cognitive Load Can Facilitate Self-Regulation," *Journal of Personality and Social Psychology* 104 (December 31, 2012), https://doi.org/10.1037/a0031262.
11. Bhikkhu Bodhi, *The Noble Eightfold Path: The Way to the End of Suffering* Chapter 6: Right Mindfulness, n.d.
12. "The Grateful Disposition: A Conceptual and Empirical Topography.-PsycNET," accessed November 25, 2020, /doiLanding?doi=10.1037 percent2F0022-3514.82.1.112.
13. "Beyond Reciprocity: Gratitude and Relationships in Everyday Life.-PsycNET," accessed November 25, 2020, /doiLanding?doi=10.1037 percent2F1528-3542.8.3.425.
14. Arnoud Arntz and Miranda Hopmans, "Underpredicted Pain Disrupts More than Correctly Predicted Pain, but Does Not Hurt More," *Behaviour Research and Therapy* 36, no. 12 (December 1, 1998): 1121-29, https:// doi.org/10.1016/S0005-7967(98)00085-0.
15. Yair Dor-Ziderman et al., "Mindfulness-Induced Selflessness: A MEG Neurophenomenological Study," *Frontiers in Human Neuroscience* 7 (2013), https://doi.org/10.3389/fnhum.2013.00582.
16. Paul Verhaeghen, "The Self-Effacing Buddhist: No(t)-Self in Early Buddhism and Contemplative Neuroscience," *Contemporary Buddhism* 18, no. 1 (January 2, 2017): 21-36, https://doi.org/10.1080/14639947.2017.1297344.
17. M. E. Raichle et al., "A Default Mode of Brain Function," *Proceedings of the National Academy of Sciences* 98, no. 2 (January 16, 2001): 676-82, https:// doi.org/10.1073/pnas.98.2.676.
18. Viktor E. Frankl, William J. Winslade, and Harold S. Kushner, *Man's Search for Meaning*, 1st edition (Boston: Beacon Press, 2006).
19. Donald Robertson, *The Philosophy of Cognitive Behavioural Therapy: Stoic Philosophy as Rational and Cognitive Psychotherapy. Chapter 13: The View from Above and Stoic Metaphysics*, n.d.
20. Aaron Beck, Gary Emery, and Ruth L. Greenberg, *Anxiety Disorders and Phobias: A Cognitive Perspective. Chapter 11: Strategies and Techniques for Cognitive Restructuring*, n.d.
21. Anna Rose Childress, A. Thomas McLELLAN, and Charles P. O'brien, "Abstinent Opiate Abusers Exhibit Conditioned Craving, Conditioned Withdrawal and Reductions in Both through Extinction," *British Journal of Addiction* 81, no. 5 (1986): 655-60, https://doi.org/10.1111/j.1360-0443.1986. tb00385.x.
22. Daryl J. Bem, "Self-Perception Theory, in *Advances in Experimental Social Psychology*, ed. Leonard Berkowitz, vol. 6 (Academic Press, 1972), 1-62, https://doi.org/10.1016/S0065-2601(08)60024-6.
23. Diogenes Laertius, *Lives of the Eminent Philosophers: By Diogenes Laertius. Book 6 Diogenes Laertius*, ed. James Miller, trans. Pamela Mensch (New York: Oxford University Press, 2018).
24. "Diogenes of Sinope | Internet Encyclopedia of Philosophy," accessed November 25, 2020, https://iep.utm.edu/diogsino/.
25. "Diogenes," accessed November 25, 2020, https://penelope.uchicago.edu/~grout/encyclopaedia_romana/greece/hetairai/diogenes.html.
26. William B. Irvine, *A Guide to the Good Life: The Ancient Art of Stoic Joy. Chapter 7: Self-Denial*, 1st edition (Oxford University Press, 2008).
27. Cynthia King and William B. Irvine, *Musonius Rufus: Lectures and Sayings*, n.d.
28. Wilhelm Hofmann et al., "Yes, But Are They Happy? Effects of Trait Self-Control on Affective Well-Being and Life Satisfaction," *Journal of Personality* 82, no. 4 (2014): 265-77, https://doi.org/10.1111/jopy.12050.
29. Kennon M. Sheldon and Sonja Lyubomirsky, "The Challenge of Staying Happier: Testing the Hedonic Adaptation Prevention Model," *Personality and Social Psychology Bulletin* 38, no. 5 (May 1, 2012): 670-80, https:// doi.org/10.1177/0146167212436400.
30. William B. Irvine, *A Guide to the Good Life: The Ancient Art of Stoic Joy. Chapter 5-The Dichotomy of Control: On Becoming Invincible*, 1st edition (Oxford University Press, 2008).
31. Nick K. Lioudis, "The Importance Of Diversification," Investopedia, accessed November 25, 2020, https://www.investopedia.com/investing/importance-diversification/.
32. Andrew K. MacLeod, Emma Coates, and Jacquie Hetherton, "Increasing Well-Being through Teaching Goal-Setting and Planning Skills: Results of a Brief Intervention," *Journal of Happiness Studies: An Interdisciplinary Forum on Subjective Well-Being* 9, no. 2 (2008): 185-96, https://doi. org/10.1007/s10902-007-9057-2.
33. James Chen, "Liquidity," Investopedia, accessed November 25, 2020, https://www.investopedia.com/terms/l/liquidity.asp.
34. June Gruber et al., "Happiness Is Best Kept Stable: Positive Emotion Variability Is Associated With Poorer Psychological Health," *Emotion (Washington, D.C.)* 13 (November 19, 2012), https://doi.org/10.1037/a0030262.

第7章

1. Tim O'Keefe, *Epicureanism. Chapter 12 Varieties of Pleasure, Varieties of Desire*, n.d.
2. Maryam MALMIR, Mohammad KHANAHMADI, and Dariush FARHUD, "Dogmatism and Happiness," *Iranian Journal of Public Health* 46, no. 3 (March 2017): 326-32.
3. Marc Kreidler, "Stardust, Smoke, and Mirrors: The Myth of the Mad Genius | Skeptical Inquirer," September 1, 2013, https://skepticalinquirer. org/2013/09/stardust-smoke-and-

mirrors-the-myth-of-the-mad-genius/.

4. Aaron T. Beck and Brad A. Alford, *Depression: Causes and Treatment, 2nd Edition. Chapter 17: Cognition and Psychopathology*, n.d.
5. Andrew J. Oswald, Eugenio Proto, and Daniel Sgroi, "Happiness and Productivity," *Journal of Labor Economics* 33, no. 4 (September 26, 2015): 789-822, https://doi.org/10.1086/681096.
6. Stephen G. Post, "Altruism, Happiness, and Health: It's Good to Be Good," *International Journal of Behavioral Medicine* 12, no. 2 (June 1, 2005): 66-77, https://doi.org/10.1207/s15327558ijbm1202_4.
7. Kai Epstude and Kai J. Jonas, "Regret and Counterfactual Thinking in the Face of Inevitability: The Case of HIV-Positive Men," *Social Psycho-logical and Personality Science* 6, no. 2 (March 1, 2015): 157-63, https://doi. org/10.1177/1948550614546048.
8. Friedrich Nietzsche, *On the Genealogy of Morals and Ecce Homo. Essay 1: 'Good and Evil', 'Good and Bad,'* ed. Walter Kaufmann, Reissue edition (New York: Vintage, 1989).
9. D. Hemelsoet, K. Hemelsoet, and D. Devreese, "The Neurological Illness of Friedrich Nietzsche," *Acta Neurologica Belgica* 108, no. 1 (March 2008): 9-16.
10. Aristotle, *Nicomachean Ethics. Book II Chapter 6*, trans. C. D. C. Reeve (Indianapolis: Hackett Publishing Company, Inc., 2014).
11. Richard Kraut, "Aristotle's Ethics," in *The Stanford Encyclopedia of Philosophy*, ed. Edward N. Zalta, Summer 2018 (Metaphysics Research Lab, Stanford University, 2018), https://plato.stanford.edu/archives/sum2018/ entries/aristotle-ethics/.
12. Maya Tamir et al., "The Secret to Happiness: Feeling Good or Feeling Right?," *Journal of Experimental Psychology: General* 146 (August 14, 2017), https://doi.org/10.1037/xge0000303.
13. Emily Rose Dunn, "Blue Is the New Black: How Popular Culture Is Romanticizing Mental Illness," December 2017, https://digital.library.txstate.edu/handle/10877/6985.
14. Randolph M. Nesse MD, *Good Reasons for Bad Feelings: Insights from the Frontier of Evolutionary Psychiatry. Chapter 4: Good Reasons for Bad Feelings*, n.d.
15. James J. Gross, ed., *Handbook of Emotion Regulation, Second Edition. Chapter 4: The Neural Basis of Emotion Dysregulation*, Second edition (New York, NY: The Guilford Press, 2015).
16. June Gruber, "Can Feeling Too Good Be Bad?: Positive Emotion Persistence(PEP) in BipolarDisorder," *Current Directions in Psychological Science* 20, no. 4 (August 1, 2011): 217-21, https://doi.org/10.1177/0963721411414632.
17. Heather C. Lench, ed., *The Function of Emotions: When and Why Emotions Help Us. Chapter 8: Functions of Anger in the Emotion System*, 1st ed. 2018edition (Cham, Switzerland: Springer, 2018).
18. Siew-Maan Diong and George D. Bishop, "Anger Expression, Coping Styles, and Well-Being," *Journal of Health Psychology* 4, no. 1 (January 1, 1999): 81-96, https://doi.org/10.1177/135910539900400106.
19. Craig Winston LeCroy, "Anger Management or Anger Expression," *Residential Treatment for Children & Youth* 5, no. 3 (August 9, 1988): 29-39, https://doi.org/10.1300/J007v05n03_04.
20. Seneca, *On Anger: De Ira*, trans. Aubrey Stewart (Independently published, 2017).
21. "The True Trigger of Shame: Social Devaluation Is Sufficient, Wrongdoing Is Unnecessary-ScienceDirect," accessed November 25, 2020, https:// www.sciencedirect.com/science/article/abs/pii/S1090513817303872.
22. Courtland S. Hyatt et al., "The Anatomy of an Insult: Popular Derogatory Terms Connote Important Individual Differences in Agreeableness/Antagonism," *Journal of Research in Personality* 78 (February 1, 2019): 61-75, https://doi.org/10.1016/j.jrp.2018.11.005.
23. Vilayanur S. Ramachandran and Baland Jalal, "The Evolutionary Psychology of Envy and Jealousy," *Frontiers in Psychology* 8 (September 19, 2017), https://doi.org/10.3389/fpsyg.2017.01619.
24. Christopher J. Boyce, Gordon D. A. Brown, and Simon C. Moore, "Money and Happiness: Rank of Income, Not Income, Affects Life Satisfaction," *Psychological Science*, February 18, 2010, https://doi. org/10.1177/0956797610362671.
25. "Emotional Competency Envy," accessed November 25, 2020, http://www.emotionalcompetency.com/envy.htm.
26. Kevin Kelly, "68 Bits of Unsolicited Advice," *The Technium* (blog), accessed November 25, 2020, https://kk.org/thetechnium/68-bits-of-unsolicited-advice/.
27. "How to Deal with Extreme Envy," Time, accessed November 25, 2020, https://time.com/4358803/jealousy-envy-advice/.
28. Wilco W. van Dijk et al., "The Role of Self-Evaluation and Envy in Schadenfreude," *European Review of Social Psychology* 26, no. 1 (January 1, 2015): 247-82, https://doi.org/10.1080/10463283.2015.1111600.
29. Randolph M. Nesse MD, *Good Reasons for Bad Feelings: Insights from the Frontier of Evolutionary Psychiatry. Chapter 5: Anxiety and Smoke Detectors*, Illustrated edition (New York, New York: Dutton, 2019).
30. MeaningofLife.tv, *Good Reasons for Bad Feelings | Robert Wright & Randolph Nesse [The Wright Show]* , 2019, https://www.youtube.com/watch?v=17ypeL88kQ.
31. Raymond G. Miltenberger, *Behavior Modification: Principles and Procedures. Chapter 5: Extinction*, 6th edition (Boston, MA: Cengage Learning, 2015).
32. B. Alan Wallace and Shauna L. Shapiro, "Mental Balance and Well-Being: Building Bridges between Buddhism and Western Psychology," *American Psychologist* 61, no. 7 (2006): 690-701, https://doi. org/10.1037/0003-066X.61.7.690.
33. Randolph M. Nesse MD, *Good Reasons for Bad Feelings: Insights from the Frontier of Evo-*

lutionary Psychiatry. Chapter 9: Guilt and Grief: The Price of Goodness and Love, n.d.

34. Michael Caserta, Rebecca Utz, and Dale Lund, "Spousal Bereavement Following Cancer Death," *Illness, Crises, and Loss* 21 (January 1, 2013): 185-202, https://doi.org/10.2190/IL.21.3.b.
35. Walpola Rahula, *What the Buddha Taught: Revised and Expanded Edition with Texts from Suttas and Dhammapada*, n.d.
36. R. M. A. Nelissen, A. J. M. Dijker, and N. K. de Vries, "Emotions and Goals: Assessing Relations between Values and Emotions," *Cognition and Emotion* 21, no. 4 (June 1, 2007): 902-11, https://doi. org/10.1080/02699930600861330.
37. Nate Soares, *Replacing Guilt: Minding Our Way* (Independently published, 2020).
38. Heather C. Lench, ed., *The Function of Emotions: When and Why Emotions Help Us. Chapter 7: The Adaptive Functions of Jealousy*, n.d.
39. Rachel Elphinston et al., "Romantic Jealousy and Relationship Satisfaction: The Costs of Rumination," *Western Journal of Communication* 77 (April 4, 2013): 293-304, https://doi.org /10.1080/10570314.2013.770161.
40. Stephen Kellett and Peter Totterdell, "Taming the Green-Eyed Monster: Temporal Responsivity to Cognitive Behavioural and Cognitive Analytic Therapy for Morbid Jealousy," *Psychology and Psychotherapy* 86, no. 1 (March 2013): 52-69, https://doi.org/10.1111/j.2044-8341.2011.02045.x.
41. Valerie Rubinsky, "Identity Gaps and Jealousy as Predictors of Satisfaction in Polyamorous Relationships," *Southern Communication Journal* 84, no. 1 (January 1, 2019): 17-29, https://doi.org/10.1080/1041794X.2018.1531916.
42. Robert L. Leahy and Dennis D. Tirch, "Cognitive Behavioral Therapy for Jealousy," *International Journal of Cognitive Therapy* 1, no. 1 (February 1, 2008): 18-32, https://doi.org/10.1521/ijct.2008.1.1.18.
43. "Attachment Styles of Predictors of Relationship Satisfaction Within Adulthood - Nevada State Undergraduate Research Journal," accessed November 25, 2020, http://nsurj.com/v4-i1-2/.
44. Richard Dawkins, *The Selfish Gene: 40th Anniversary Edition. Chapter 1: Why Are People?*, 4th edition (New York, NY: Oxford University Press, 2016).
45. Paul Bloom, *Against Empathy: The Case for Rational Compassion*, n.d.
46. Barbara Oakley et al., eds., *Pathological Altruism. Chapter 2: Empathy-Based Pathogenic Guilt, Pathological Altruism, and Psychopathology*, n.d.
47. "Introduction to Effective Altruism," Effective Altruism, accessed November 25, 2020, https://www.effectivealtruism.org/articles/introduction-to-effective-altruism/.
48. Paul Bloom, "The Baby in the Well," The New Yorker, accessed November 25, 2020, https://www.newyorker.com/magazine/2013/05/20/thebaby-in-the-well.
49. Shoyu Hanayama, "Christian 'Love' and Buddhist 'Compassion,'" *Journal of Indian and Buddhist Studies (Indogaku Bukkyogaku Kenkyu)* 20, no. 1 (1971): 464-455, https://doi.org/10.4259/ibk.20.464.
50. "Open Hearts Build Lives: Positive Emotions, Induced through Loving-Kindness Meditation, Build Consequential Personal Resources.-PsycNET," accessed November 25, 2020, https://psycnet.apa.org/doiLanding?doi=10.1037 percent2Fa0013262.
51. "Loving-Kindness Meditation Increases Social Connectedness.PsycNET," accessed November 25, 2020, https://psycnet.apa.org/doiLanding?doi=10.1037 percent2Fa0013237.
52. Peter Harvey, *An Introduction to Buddhism, Second Edition: Teachings, History and Practices*, n.d.
53. Michael A. Cohn et al., "Happiness Unpacked: Positive Emotions Increase Life Satisfaction by Building Resilience," *Emotion (Washington, D.C.)* 9, no. 3 (June 2009): 361-68, https://doi.org/10.1037/a0015952.
54. Arantzazu Rodríguez-Fernández, Estibaliz Ramos-Díaz, and Inge Axpe-Saez, "The Role of Resilience and Psychological Well-Being in School Engagement and Perceived Academic Performance: An Exploratory Model to Improve Academic Achievement," *Health and Academic Achievement*, September 19, 2018, https://doi.org/10.5772/intechopen.73580.
55. June Gruber et al., "Happiness Is Best Kept Stable: Positive Emotion Variability Is Associated With Poorer Psychological Health," *Emotion (Washington, D.C.)* 13 (November 19, 2012), https://doi.org/10.1037/a0030262.
56. "Similitudes: Stoicism and Buddhism," accessed November 25, 2020, https://stoicandzen.com/stoicism-and-buddhism-similarities/.
57. Marcin Fabja ski and Eric Brymer, "Enhancing Health and Wellbeing through Immersion in Nature: A Conceptual Perspective Combining the Stoic and Buddhist Traditions," *Frontiers in Psychology* 8 (September 12, 2017), https://doi.org/10.3389/fpsyg.2017.01573.

第8章

1. Wilhelm Hofmann et al., "Dieting and the Self-Control of Eating in Everyday Environments: An Experience Sampling Study," *British Journal ofHealth Psychology* 19, no. 3 (September 2014): 523-39, https://doi.org/10.1111/ bjhp.12053.
2. Marja Kinnunen et al., "Self-Control Is Associated with Physical Activity and Fitness among Young Males," *Behavioral Medicine (Washington, D.C.)* 38 (July 1, 2012): 83-89, https://doi.org/10.1080/08964289.2012.693975.
3. Larissa Barber, Matthew Grawitch, and David Munz, "Are Better Sleepers More Engaged Workers? A Self-Regulatory Approach to Sleep Hygiene and Work Engagement.," *Stress and Health : Journal of the International Society for the Investigation of Stress*, October 1, 2012, https://doi.org/10.1002/ smi.2468.
4. Anja Achtziger et al., "Debt out of Control: The Links between Self-Control, Compulsive

Buying, and Real Debts," *Journal of Economic Psychology* 49 (August 1, 2015): 141-49, https://doi.org/10.1016/j.joep.2015.04.003.

5. Thomas A. Wills et al., "Behavioral and Emotional Self-Control: Relations to Substance Use in Samples of Middle and High School Students," *Psychology of Addictive Behaviors: Journal of the Society of Psychologists in Addictive Behaviors* 20, no. 3 (September 2006): 265-78, https://doi. org/10.1037/0893-164X.20.3.265.
6. Adriel Boals, Michelle R. Vandellen, and Jonathan B. Banks, "The Relationship between Self-Control and Health: The Mediating Effect of Avoidant Coping," *Psychology & Health* 26, no. 8 (August 2011): 1049-62, https://doi.org/10.1080/08870446.2010.529139.
7. June P. Tangney, Roy F. Baumeister, and Angie Luzio Boone, "High Self-Control Predicts Good Adjustment, Less Pathology, Better Grades, and Interpersonal Success," *Journal of Personality* 72, no. 2 (2004): 271-324, https://doi.org/10.1111/j.0022-3506.2004.00263.x.
8. June Price Tangney et al., "Reliability, Validity, and Predictive Utility of the 25-Item Criminogenic Cognitions Scale (CCS)," *Criminal Justice and Behavior* 39, no. 10 (October 1, 2012): 1340-60, https://doi. org/10.1177/0093854812451092.
9. Angela L. Duckworth and Martin E.P. Seligman, "Self-Discipline Outdoes IQ in Predicting Academic Performance of Adolescents," *Psychological Science* 16, no. 12 (December 1, 2005): 939-44, https://doi.org/10.1111/ j.1467-9280.2005.01641.x.
10. Eli Finkel and W. Keith Campbell, "Self-Control and Accommodation in Close Relationships: An Interdependence Analysis," *Journal of Personality and Social Psychology* 81 (September 1, 2001): 263-77, https://doi. org/10.1037/0022-3514.81.2.263.
11. Camilla Strömbäck et al., "Does Self-Control Predict Financial Behavior and Financial Well-Being?," *Journal of Behavioral and Experimental Finance* 14 (June 1, 2017): 30-38, https://doi.org/10.1016/j.jbef.2017.04.002.
12. Wilhelm Hofmann et al., "Yes, But Are They Happy? Effects of Trait Self-Control on Affective Well-Being and Life Satisfaction," *Journal of Personality* 82, no. 4 (2014): 265-77, https://doi.org/10.1111/jopy.12050.
13. Wilhelm Hofmann, Hiroki Kotabe, and Maike Luhmann, "The Spoiled Pleasure of Giving in to Temptation," *Motivation and Emotion* 37, no. 4 (December 1, 2013): 733-42, https://doi.org/10.1007/s11031-013-9355-4.
14. T. E. Moffitt et al., "A Gradient of Childhood Self-Control Predicts Health, Wealth, and Public Safety," *Proceedings of the National Academy of Sciences* 108, no. 7 (February 15, 2011): 2693-98, https://doi.org/10.1073/ pnas.1010076108.
15. David L. Watson and Roland G. Tharp, *Self-Directed Behavior: Self-Modification for Personal Adjustment. Chapter 5: Antecedents*, n.d.
16. James Clear, *Atomic Habits: An Easy & Proven Way to Build Good Habits & Break Bad Ones. Chapter 8: How to Make a Habit Irresistible.* Illustrated edition (New York: Avery, 2018).
17. George F. Koob and Eric J. Simon, "The Neurobiology of Addiction: Where We Have Been and Where We Are Going," *Journal of Drug Issues* 39, no. 1 (January 2009): 115-32.
18. David T. Courtwright, *The Age of Addiction: How Bad Habits Became Big Business*, n.d.
19. Daniel H. Angres and Kathy Bettinardi-Angres, "The Disease of Addiction: Origins, Treatment, and Recovery," *Disease-a-Month*, The Disease of Addiction: Origins, Treatment, and Recovery, 54, no. 10 (October 1, 2008): 696-721, https://doi.org/10.1016/j.disamonth.2008.07.002.
20. Daniel Lieberman, *The Story of the Human Body: Evolution, Health, and Disease*, n.d.
21. Angela Jacques et al., "The Impact of Sugar Consumption on Stress Driven, Emotional and Addictive Behaviors," *Neuroscience & Biobehavioral Reviews* 103 (August 1, 2019): 178-99, https://doi.org/10.1016/j.neubiorev.2019.05.021.
22. MeaningofLife.tv, *Good Reasons for Bad Feelings | Robert Wright & Randolph Nesse [The Wright Show]* , 2019, https://www.youtube.com/watch?v=17ypeL88kQ.
23. Lauren E. Sherman et al., "What the Brain 'Likes': Neural Correlates of Providing Feedback on Social Media," *Social Cognitive and Affective Neuroscience* 13, no. 7 (September 4, 2018): 699-707, https://doi.org/10.1093/scan/ nsy051.
24. Russell Clayton, Alexander Nagurney, and Jessica Smith, "Cheating, Breakup, and Divorce: Is Facebook Use to Blame?," *Cyberpsychology, Behavior, and Social Networking* 16 (October 22, 2013): 717-20, https://doi.org/10.1089/ cyber.2012.0424.
25. Mark Griffiths, Halley Pontes, and Daria Kuss, "The Clinical Psychology of Internet Addiction: A Review of Its Conceptualization, Prevalence, Neuronal Processes, and Implications for Treatment.," *Neurosciences and Neureconomics* 4 (January 1, 2015).
26. Ahmet AKIN et al., "Self-Control/Management And Internet Addiction," *International Online Journal of Educational Sciences* 7 (August 11, 2015): 95-100, https://doi.org/10.15345/iojes.2015.03.016.
27. Kashmir Hill, "Adventures in Self-Surveillance, Aka The Quantified Self, Aka Extreme Navel-Gazing," Forbes, accessed November 25, 2020, https://www.forbes.com/sites/kashmirhill/2011/04/07/adventures-in-self-surveillance-aka-the-quantified-self-aka-extreme-navel-gazing/.
28. "Carbonfootprint.Com-Carbon Footprint Calculator," accessed November 25, 2020, https://www.carbonfootprint.com/calculator.aspx.
29. Peter M. Gollwitzer and Veronika Brandstätter, "Implementation Intentions and Effective Goal Pursuit," *Journal of Personality and Social Psychology* 73, no. 1 (1997): 186-99, https://doi.org/10.1037/0022-3514.73.1.186.
30. Elliot Aronson and Joshua Aronson, *The Social Animal. Chapter 4: Conformity*, n.d.
31. S. E. Asch, "Effects of Group Pressure upon the Modification and Distortion of Judgments," in *Groups, Leadership and Men; Research in Human Relations* (Oxford, England: Carnegie

Press, 1951), 177-90.
32. Netflix, *Derren Brown: The Push I Official Trailer [HD] I Netflix*, 2018, https://www.youtube.com/watch?v=doFpACkiZ2Q&feature=emb_title.
33. Herbert C. Kelman, "Compliance, Identification, and Internalization Three Processes of Attitude Change:," *Journal of Conflict Resolution*, July 1, 2016, https://doi.org/10.1177/002200275800200106.
34. B. Mullen, "Effects of strength and immediacy in group contexts: Reply to Jackson." Journal of Personality and Social Psychology, https://doi. org/10.1037/0022-3514.50.3.514
35. Russell D. Clark III, "Effect of number of majority defectors on minority influence." Group Dynamics: Theory, Research, and Practice, https:// doi.org/10.1037/1089-2699.5.1.57
36. Patricia Pliner et al., "Compliance without Pressure: Some Further Data on the Foot-in-the-Door Technique," *Journal of Experimental Social Psychology* 10, no. 1 (January 1, 1974): 17-22, https://doi.org/10.1016/0022-1031(74)90053-5.
37. Robert Cialdini et al., "Reciprocal Concessions Procedure for Inducing Compliance: The Door-in-the-Face Technique," *Journal of Personality and Social Psychology* 31 (February 1, 1975): 206-15, https://doi.org/10.1037/ h0076284.
38. Edward E. Jones, *Ingratiation: A Social Psychological Analysis*, First Edi-tion (Appleton-Century-Crofts, Inc, 1964).
39. Mark Whatley et al., "The Effect of a Favor on Public and Private Compliance: How Internalized Is the Norm of Reciprocity?," *Basic and Applied Social Psychology-BASIC APPL SOC PSYCHOL* 21 (September 1, 1999): 251-
59, https://doi.org/10.1207/S15324834BASP2103_8.
40. Herbert C. Kelman, "Compliance, Identification, and Internalization Three Processes of Attitude Change:," *Journal of Conflict Resolution*, July 1, 2016, https://doi.org/10.1177/002200275800200106.
41. Jerry M. Burger et al., "What a Coincidence! The Effects of Incidental Similarity on Compliance:," Personality and Social Psychology Bulletin, July 2, 2016, https://doi.org/10.1177/0146167203258838.
42. Dan Ariely, *Predictably Irrational, Revised and Expanded Edition: The Hidden Forces That Shape Our Decisions. Chapter 2: The Fallacy of Supply and Demand*, Revised and Expanded ed. edition (New York, NY: Harper Perennial, 2010).
43. Christina Steindl et al., "Understanding Psychological Reactance," *Zeitschrift Fur Psychologie* 223, no. 4 (2015): 205-14, https://doi. org/10.1027/2151-2604/a000222.
44. Brad J. Sagarin et al., "Dispelling the Illusion of Invulnerability: The Motivations and Mechanisms of Resistance to Persuasion," *Journal of Personality and Social Psychology* 83, no. 3 (2002): 526-41, https://doi.org/10.1037/0022-3514.83.3.526.
45. Arend Hintze et al., "Risk Aversion as an Evolutionary Adaptation," October 23, 2013.
46. "Adaptability: How Students' Responses to Uncertainty and Novelty Predict Their Academic and Non-Academic Outcomes.-PsycNET," APA PsycNET, accessed November 25, 2020, https://doi.org/10.1037/a0032794.
47. Abraham H. Maslow, Bertha G. Maslow, and Henry Geiger, *The Farther Reaches of Human Nature. Chapter 2: Neurosis as a Failure of Personal Growth*, n.d.
48. Steven M. Albert and John Duffy, "Differences in Risk Aversion be-tween Young and Older Adults," *Neuroscience and Neuroeconomics* 2012, no. 1 (January 15, 2012), https://doi.org/10.2147/NAN.S27184.
49. John Kaag, *Hiking with Nietzsche: On Becoming Who You Are*, 1st edition (New York: Farrar, Straus and Giroux, 2018).
50. Bernard Reginster, *The Affirmation of Life: Nietzsche on Overcoming Nihilism*, 0 edition (Harvard University Press, 2009).
51. Rodica Ioana Damian et al., "Sixteen Going on Sixty-Six: A Longitudinal Study of Personality Stability and Change across 50 Years," *Journal of Personality and Social Psychology* 117, no. 3 (September 2019): 674-95, https:// doi.org/10.1037/pspp0000210.
52. L. -G Öst et al., "One vs Five Sessions of Exposure and Five Sessions of Cognitive Therapy in the Treatment of Claustrophobia," *Behaviour Research and Therapy* 39, no. 2 (February 1, 2001): 167-83, https://doi.org/10.1016/ S0005-7967(99)00176-X.
53. Lissa Rankin M.D, *The Fear Cure: Cultivating Courage as Medicine for the Body, Mind, and Soul. Chapter 4: Uncertainty Is the Gateway to Possibility*, n.d.
54. Friedrich Nietzsche, *Twilight of the Idols: Or How to Philosophize with a Hammer*, trans. Duncan Large, n.d.
55. Geraldine O'Sullivan, "The Relationship Between Hope, Eustress, Self-Efficacy, and Life Satisfaction Among Undergraduates," *Social Indicators Research* 101, no. 1 (March 1, 2011): 155-72, https://doi.org/10.1007/s11205-0109662-z.
56. Marcus Aurelius, *Meditations*, 1st edition (CreateSpace Independent Publishing Platform, 2018).
57. R. Blaug, *How Power Corrupts: Cognition and Democracy in Organisations. Chapter 2: Psychologies of Power*, n.d.
58. Olena Antonaccio and Charles R. Tittle, "Morality, Self-Control, and Crime*," *Criminology* 46, no. 2 (2008): 479-510, https://doi.org/10.1111/j.17459125.2008.00116.x.
59. David Myers, Exploring *Social Psychology*, n.d.
60. James Clear, *Atomic Habits: An Easy & Proven Way to Build Good Habits & Break Bad Ones. Chapter 2: How Your Habits Shape Your Identity (and Vice Versa)* , Illustrated edition (New York: Avery, 2018).
61. Daryl J. Bem, "Self-Perception Theory, Development of Self-Perception Theory Was Supported Primarily by a Grant from the National Science Foundation (GS 1452) Awarded to

the Author during His Tenure at Carnegie-Mellon University.," in *Advances in Experimental Social Psychology*, ed. Leonard Berkowitz, vol. 6 (Academic Press, 1972), 1-62, https://doi.org/10.1016/ S0065-2601(08)60024-6.
62. Danica Mijovi -Prelec and Drazen Prelec, "Self-Deception as SelfSignalling: A Model and Experimental Evidence," Philosophical Transactions of the Royal Society of London. Series B, Biological Sciences 365, no. 1538 (January 27, 2010): 227-40, https://doi.org/10.1098/rstb.2009.0218.
63. David D. Burns, Feeling Good: The New Mood Therapy. Chapter 5: DoNothingism: How to Beat It, n.d.
64. "Praise for Intelligence Can Undermine Children's Motivation and Performance.-PsycNET," accessed November 25, 2020, https://psycnet.apa. org/doiLanding?doi=10.1037 percent2F0022-3514.75.1.33.
65. "Implicit Social Cognition: Attitudes, Self-Esteem, and Stereotypes.PsycNET," accessed November 25, 2020, https://doi.apa.org/doiLanding?doi=10.1037 percent2F0033-295X.102.1.4.

第9章

1. Kentaro Fujita, Ariana Orvell, and Ethan Kross, "Smarter, Not Harder: A Toolbox Approach to Enhancing Self-Control," *Policy Insights from the Behavioral and Brain Sciences* 7, no. 2 (October 1, 2020): 149-56, https://doi. org/10.1177/2372732220941242.
2. Christian Tornau, "Saint Augustine," in *The Stanford Encyclopedia of Philosophy*, ed. Edward N. Zalta, Summer 2020 (Metaphysics Research Lab, Stanford University, 2020), https://plato.stanford.edu/archives/sum2020/en-tries/augustine/.
3. David Dubner, "Willpower and Ego Depletion: Useful Constructs?," *Counseling & Wellness: A Professional Counseling Journal* 5 (February 2016), https://openknowledge.nau.edu/2338/.
4. Matthew T. Gailliot and Roy F. Baumeister, "The Physiology of Willpower: Linking Blood Glucose to Self-Control," *Personality and Social Psychology Review* 11, no. 4 (November 1, 2007): 303-27, https://doi. org/10.1177/1088868307303030.
5. Mischel Walter, *The Marshmallow Test: Understanding Self-Control and How To Master It. Chapter 2: How They Do It.* n.d.
6. "Nietzsche and Psychology: How to Become Who You Are," *Academy of Ideas* (blog), February 21, 2017, https://academyofideas.com/2017/02/nietzsche-psychology-become-who-you-are/.
7. David L. Watson and Roland G. Tharp, *Self-Directed Behavior: Self-Modification for Personal Adjustment. Chapter 5: Antecedents*, n.d.
8. "The Complete Guide to Self-Control," Scott H Young, September 30 2019, https://www.scotthyoung.com/blog/2019/09/30/self-control/.
9. David L. Watson and Roland G. Tharp, *Self-Directed Behavior: Self-Modification for Personal Adjustment. Chapter 7: Consequences*, n.d.
10. Daniel H. Pink, *Drive: The Surprising Truth About What Motivates Us. Chapter 2: Seven Reasons Carrots and Sticks (Often) Don't Work* (New York: Riverhead Books, 2011).
11. T. E. Moffitt et al., "A Gradient of Childhood Self-Control Predicts Health, Wealth, and Public Safety," Proceedings of the National Academy of Sciences 108, no. 7 (February 15, 2011): 2693-98, https://doi.org/10.1073/ pnas.1010076108.
12. "Neuroreality: The New Reality Is Coming. And It's a Brain Computer Interface.," Futurism, accessed November 25, 2020, https://futurism.com/ neuroreality-the-new-reality-is-coming-and-its-a-brain-computer-interface.
13. Anne-Marie Willis, "Ontological Designing," *Design Philosophy Papers* 4 (June 1, 2006): 69-92, https://doi.org/10.2752/144871306X13966268131514.
14. Benjamin Hardy, *Willpower Doesn't Work: Discover the Hidden Keys to Success. Chapter 2: How Your Environment Shapes You*, n.d.
15. Epictetus, *Enchiridion*, XXXII, trans. George Long, n.d.
16. Nicholas A. Christakis and James H. Fowler, "The Spread of Obesity in a Large Social Network over 32 Years," *New England Journal of Medicine* 357, no. 4 (July 26, 2007): 370-79, https://doi.org/10.1056/NEJMsa066082.
17. M. J. Howes, J. E. Hokanson, and D. A. Loewenstein, "Induction of Depressive Affect after Prolonged Exposure to a Mildly Depressed Individual," *Journal of Personality and Social Psychology* 49, no. 4 (October 1985): 1110-13, https://doi.org/10.1037//0022-3514.49.4.1110.
18. Walter Mischel and Nancy Baker, "Cognitive Appraisals and Transformations in Delay Behavior," *Journal of Personality and Social Psychology* 31, no. 2 (1975): 254-61, https://doi.org/10.1037/h0076272.
19. Monique Boekaerts, Paul R. Pintrich, and Moshe Zeidner, eds., *Handbook of Self-Regulation. Chapter 15: Attentional Control and Self-Regulation*, n.d.
20. Stacey Long et al., "Effects of Distraction and Focused Attention on Actual and Perceived Food Intake in Females with Non-Clinical Eating Psychopathology," *Appetite* 56, no. 2 (April 1, 2011): 350-56, https://doi. org/10.1016/j.appet.2010.12.018.
21. Ashley E. Mason et al., "Reduced Reward-Driven Eating Accounts for the Impact of a Mindfulness-Based Diet and Exercise Intervention on Weight Loss: Data from the SHINE Randomized Controlled Trial," *Appetite* 100 (May 1, 2016): 86-93, https://doi.org/10.1016/j.appet.2016.02.009.
22. W. Mischel, E. B. Ebbesen, and A. R. Zeiss, "Cognitive and Attentional Mechanisms in Delay of Gratification," *Journal of Personality and Social Psychology* 21, no. 2 (February 1972): 204-18, https://doi.org/10.1037/h0032198.
23. Fjolvar Darri Rafnsson, Fridrik H. Jonsson, and Michael Windle, "Coping Strategies, Stress-

ful Life Events, Problem Behaviors, and Depressed Affect," *Anxiety, Stress, & Coping* 19, no. 3 (September 1, 2006): 241-57, https:// doi.org/10.1080/10615800600679111.
24. Shireen L. Rizvi, *Chain Analysis in Dialectical Behavior Therapy. Chapter 3: Getting to Know the Target Behavior*, 1st edition (The Guilford Press, 2019).
25. David L. Watson and Roland G. Tharp, *Self-Directed Behavior: Self-Modification for Personal Adjustment. Chapter 2: Forethought: Planning for Success*, 10th edition (Australia: Cengage Learning, 2013).
26. Raymond G. Miltenberger, *Behavior Modification: Principles and Procedures. Chapter 4: Reinforcement*, 6th edition (Boston, MA: Cengage Learning, 2015).
27. Dan Ariely and Klaus Wertenbroch, "Procrastination, Deadlines, and Performance: Self-Control by Precommitment," *Psychological Science* 13, no. 3 (May 1, 2002): 219-24, https://doi.org/10.1111/1467-9280.00441.
28. Xavier Giné, Dean Karlan, and Jonathan Zinman, "Put Your Money Where Your Butt Is: A Commitment Contract for Smoking Cessation," *American Economic Journal: Applied Economics* 2, no. 4 (October 2010): 213-35, https:// doi.org/10.1257/app.2.4.213.
29. Jinfeng Jiao and Catherine A. Cole, "The Effects of Goal Publicity and Self-Monitoring on Escalation of Goal Commitment," *Journal of Consumer Behaviour* 19, no. 3 (2020): 219-28, https://doi.org/10.1002/cb.1806.
30. John Raglin, "Factors in Exercise Adherence: Influence of Spouse Participation," *Quest* 53 (August 1, 2001), https://doi.org/10.1080/00336297.2001.10491752.
31. James Clear, *Atomic Habits: An Easy & Proven Way to Build Good Habits & Break Bad Ones. Chapter 17: How an Accountability Partner Can Change Everything*, Illustrated edition (New York: Avery, 2018).
32. "Focusmate-Distraction-Free Productivity," Focusmate, accessed November 25, 2020, https://www.focusmate.com.
33. "Change Your Habits and Life with Pavlok," Pavlok, accessed November 25, 2020, https://pavlok.com/.
34. Robert Soussignan, "Duchenne Smile, Emotional Experience, and Autonomic Reactivity: A Test of the Facial Feedback Hypothesis," *Emotion (Washington, D.C.)* 2, no. 1 (March 2002): 52-74, https://doi.org/10.1037/1528-3542.2.1.52.
35. Katherine L. Milkman, Julia A. Minson, and Kevin G. M. Volpp, "Holding the Hunger Games Hostage at the Gym: An Evaluation of Temptation Bundling," *Management Science* 60, no. 2 (February 2014): 283-99, https://doi. org/10.1287/mnsc.2013.1784.
36. Timothy D Hackenberg, "TOKEN REINFORCEMENT: A REVIEW AND ANALYSIS," *Journal of the Experimental Analysis of Behavior* 91, no. 2 (March 2009): 257-86, https://doi.org/10.1901/jeab.2009.91-257.
37. Friedrich Nietzsche, *Nietzsche: Daybreak: Thoughts on the Prejudices of Morality*, ed. Maudemarie Clark and Brian Leiter, trans. R. J. Hollingdale, 2nd edition (Cambridge University Press, 1997).
38. Lisa Williams and David desteno, "Pride and Perseverance: The Motivational Role of Pride," *Journal of Personality and Social Psychology* 94 (June 1, 2008): 1007-17, https://doi.org/10.1037/0022-3514.94.6.1007.
39. Abraham H. Maslow, Bertha G. Maslow, and Henry Geiger, *The Farther Reaches of Human Nature. Chapter 23: A Theory of Metamotivation: The Biological Rooting of the Value-Life*, n.d.
40. Edward Deci, Richard Koestner, and Richard Ryan, "A Meta-Analytic Review of Experiments Examining the Effect of Extrinsic Rewards on Intrinsic Motivation," *Psychological Bulletin* 125 (December 1, 1999): 627-68; discussion 692, https://doi.org/10.1037/0033-2909.125.6.627.
41. Mark Lepper and And Others, "Undermining Children's Intrinsic Interest with Extrinsic Reward: A Test of the 'Overjustification' Hypothesis," *Journal of Personality and Social Psychology* 28 (October 1, 1973), https://doi. org/10.1037/h0035519.
42. Teresa M. Amabile, *Creativity In Context: Update To The Social Psychology Of Creativity. Chapter 3: A Consensual Technique for Creativity Assessment*, New edition (Boulder, Colo: Routledge, 1996).
43. Daniel H. Pink, *Drive: The Surprising Truth About What Motivates Us. Chapter 2: Seven Reasons Carrots and Sticks (Often) Don't Work*, n.d.
44. Edward L. Deci, Richard Koestner, and Richard M. Ryan, "Extrin-sic Rewards and Intrinsic Motivation in Education: Reconsidered Once Again," *Review of Educational Research* 71, no. 1 (2001): 1-27.
45. Mihaly Csikszentmihalyi, *Beyond Boredom and Anxiety: Experiencing Flow in Work and Play*, 25th Anniversary edition (San Francisco: Jossey-Bass, 2000).
46. Teresa Amabile and Steven J. Kramer, "The Power of Small Wins," *Harvard Business Review*, May 1, 2011, https://hbr.org/2011/05/the-power-ofsmall-wins.
47. Kjærsti Thorsteinsen and Joar Vittersø, "Striving for Wellbeing: The Different Roles of Hedonia and Eudaimonia in Goal Pursuit and Goal Achievement," *International Journal of Wellbeing* 8, no. 2 (December 8, 2018), https:// doi.org/10.5502/ijw.v8i2.733.

第10章

1. Lorraine L. Besser, *Eudaimonic Ethics: The Philosophy and Psychology of Living Well. Chapter 6: An Instrumental Theory of Virtue*, 1st edition (Routledge, 2014).
2. History com Editors, "Aristotle," HISTORY, accessed November 25, 2020, https://www.history.com/topics/ancient-history/aristotle.
3. "Who Was Epictetus? The Slave Who Became The Stoic Philosopher," Orion Philosophy,

accessed November 25, 2020, https://www.orionphilosophy.com/stoic-blog/epictetus.
4. Viktor E. Frankl, William J. Winslade, and Harold S. Kushner, *Man's Search for Meaning*, n.d.
5. Charles Huenemann, "Nietzsche's Illness," The Oxford Handbook of Nietzsche, September 1, 2013, https://doi.org/10.1093/oxfordhb/9780199534647.013.0004.
6. "Marcus Aurelius : The Main Philosopher of Ancient Roman Empire," Rome.us, November 18, 2019, https://rome.us/roman-emperors/marcus-aurelius.html.
7. Aleksandr Solzhenitsyn, *The Gulag Archipelago* (Place of publication not identified: Random House, 2003).
8. Stephen G. Post, "Altruism, Happiness, and Health: It's Good to Be Good," *International Journal of Behavioral Medicine* 12, no. 2 (June 1, 2005): 66-77, https://doi.org/10.1207/s15327558ijbm1202_4.
9. June Price Tangney et al., "Reliability, Validity, and Predictive Utility of the 25-Item Criminogenic Cognitions Scale (CCS)," Criminal Justice and Behavior 39, no. 10 (October 1, 2012): 1340-60, https://doi. org/10.1177/0093854812451092.
10. Roy F. Baumeister Ph.D and Aaron Beck, *Evil: Inside Human Violence and Cruelty. Chapter 8: Crossing the Line: How Evil Starts*, n.d.
11. James L. Knoll, "The 'Pseudocommando' Mass Murderer: Part I, The Psychology of Revenge and Obliteration," *Journal of the American Academy of Psychiatry and the Law Online* 38, no. 1 (March 1, 2010): 87-94.
12. Fabienne Glowacz and Michel Born, "Away from Delinquency and Crime: Resilience and Protective Factors," 2015, 283-94, https://doi. org/10.1007/978-3-319-08720-7_18.
13. Neelu Sharma et al., "The Relation between Emotional Intelligence and Criminal Behavior: A Study among Convicted Criminals," *Industrial Psychiatry Journal* 24, no. 1 (2015): 54-58, https://doi.org/10.4103/0972-6748.160934.
14. Friedrich Nietzsche, *Daybreak: Thoughts on the Prejudices of Morality*, n.d.
15. Roy F. Baumeister Ph.D and Aaron Beck, *Evil: Inside Human Violence and Cruelty. Chapter 1: The Question of Evil, and the Answers* (New York: Holt Paperbacks, 1999).
16. Robert Ressler, "Lecture at the University of Virginia, 1993."
17. Harma Meffert et al., "Reduced Spontaneous but Relatively Normal Deliberate Vicarious Representations in Psychopathy," *Brain* 136, no. 8 (August 1, 2013): 2550-62, https://doi.org/10.1093/brain/awt190.
18. Paul Bloom, *Against Empathy: The Case for Rational Compassion* (New York, NY: Ecco, 2016).
19. Carlo Garofalo et al., "Emotion Dysregulation, Impulsivity and Personality Disorder Traits: A Community Sample Study," *Psychiatry Research* 266 (August 1, 2018): 186-92, https://doi.org/10.1016/j.psychres.2018.05.067.
20. Tamas Bereczkei, "The Manipulative Skill: Cognitive Devices and Their Neural Correlates Underlying Machiavellian's Decision Making," *Brain and Cognition* 99 (October 1, 2015): 24-31, https://doi.org/10.1016/j. bandc.2015.06.007.
21. C. Zlotnick, "Antisocial Personality Disorder, Affect Dysregulation and Childhood Abuse Among Incarcerated Women," *Journal of Personality Disorders* 13, no. 1 (March 1, 1999): 90-95, https://doi.org/10.1521/pedi.1999.13.1.90.
22. Iakovos Vasiliou, "The Role of Good Upbringing in Aristotle's Ethics," *Philosophy and Phenomenological Research* 56, no. 4 (1996): 771-97, https:// doi.org/10.2307/2108280.
23. "The Cook and the Chef: Musk's Secret Sauce," Wait But Why, November 6, 2015, https://waitbutwhy.com/2015/11/the-cook-and-the-chefmusks-secret-sauce.html.
24. James Martin, *The Meaning of the 21st Century: A Vital Blueprint for Ensuring Our Future.* (Penguin Group, 2006)
25. Brian Hall, *Silicon Valley-Making the World a Better Place*, 2019, https:// www.youtube.com/watch?v=B8C5sjjhsso.
26. "What Is Transhumanism?," What is Transhumanism?, accessed November 25, 2020, https://whatistranshumanism.org/.

心智建築師

21 世紀最佳自我精進手冊，重新架構自己的心智，升級能力並獲得幸福與成功

DESIGNING THE MIND THE PRINCIPLES OF PSYCHITECTURE

作者	萊恩・布希（Ryan A. Bush）
譯者	吳映萱、林芷安
行銷企畫	劉妍伶
執行編輯	陳希林
封面設計	陳文德
版面構成	綠貝殼資訊有限公司

發行人	王榮文
出版發行	遠流出版事業股份有限公司
地址	104005 臺北市中山區中山北路 1 段 11 號 13 樓
客服電話	02-2571-0297
傳真	02-2571-0197
郵撥	0189456-1
著作權顧問	蕭雄淋律師

2024 年 3 月 1 日　初版一刷
定價　新台幣 420 元（如有缺頁或破損，請寄回更換）

ISBN　978-626-361-459-8
EISBN 9786263614550
遠流博識網　http://www.ylib.com　E-mail: ylib@ylib.com

遠流出版公司

國家圖書館出版品預行編目（CIP）資料

心智建築師：21 世紀最佳自我精進手冊，重新架構自己的心智，升級能力並獲得幸福與成功／萊恩・布希（Ryan A. Bush）；吳映萱、林芷安譯 . -- 初版 . -- 臺北市：遠流出版事業股份有限公司，2024.03
352 面；14.8×21 公分
譯自 : Designing the mind : the principles of psychitecture.
ISBN 978-626-361-459-8（平裝）
1. CST：心理學　2. CST：情緒管理　3. CST：成功法
170　　112022797